江苏省社会科学基金后期资助项目

中国企业
社会责任研究
——基于利益相关者视角

Research on Corporate

Social Responsibility in China:

From the Perspective of the Stakeholders

陆华良 著

南京大学出版社

图书在版编目(CIP)数据

中国企业社会责任研究:基于利益相关者视角/陆华良著. —南京:南京大学出版社,2021.12
ISBN 978 - 7 - 305 - 25010 - 1

Ⅰ.①中… Ⅱ.①陆… Ⅲ.①企业责任—社会责任—研究—中国 Ⅳ.①F279.23

中国版本图书馆 CIP 数据核字(2021)第 193773 号

出版发行	南京大学出版社	
社　　址	南京市汉口路 22 号　　邮　　编　210093	
出 版 人	金鑫荣	

书　　名	**中国企业社会责任研究——基于利益相关者视角**
著　　者	**陆华良**
责任编辑	**王日俊**

照　　排	南京开卷文化传媒有限公司
印　　刷	苏州市古得堡数码印刷有限公司
开　　本	787×1000　1/16　印张 14.25　字数 290 千
版　　次	2021 年 12 月第 1 版　2021 年 12 月第 1 次印刷

ISBN 978 - 7 - 305 - 25010 - 1

定　　价　88.00 元

网　　址	http://www.njupco.com
官方微博	http://weibo.com/njupco
官方微信号	njupress
销售咨询热线	(025)83594756

目　录

第一章 绪 论

第一节 问题的提出

一、企业社会责任理论的起源

在中国春秋时期,孔子就提出"君子喻于义,小人喻于利"的思想,到了商鞅变法时期,更是将这种"义利观"放入大的社会背景下,开启了"重农抑商"的经济政策。而在西方,亚里士多德于《政治学》一书中曾说过:"以农业致富,是值得人们称赞的,而以经商致富,则是损人利己的,是要受到社会的谴责。"这与中国古代的"义利观"不谋而合。因此,当时的商人在社会阶级等级中处于最下等,也是迫于经济和政治压力而采取的一种社会行为。社会统治阶级要求商人在牟取利益的同时,更是要将促进公众利益作为己任。到了 16 世纪的资本主义社会,为了适应商品经济的迅速发展,商人的地位得到了改善,受到重视。特别是"卡尔文主义"的出现,更是推动了商人地位的迅猛提高。"卡尔文主义"提倡不仅要重视财富的积累,也要注重对社会弱势群体的帮助,此时的商人被授予了履行社会责任的使命。然而,这个概念还只是社会责任在个人意义上的体现,与现在被人们普遍认同的企业社会责任(Corporate Social Responsibility, CSR)观念还是有很大的不同(王梦雅,2016)。

随着工业革命的爆发以及亚当·斯密在《国民财富的性质和原因的研究》中"经济自由主义"思想的提出,商人的个人社会责任思想逐渐被"经济人"假设的理性冲动所取代。斯密认为只要每个人都能最大化地利用他的资本,来产生最大的价值,"看不见的手"会帮助他实现社会利益的增进。乔治·斯蒂纳在《政府、企业与社会》中也认为:企业如果能够最大化地利用资源来生产社会需要的产品和服务,且以消费者愿意支付的价格出售,那么企业就履行了它的社会责任。也就是说,在法律允许的范围内,企业追求经济效益的最大化,也就实现了企业的社会责任。随后,空想社会主义代表人物罗伯特·欧文从利益相关者的角度提出了朴素的企业社会责任观,打破了"古典观"的企业社会责任理念,而欧文的思想和实践与当今企业社会责任的精神是吻合的(王梦雅,2016)。

20世纪30年代至60年代,发生了两次著名的关于企业社会责任思想和理论的论战。第一次论战也叫"哈佛论战",是以伯利和多德两位教授对管理者权利的争论开展的。伯利认为管理者要为股东利益服务,并将股东的利益放在首位;而多德则认为公司在创造经济效益的同时也要为社会服务,管理者则应该作为机构的受托人,而不是专职为股东服务的代言人。第一次论战最终以伯利完全赞同多德的思想而结束。第二次论战则是在伯利和曼尼之间就现代公司是否应该承担社会责任而展开,本质上在于企业是否应该承担社会责任。此时的伯利则完全化身为社会责任的支持者。然而,第二次论战并未产生一个双方都认可的结果。这两次论战均对企业社会责任产生了深刻的影响。与此同时也出现了关于企业社会责任必要性的讨论,弗里德曼20世纪60年代的观点影响最大,他从委托代理的角度提出企业管理者没有权利将企业收益进行社会捐助(王梦雅,2016)。

随着20世纪70年代利益相关者理论的提出,学者们争论的焦点不再仅仅局限于企业管理者或现代公司是否应该承担相应的企业社会责任,而是外延到了企业应当承担哪些社会责任。除此之外,对社会责任的内涵、影响、社会表现、社会响应等研究成为热点。因此,国内学者沈洪涛和沈艺峰(2007)在《公司社会责任思想起源与演变》中以20世纪70年代为界,定义了狭义和广义的社会责任的概念。但学术界对企业社会责任理论的研究还处于"百家争鸣、百花齐放"的阶段。关于企业社会责任理论的研究也在争议中不断发展,不断完善(王梦雅,2016)。

二、企业社会责任的内涵

目前,国内外学者在"谁最早提出企业社会责任概念"的问题上,仍存在一定的争议(陆孝春,2013)。国内外学者对此存在着两种不同的观点:一是以刘俊海、刘连煜、卢代富等为代表,认为谢尔顿于1924年在《管理哲学》一书中首次提出;二是以沈洪涛和沈艺峰等为代表,认为克拉克于1916年在《改变中的经济责任的基础》首次提出。美国学者谢尔顿认为企业的经营者应该具有满足产业内外各种人群需要的责任,包括道德责任。而克拉克则认为在企业的经营过程中,需要具有责任感,同时将这种具有责任感的经济原则植于企业的商业伦理中。

Bowen(1953)被公认是"企业社会责任之父",他在《商人的社会责任》(*Social Responsibilities of the Businessmen*)一书中提出了企业社会责任的概念。Bowen 认为,企业在追求自身利益最大化的同时,也要自觉地以对社会负责任的思想从事经营活动。同时,Bowen 将"商人的社会责任"定义为"商人具有按照社会目标和价值观去确定政策、做出决策和采取行动的义务"。Bowen 的社会责任概念有三重含义:一是强调现代大公司是企业承担社会责任的主体;二是明确公司管理者是企业社会责任的实施者;三是明晰自愿是企业社会责任的原则。

继 Bowen 开启企业社会责任大门之后,更多的学者投身企业社会责任的研究当中。Davis 于 1975 年针对企业社会责任提出了"责任铁律"的思想。Davis 将企业社会责任定义为:决策者们在追求企业自身利益的同时,有保护和增进社会福利方面采取措施的义务。Frederick(1960)从宏观经济学的角度对企业社会责任进行了剖析,认为企业作为占用社会重要稀缺资源的经济组织,为了达到合理有效的运作方式,在生产和分配过程中,应该满足社会的需要和期望,对整个社会福利进行提高。McGuire Joseph 通过对现代企业的研究,认为现代企业单一追求经济利益是不可为的,企业不仅要承担经济和法律方面的责任,也要通过关心社会伦理道德不断地提高自己,如关心员工福利、保护自然环境等。卡罗尔(Carroll)在 1979 年提出了企业社会责任的四成分学说,也就是企业社会责任的经济、法律、道德和慈善成分。

虽然学者们提出了许多理论来解释企业社会责任,如交易理论、社会资本理论、公平理论等,但在相关的文献回顾中,我们可以发现,绝大多数文章都围绕着利益相关者理论展开(陆孝春,2013)。美国经济学家弗里曼(Freeman)定义利益相关者为"那些能够影响企业目标实现或者能够被企业实现目标的过程影响的任何个人和群体"[①]。这样就不仅将与企业有直接利害关系的债权人、股东、员工、客户等纳入利益相关者范畴,同时把政府、媒体、社区等实体也作为企业的利益相关者(见图 1-1)。

Carroll(1991)基于利益相关者理论随后提出了企业社会责任的金字塔模型(见图 1-2)。Carroll 认为位于金字塔的最底层的是企业经济责任,也是其他三方面责任的基础;其次是法律责任和伦理责任,要求企业遵守法律,做正确、正义和公平的事情。位于金字塔顶的是企业的慈善责任,要求企业成为一个好的企

---

①　1984 年,弗里曼出版了《战略管理:利益相关者管理的分析方法》一书,明确提出了利益相关者管理理论。

业公民。Carroll 还对四个方面的责任给予了相应的权重,其中,经济责任所占的权重最大,而慈善责任所占的权重最小。Carroll 的金字塔理论被认为是对企业社会责任做出的最明确概念(刘力纬,2013)。

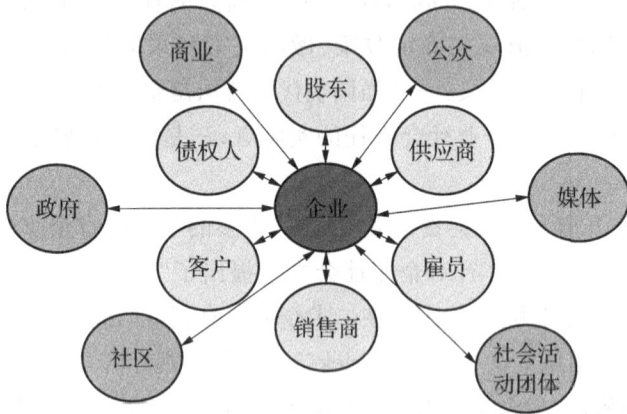

图 1-1　企业社会责任利益相关者模型

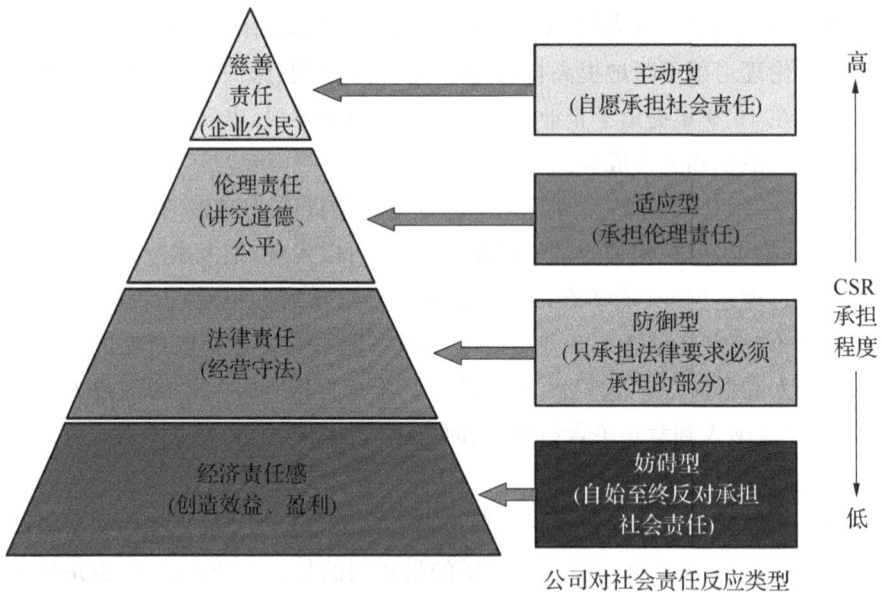

图 1-2　卡罗尔的金字塔模型

之后,罗宾斯基于企业组织的生命周期理论提出了四阶段模型。罗宾斯认为,企业在不同的发展阶段,其社会责任意识和承担社会责任的能力也是不同的。据此,罗宾斯对企业发展进行了划分:生存阶段、稳定阶段、发展阶段、自我实现阶段。约翰·埃尔金顿(Elkington,1998)提出了"三重底线"这一概念,将企业社会责任划分为三个部分,即经济底线、社会底线和环境底线(见图1-3)。经济责任主要体现在企业应该努力提升企业自身的获利能力,并积极履行其纳税义务;环境责任旨在企业有责任保护环境、节约资源;而社会责任则是企业对社会上的其他利益相关者应履行的责任,例如,面向顾客时应保护消费者的合法权益、面向雇员应保护员工的利益、面向社区应为所在社区做出一定贡献等。只有同时履行好经济责任、社会责任和环境责任的企业,才能实现可持续发展的目标。

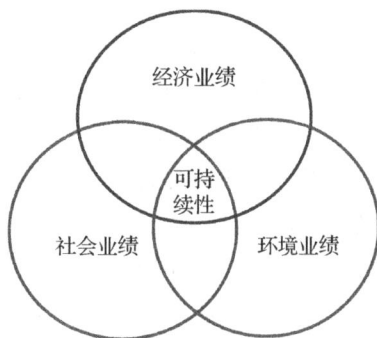

图1-3　三重底线

从前面的分析可以看出,我们不能确定在企业社会责任概念中哪个责任是最重要或最根本的。因此,企业社会责任的大部分内容是相互独立的,它们之间的联系不是非常紧密。Schwartz 和 Carroll(2003)进一步拓展了 Elkington 三重底线模型,提出了企业社会责任 IC 模型(Intersecting Circles Mode)(见图1-4)。他们揭示了企业社会责任不同内容之间的相互联系,提出了公平发展、维持发展、生存发展和可持续发展的模式。他们认同 Elkington 的理念,认为只有同时兼顾社会责任、环境责任和经济责任的企业才是可持续的。

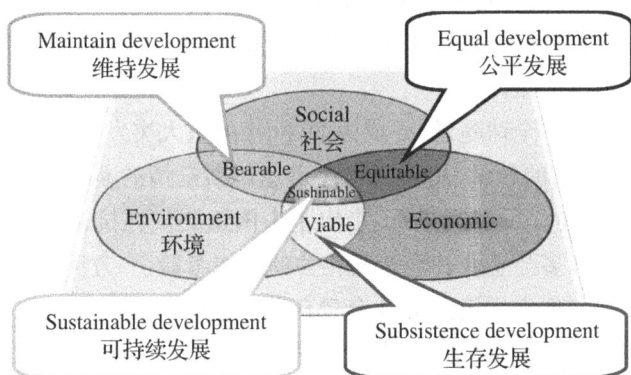

图1-4　企业社会责任 IC 模型

三、中国企业社会责任问题现状及特征

随着国际和国内社会对企业社会责任认识水平的不断提高,企业是否履行以及如何履行社会责任已成为评价企业的一个重要指标。中国进入了特色社会主义新时代,新时代的社会发展战略和发展任务已经为我国企业履行社会责任实践提供了新的机遇,提出了新的要求,明确了新的方向。而随着社会经济的蓬勃发展,企业在国家发展的进程中发挥的作用也愈来愈重要。企业应该认真考虑国家发展战略并积极纳入企业的运行中。因此,切实履行好社会责任,并以此促进社会和企业共同实现持续发展的目标,是新时代中国企业社会责任的新命题,也是中国企业成为世界名企面临的重要挑战。虽然企业社会责任概念从提出到现在已经过了近百年之久,来自不同国家不同发展水平的研究成果对中国企业社会责任的发展具有一定参考意义,但我们仍需要根据国家发展水平,结合自身实际情况,探讨企业应采取的企业社会责任策略(晁罡等,2014)。

近几年来,中国企业在企业社会责任方面做了大量的工作,也取得了较好的社会声誉。中国的企业家逐渐认识到了企业履行社会责任的重要性,并通过践行社会责任不断树立企业的良好形象。有的企业将企业社会责任纳入企业发展战略,并通过各种机制切实落实其社会责任,共同推动中国经济和社会的发展。企业承担社会责任上升到企业战略管理的层面,成为企业核心竞争力的重要组成部分之一。在这样的环境熏陶下,中国有越来越多的企业和媒体开始关注和投入企业社会责任,也有越来越多的企业大力培养员工的企业社会责任意识,表明了中国企业的社会责任整体水平正在逐步提高,正逐步走出一条具有中国特色的企业社会责任道路。

新冠肺炎疫情在全球蔓延,并成为 2020 年的重大突发公共卫生事件。中国以巨大的魄力、惊人的壮举、勇毅的付出迅速切断疫情的蔓延,为世界抗疫工作提供了中国经验,树立了中国样板,走出了中国道路。在抗击疫情的过程中,中国企业也面临着诸多与企业社会责任相关的严峻考验:一方面,有许多优秀的企业在这个过程中表现出了极高的社会责任感,并积极履行企业作为社会公民的社会责任,受到了社会的一致好评;另一方面,也有一些企业暴露出在企业社会责任理念和实施方面的许多不足。这反映出我国企业的社会责任实施水平状况因企业的不同差距较大,且远远未达到公众的期望;而我国的公众对于企业社会责任的认识也并不全面,还停留在较为狭隘的层面上。

中国作为世界第二大经济体,在经济高速发展的过程中也暴露了中国企

在履行企业社会责任方面暴露出一些问题。例如,近年来,我国经济领域出现了一些与企业社会责任要求不相符的现象,出现了一些造成重大社会影响的事件。有如地沟油、毒大米、毒奶粉等与人们生活息息相关的事件,如三废污染、偷税漏税、拖欠工资等社会关注度较高的事件。因此,商业伦理需要成为企业家的"必修课"。不可否认,尽管有相当一批企业家在坚守企业道德的底线,承担自己的社会责任,但中国企业社会责任的总体实施水平偏低。

因此,新时代呼唤中国企业积极履行企业社会责任。企业要以优秀的品质向社会提供产品或服务,企业要积极履行道德责任和慈善责任,自觉树立企业与社会价值共创共享新理念,履行对利益相关者乃至对"社会至善"的责任。例如,在实践层面,关注全球生态、人类发展、自然灾害、社会与教育公平等。要实现与其利益相关者的共赢,让企业获得可持续发展,进而推动全社会的可持续进步,共建中央倡导的美丽社会、和谐社会,共建人类命运共同体。

相比于国外的企业,中国企业在承担社会责任方面还存在诸多不足,总结起来,主要有以下几个方面:

一是企业功利性目的强,对企业社会责任的态度不当。现有文献研究和经验都揭示了企业社会责任活动的效果取决于消费者对企业诚意的感知。中国企业往往对经济效益的追求要超出其他方面,个别企业甚至将社会责任行为当成宣传的手段,有了捐款活动就投入巨额经费进行宣传,结果反而引起消费者的反感。

二是中国企业的社会责任活动缺乏长效机制,具有一定的随意性。多数中国企业的社会责任行为缺乏系统规范的运作,更多的时候取决于领导的一家之言,随意性较强,往往缺乏将社会责任纳入企业长期发展战略的理念和举措。

三是企业社会责任存在长效机制与应急体系的矛盾。中国的企业往往不能很好地把企业社会责任自觉纳入企业的核心组成部分,没有专门部门或专业人员来专门负责本企业社会责任的管理、组织、实施、评估等。

四是有关企业社会责任的外部监管的缺失。我国的市场经济体系还有待发展完善,政府的引领和公众的监管仍然是重要的外部监督。而实际上,公众对企业社会责任的理解和关注有待进一步提升,加之政府的监督和激励制度还不够完善,从而使得我国企业在实施社会责任活动中面临诸多外部阻碍。

五是没有树立真正的企业社会责任意识。中国企业对社会责任概念的意识不强,经常把企业的合法、合规经营与企业社会责任划等号。企业不能只关注社会责任中的经济责任、法律责任,而丢弃道德责任和慈善责任。企业没有很好地充当社会观察者的角色意识,往往把自己仅仅视为社会责任的旁观者,造成了一些企业在履行社会责任时找不准方向,一味跟随媒体导向一窝蜂地涌进,既造成了社会资源的浪费,又没有真正体现企业社会责任的价值。

六是企业履行社会责任形式单一。一方面,市场化发展和经济全球化要求企业考虑不同国家和地区的法律和道德对企业履行社会责任要求。企业所承担的社会责任需要进行国际化、多样化变革。另一方面,信息技术的进步带来了消费和生产领域的大变革,企业在履行社会责任时应充分适应产业变迁趋势,充分利用信息技术来提高效率和效益。

四、中国企业社会责任问题分析

2006 年是中国企业社会责任发展最为重要的一年,因此,大家将 2006 年认定为中国企业社会责任元年。经历了十多年的发展,国家、社会、企业、大众对企业社会责任也越发重视。中国社会科学院企业社会责任研究中心主任、中国社会责任百人论坛秘书长钟宏武博士认为,近年来,随着中国企业社会责任高速发展,带来了两个方面的显著变化:一是人们对企业社会责任的认识发生了深刻的变化,过去大家普遍会认为社会责任就是慈善公益,捐钱多就是负责任。而现在的企业社会责任,需要从消费者、员工、社区、环保、扶贫、供应链上下游等多个方面来评估;二是企业对履行社会责任变得更为主动积极,从“要我干”到“我要干”,各行业的龙头企业主动履责,满足人民日益增长的美好生活需要。

作为新时代的中国企业,在经过改革开放四十多年的洗礼和发展,需要树立一个正确的、与时俱进的企业社会责任概念意识,将企业文化或企业价值观与企业社会责任有机结合,不断提升企业管理者在履行企业社会责任中的带头作用,呼吁企业员工积极参与社会责任活动,向社会履行自己力所能及的社会责任,让企业社会责任从企业血液里流淌出来。在现实商业世界中,有些企业在自觉性方面还存在一些问题。中国还是一个发展中的大国,经济发展模式正在转型。因此,社会问题会在国家的高速发展中层出不穷,这就更需要中国企业能够树立自觉意识,帮助国家共同预防、治理这些问题,积极履行企业作为社会公民的责任与义务。

自改革开放以来,我国的企业在国家进程中发挥着举足轻重的作用,与企业息息相关的社会责任也经历了诸多变化。在计划经济时期,企业往往是政府组织的一部分,除了要承担作为企业本职功能的生产任务外,还担负了一些本应由政府或社会等其他组织提供的生活保障。因此,企业承担了相对其职能更加广泛和重大的社会责任。改革开放以后,企业与政府的界限逐渐明晰,企业也慢慢剥离了一部分本应由政府承担的社会责任。但是,我国绝大多数企业并不能正确认识什么是企业社会责任,更不用说该如何履行企业社会责任。因此,企业仅仅将利润最大化作为追求的目标,把本应由企业承担的社会责任也一并推给政府和社会。在这一时期,我国企业可以被认为是基本没有履行相应的社会责任。

随着时间的推移,迈入了20世纪90年代末期,西方企业社会责任运动得到了蓬勃发展,我国的非公有经济也进入了快速发展阶段,国有企业调整改制也全方位开展,这时候已经有一定数量的企业完成了原始积累,进入了规范化发展的轨道。一部分企业已经能够认识到企业可持续性发展与履行企业社会责任的关系,也更加重视企业的长远发展和高效率发展,因此更愿意承担社会责任。但是,更多的、占比更大的中国企业仍然存在逃避承担社会责任的问题,特别是对企业雇员、消费者、社区等利益相关者的权益保障没有重视并得到有效落实。

现代管理学大师彼得·德鲁克认为,企业如果单纯追逐利润最大化,就往往会忽视一些非常重要的领域(如研究、培训和福利等),而这将成为企业的最大的弱点。只要它的竞争对手在这些领域倾注全力,就会轻易将它击败。毫无疑问,中国企业想要追求长远的发展,想要避免类似悲剧的发生,就需要正确认识并积极履行社会责任。虽然很多企业及企业管理者明白社会责任的重要性及必要性,但在企业日常经营管理中还是会有意或无意地忽略社会责任的践行。更有甚者,不仅不承担企业作为社会公民应承担的责任,甚至将虚假社会责任演绎给社会公众,博取关注与嘉奖,最后也暴露出中国企业社会责任的乱象与丑闻。因此,研究企业社会责任的激励机制对当下企业的可持续发展意义重大,更能揭示如何促使企业承担其社会责任的深层次理论基础。

第二节 企业履行社会责任国内外研究进展

一、国外研究进展

国外学者对企业社会责任的内涵进行了定义。学者们普遍认为:① 企业作为社会的一个重要分支,是无法脱离社会而单独存在运行的;② 企业的经营是有规则和条例进行约束的,而不是随心所欲地去追逐利润;③ 企业作为一个经济体存在,其首要职能是获得经济利益的收入,但大多数学者认为企业在获得经济利益的同时也应关注其他各方相关者的利益。Freeman 等(1984)根据利益相关者理论对企业社会责任进行了界定,他认为企业社会责任是指企业在日常经营活动中,通过商业及社会行为,不仅需要保证其经济效益以保证股东利益,还需要维护各利益相关方诸如债权人、消费者、雇员、企业所在社区、供应商、政府等的权益,企业需要积极承担与此相关的社会责任,才能实现企业的可持续发展。

责任与义务的增加,对企业最直接的影响莫过于经济效益的变化。伴随着学者们对企业社会责任实证研究的推进,出现了两种截然不同的观点。一部分学者认为企业社会责任能给企业带来积极的经济效益,承担社会责任能够提升企业的财务绩效(McWilliams,Siegel,2000);另一部分学者认为企业在履行社会责任时直接带来了经营成本的增加,使企业损失一部分经济利益,也并未为提升企业竞争优势带来显著效果。因此,学术界和实务界对企业履行社会责任的目的究竟是什么还在不断地争论。实证研究中,学者们报告的社会责任对企业绩效的影响存在着正向、负向、无明显影响等各种结果,甚至还有学者认为二者之间具有更加复杂的关系,比如可能存在滞后效应、相互影响机制等。因此,学者们将精力主要集中于企业社会责任的前置因素和动力机制研究之中。

国外的研究主要从三个方面展开(激励机制、合法性机制和利他性动机机制),同时分析企业面临的外部压力对企业履行社会责任的影响,或者从企业发展战略的角度分析企业履行社会责任的长远意义。如 Lantos(2001)从战略的角度诠释企业社会责任的内涵,从责任动机角度将企业社会责任分为战略性、伦理性和利他性社会责任。Porter 和 Kramer(2006)延续了 Lantos 的研究,对战略性企业社会责任的内涵和外延进行了拓展,提出了战略性和回应性社会责任。Baron(2001)认为企业社会责任可以分为战略性和利他性企业社会责任。随后,Corregan(2006)、MacGregor(2008)等学者对这一划分进行了补充,并进一步研究了企业履行社会责任的动力机制。他们认为企业履行社会责任是两种力量博弈的结果:一方面,企业受到来自股东、供应商、债权人等形成的制约力量影响;另一方面,企业受到政府、员工、消费者等构成的驱动力量影响,最终造就了企业社会责任的履行状况。

目前,大多数企业社会责任研究集中在四个主要方面:① 实现长期利润的目标。Hategan 等人(2018)认为企业社会责任战略是为了维持企业的长期可持续发展,以满足利益相关者要求,其实证研究也表明开展社会责任活动的公司在经营上更具盈利能力。② 以负责任的方式使用商业权力。Bostrom 等人(2015)提出随着全球供应链的发展,社会责任治理跨越了多个监管边界,企业应承担的社会责任也面临更多的挑战,需要建立包容性的利益相关者联盟灵活治理社会、企业及生态环境。③ 整合社会需求。Zhu 等人(2016)的研究表明企业社会责任实践对社会绩效是有益的。④ 通过做道德上正确的事情来贡献一个良好的社会。

随着企业社会责任领域的发展,学者们撰写了大量的研究文章来解决重要而具体的问题。例如,Peloza(2009)关注如何衡量企业社会责任对财务绩效的影响,Carroll(1999)和 Waddock(2004)探讨了有无履行企业社会责任之间的差异,Wood(2010)论述了如何衡量企业社会责任,Peloza(2011)探究了企业履行社会责任如何为利益相关者创造价值。企业社会责任文献的其他评论集中在特定的学科,如市场营销(Enderle & Maignan,2004)、组织行为学、人力资源管理、工业与组织心理学(Aguinis,2011)、运营(Brammer & Hoejmose,2013)、信息系统(Elliot,2011)等。尽管到目前为止现有研究已有很多,但企业社会责任的文献仍然是高度分散的。造成这种分散的原因之一是学者们通过不同的学科和概念来研究企业社会责任(Carroll,1999;Mele,2004;Waddock,2004)。此外,关于企业社会责任的文献在分析水平上也是支离破碎的。企业社会责任通常是从某一个单一层次来分析的,比如宏观层面、中观层面和微观层面中的某一个方面。因此,有必要进行多层次、多学科的综述,将现存的大量、多样的文献以连贯、全面的方式进行整合和综合。

二、国内研究进展

我国对于企业社会责任的研究最早开始于 20 世纪 80 年代,张上塘(1986)提出合营企业的发展要适应社会的基本需求,他认为企业的经营活动除了要遵守我国法律、法规制度,也需要自觉对企业所处的环境负责,还需要对社会公众作出贡献。这是我国学者首次提到企业应当承担其相应的社会责任。徐淳厚(1987)把企业比喻为社会经济中的“细胞”。他认为我国企业处于社会主义市场经济中,企业承担的社会责任应当囊括了协调供给的关系、满足消费需要、为社会提供就业机会、推动技术进步等。他还提出企业社会责任不能仅仅依靠管理者的自觉性,而是需要通过其管理职能来实现。李占祥(1993)把企业社会责任划分为三个方面的内容:企业的首要责任是发展生产力,推动经济的发展;第二责任是必须减少企业发展过程中对环境造成的破坏及不良影响;第三责任是在发展过程中企业必须遵守法律法规,并积极促进公益事业的发展,与所处社区保持良好的关系。马学斌和徐岩(1995)采用层次分析法并结合案例,他们认为企业的社会效益就是企业社会责任,并建立起了一套对企业社会责任定量评判的指标体系。

进入 21 世纪以后,著名法学家卢代富(2001)对国外企业社会责任的主要观点进行了分析和研究。他认为,企业社会责任不应当与企业追求利益最大化的行为混为一谈,而是剔除该行为之外企业所负有的维护和增进社会公益的义务。

随后的一些学者主要从利益相关者角度对企业社会责任问题进行了研究。陈宏辉和贾生华(2005)通过对国外对于利益相关者的界定进行梳理,指出对于不同的利益相关者要进行不同管理。陈宏辉和贾生华(2003)根据我国企业的实际情况对企业的十类利益相关者进行了分类,并通过实证研究表明了各类利益相关者不同的利益要求以及实现方式和实现程度。陈玉清和马丽丽(2005)从利益相关者角度出发,建立了衡量上市公司社会责任贡献的指标体系,并通过实证分析证实市场对不同行业企业的社会贡献信息反应程度不同。

近年来,国内学者更多地从企业绩效的角度探讨企业履行社会责任对企业带来的影响。李正(2006)通过对上海证券交易所上市公司的实证研究,发现从短期来看,企业承担社会责任对企业价值的提升产生不利的影响,然而从长期来看,企业社会责任的履行对企业价值是有利的。王怀明和宋涛(2007)通过对我国上市公司企业社会责任与企业绩效的实证研究发现,我国上市公司在履行对投资者和公益事业的社会责任时,其贡献与企业绩效正相关,而对员工的社会责任贡献与企业绩效则是负相关的关系。因此,我们需要从不同的视角,进一步探究不同类型的企业履行社会责任与企业绩效之间的关系,并从更广泛的视角分析企业履行社会责任对不同利益相关者利益的影响。

第三节 中国企业履行社会责任研究框架

一、研究目标

当前国际上,环境污染严重、贫富差距越来越大、腐败越来越严重、全球气候变化、能源危机的出现,以及传染性疾病等接踵而来的自然问题和社会问题,使得企业与社会之间的关系越来越紧密,企业单一为社会提供经济贡献的功能已经不能满足国家、公众对企业的期待。企业只看重短期经济收入、忽视其作为"社会公民"应尽的义务,与公众强烈要求企业积极履行全面的社会责任之间的矛盾日益突出。正如彼得·德鲁克(1973)所说,"公众普遍希望企业在考虑企业股东利益的同时,也要照顾到企业利益相关者,比如企业的消费者、企业所在社区和环境、非政府组织、企业员工和企业的供应链等的利益。"

然而,目前中国绝大多数的企业都缺乏对企业社会责任的认识(苏琦,2013)。根据全球报告倡议组织(Global Reporting Initiative, GRI)的调查显示,2006年,中国企业发布的企业社会责任报告只有18份,但是当年,国家资产管理委员会直接管辖的中央企业有157家,在上海证券交易所和深圳交易所上市的公司接近1500家,而在全国工商局注册的企业已经超过1000万家,这两者之间形成了鲜明的对比。据统计,截至2018年,中国企业社会责任报告数量已猛增至1710份,是2006年的近100倍。发布企业社会责任报告,是一家企业重视企业社会责任的重要标志。相对于总的企业数量来说,我国企业发布的企业社会责任报告总体数量偏少,质量不高,内容不够统一。也有不少企业没有能够将企业社会责任报告的内容真正付诸实践,也没有将其真正融入到企业的管理体系中,他们可能只是将报告作为一种公关手段。研究者们对中国的企业社会责任进行了归纳总结,呈现三个特点:一是企业社会责任报告数量少,报告的读者也有限;二是国有企业在责任实践评比中遥遥领先,但公众对国有企业所承担的社会责任仍觉得不够;三是近年来中国企业社会责任方面的研究与实践发展迅速,但各种企业的不良事件也频频发生。

我国企业社会责任观可视为科学发展观和构建和谐社会在企业层面的具体体现,企业坚持何种企业社会责任观对建设和谐社会至关重要。企业作为社会的重要组成部分,不仅要关注自身的成长,更要关注社会公众的利益。温家宝前总理在英国剑桥大学演讲时指出,企业要承担社会责任,企业家身上要流淌道德的血液。而从现实来看,生活中很少有企业是因为承担社会责任回馈社会而走向衰落的,相反往往是由于其过分追逐短期利益而采取不顾后果的行为,最终失去了可持续发展的能力。实践同时证明,只重视经济利益,忽视其他社会责任的企业终究会为自己的行为付出代价。近几年来,在企业社会责任全球化浪潮的影响下,我们政府在构建和谐社会中,已相继颁布了多部法规,来规范我国的企业社会责任治理问题,如国务院国有资产监督管理委员会于2007年12月29日发布了《关于中央企业履行社会责任的指导意见》等法规,对企业承担社会责任提出了明确的规定和要求。

随着经济全球化的发展,面对企业社会责任理论研究的紧迫性和广泛性,必须对中国企业社会责任的内涵、企业履行社会责任的影响因素和企业社会责任的动力机制等问题进行解答。必须要运用规范的研究路径和研究方法，利用科学的研究工具，结合中国的实际，对上述问题进行理论分析和实证研究，这也是本书的使命所在。

综上所述，本书通过对不同类型的企业（中小企业、农业企业、上市公司和现代服务业企业）的实地调查和实证分析，从不同利益相关者的视角，对中国的企业社会责任问题进行系统测量，归纳出中国不同类型的企业应尽的社会责任内涵，并阐述能够对企业是否履行社会责任产生影响的关键因素。通过实证分析探索这些因素对企业社会责任的影响维度、影响方向和影响程度，进而揭示企业履行社会责任对其绩效的多维影响。从消费者和员工等利益相关者的视角，分析企业社会责任对员工创新行为、消费者信任和企业声誉的重要影响。最后，综合上述分析结果并结合中国实际，提出相关政策建议和管理建议。

二、研究思路

进入 2020 年，新冠疫情在全球蔓延，唤醒了社会公众的企业社会责任意识，也提升了政府、企业、非政府组织、个人等主体对社会责任的认知，并快速走向创新实践。目前，履行企业社会责任已然成为当下中国企业发展"美好商业"的新路标。虽然相关企业都怀揣着一颗为社会作贡献的善心，但是所有的做法都是呈现了一个"哪里需要去哪里、哪时需要去哪时"的临时状态，还没有真正融入到企业的长远发展战略中。因此，需要针对不同类型的企业，深入探究企业社会责任的作用机制，有针对性地出台政策措施，鼓励和支持不同类型的企业践行企业社会责任，提升整体社会责任水平。

在选择研究对象上，我们分别选取了在中国具有代表性的中小企业、农业企业、上市公司和现代服务业企业，分别构建实证分析模型，识别企业社会责任的维度结构和影响因素，揭示企业社会责任对企业绩效的作用机制。

在研究方法上，我们通过系统的文献梳理、实地企业访谈、结构性问卷调查、网络数据收集、情境模拟等方法，全方位获取数据资源，用于后续的实证研究。

在数据分析方法上，我们利用多变量回归模型、面板 PCSE 估计方法、PLS 结构方程模型、实验经济学情境模拟等方法，根据不同的数据类型和特点，采取科学可靠的方法进行数据分析，从而得出科学的结论。

根据研究目标，我们设计了如下研究技术路线（见图 1-5）。

文献收集　　国内外研究文献
　　　　　　　综述与整理

实地调查　　设计调查　　预调查、　　完善调查　　开展正式
　　　　　　　方案　　　　案例分析　　方案　　　　调查

数据处理　　整理分析调查数据，对数据进行描述性统计分析

模型构建　　企业社会责任综合分析框架
　　　　　　　模型构建　　模型检验　　模型评价

模型分析　　利益相关者视角下不同类型的企业履行社会责任实证分析
　　　　　　　中小企业　农业企业　上市公司　员工视角　消费者视角

相关建议　　提出促进中国企业履行社会
　　　　　　　责任的政策建议和管理建议

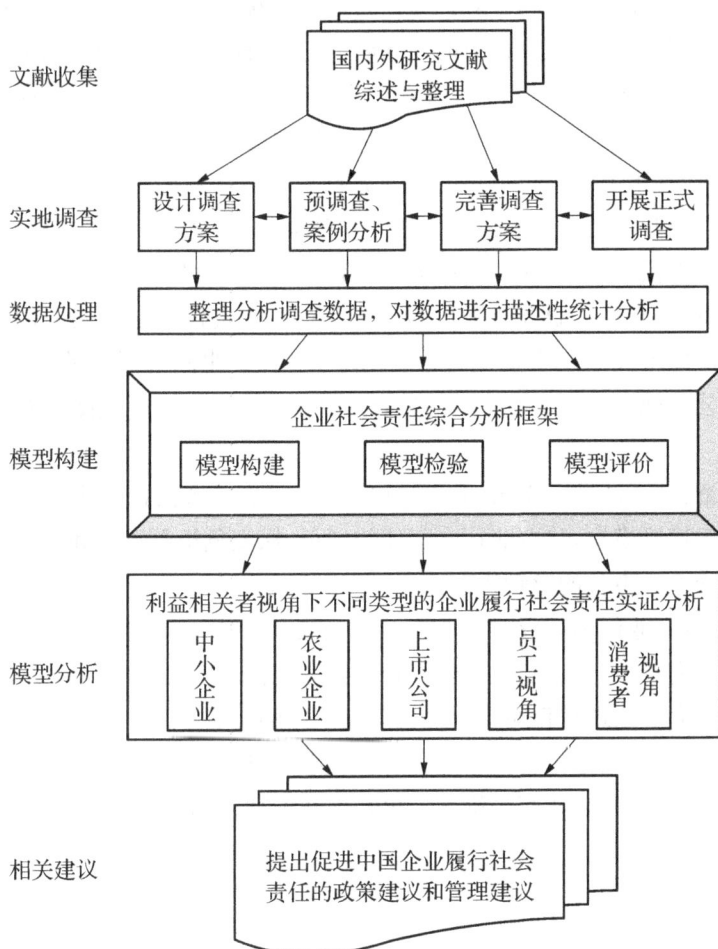

图1-5　本研究技术路线

三、研究内容

本书各章节内容安排如下：

第一章：绪论。系统梳理企业社会责任的起源，界定需要研究的企业社会责任内涵，梳理中国企业社会责任的现状并总结存在的问题。在总结企业社会责任国内外研究进展的基础上，提出中国企业社会责任的研究框架。

第二章：基于中小企业视角的企业社会责任认知、实践对其绩效的影响研究。以我国中小企业作为研究对象，分析中小企业管理者对企业社会责任的认

知、企业社会责任的驱动因素对企业社会责任的履行及经营绩效的影响。

第三章:基于农业企业视角的领导风格、企业社会责任行为对其绩效的影响研究。以江苏省域范围内的农业龙头企业作为研究对象,揭示领导风格对企业社会责任的影响,继而分析企业履行社会责任对其绩效的影响。

第四章:基于上市公司视角的企业履行社会责任对研发投入和绩效的影响研究。以我国非金融类上市公司作为研究对象,从企业社会责任的视角,实证分析企业社会责任、研发投入和企业绩效三者之间的相互影响。

第五章:基于现代服务业视角的企业履行社会责任对员工服务创新行为的影响研究。以现代服务业企业为研究对象,分析企业社会责任的三个维度(内部、外部、公共社会责任)对员工的内部和外部动机以及员工服务创新行为的影响。

第六章:基于消费者视角的产品伤害危机对消费者信任和企业声誉的影响研究。基于情境模拟,从企业社会责任的视角,探究危机严重度和企业反应对消费者信任和企业声誉的影响机制。

第七章:商业伦理教育对企业履行社会责任的影响研究。以国内财经院校大学生为研究对象,总结商业伦理和企业社会责任教育现状,实证分析国内财经院校大学生商业伦理教育对企业社会责任取向的影响。

第八章:研究结论与建议。根据研究的结果,进一步提炼研究所蕴含的实践价值,分别从政府和企业两个维度提出相关政策建议和管理建议。

第二章　基于中小企业视角的企业社会责任认知、实践对其绩效的影响研究

第一节　问题的提出

中国企业将经济增长作为追求的首要目标,同时面临着商业道德和企业社会责任缺失等更深层次、更基本的挑战。近年来,食品安全丑闻事件在我国相继发生,不仅使消费者严重丧失对我国食品企业的信任,也使我国企业社会责任严重缺失的现状加剧,严重阻碍了我国经济社会的发展。2008 年 9 月 27 日,国务院时任总理温家宝出席夏季达沃斯论坛年会开幕式和企业家座谈会时强调,企业作为经济的主体,都需要有道德的企业家来进行经营,都应流着道德的血液,所有的企业都要遵循道德法则,并承担社会责任。社会需要合法经营与道德相融合的企业。

企业社会责任是由英国学者 Oliver Sheldon 于 1924 年在其著作《管理哲学》中最早提出的,自这个概念提出以来,便掀起了国内外学术界和企业界的研究热潮。随着全球契约、SA8000 标准的制定及生产守则运动的兴起,企业社会责任在世界各地受到了广泛关注。许多世界知名企业已经制定并开始执行社会责任守则,通过评估全球范围内供应商的企业社会责任实施状况,如沃尔玛、通用、宝洁等,从而在供应链开端的发展中国家开始深入贯彻企业社会责任的理念。自从 2001 年中国加入 WTO 后,国际市场竞争涉及更多的国家和地区,全球企业社会责任运动也就自然而然地影响到中国的企业(章辉美,李绍元,2009)。

企业缺乏对社会责任的认知与其在中国起步较晚有很大的关系,在现实中对企业社会责任概念的理解,企业履行社会责任的途径,以及企业履行社会责任带来的结果等问题充满不确定性。特别是中国的中小型企业整体素质普遍偏低,社会责任意识淡薄,成为中国企业履行社会责任的盲点和难点。

因此,本章将我国中小企业作为研究对象,分析中小型企业管理者对企业社会责任的认知、企业社会责任的驱动因素对社会责任的履行及其经营绩效的影响。研究结果将有助于引导中小企业树立正确的社会责任观,提升其社会责任

水平,实现长期可持续发展(陆孝春,2013)。

第二节　CSR 认知、动因、实践与绩效理论分析框架

一、理论分析框架

根据动机归因理论和企业社会责任相关理论,遵循企业领导者的"社会责任认知(动因)→企业社会责任实践→企业三重绩效"这一逻辑,本章主要分析中小企业的企业社会责任认知、驱动因素对企业社会责任实践的影响,以及企业社会责任实践与企业绩效之间的关系,从而提出本章的理论分析框架(见图 2-1)。

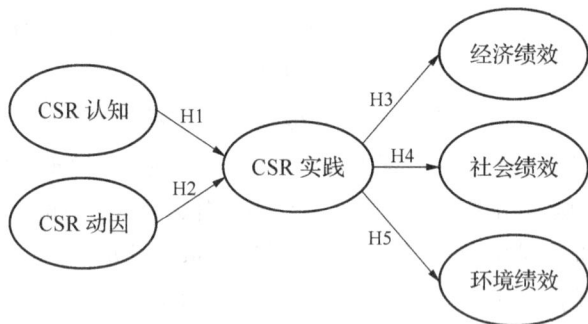

图 2-1　理论分析框架

二、企业社会责任认知与社会责任实践

企业家作为企业前进方向的领军人物,是企业的领导者和战略决策的制定者,他们在企业未来发展的过程中扮演着重要的角色。企业管理者对企业社会责任不同程度的认知,必然会影响企业的社会责任行为,进而影响企业绩效。但回顾相关文献,我们发现这方面的研究文献相对欠缺。

国外有学者对企业社会责任态度进行了研究,他们将企业社会责任分为社会责任、经济责任和环境责任,结果发现西欧国家和中东欧国家参与者都将环境责任放在首位。西欧国家认为社会责任次之,经济责任第三,中东欧国家却不尽同。此外,工作经历和年代差异对社会责任和环境责任态度的影响比经济责任

更显著(Olivier et al., 2010)。

祖良荣(2009)采用问卷调查、深度访问、案例分析的方法,以 250 家国有企业为研究样本,对企业实施社会责任的情况及财务绩效进行了定性与定量分析。结果显示在企业重组过程中,社会责任实践在具有强烈社会责任取向(Corporate Social Responsibility Orientation,简称 CSRO)的管理者心中被认为是重要的,所以他们会采取一种更负责任的方式去参与企业重组过程。同时,将企业的销售收入在企业重组前后进行对比分析得出,企业社会责任行为正向影响公司绩效。晁罡(2003)通过实证研究得出企业领导者的 CSRO 正向影响企业社会表现,与组织绩效呈正相关。张玉爽(2011)分析指出企业家社会责任认知与企业社会责任行为和企业绩效均正相关,其中,企业家社会责任认知分别对企业绩效的三个维度,即经济绩效、社会绩效和环境绩效具有正向作用。

从企业经营者角度看,学者普遍认为"优秀的企业家必然具有强烈的社会责任感",对履行法律、公益、经济和伦理 4 个方面社会责任重要意义具有高度认同感。同时,一部分企业经营者将履行社会责任的成本纳入考虑(中国企业家调查系统,2007)。虽然中国企业家越来越认可 CSR 的重要性,看待 CSR 的发展趋势时也倾向于用更加战略的眼光去看待(尹珏林,张玉利,2010)。但企业履行社会责任仍存在很多的困难和挑战,企业以较为狭窄和单一的方式实施 CSR,整体上将较多人力、物力投入到公共责任中,而在伦理和法律责任方面则有所欠缺;企业责任的管理落后于行动,在 CSR 实施过程中,经常将企业文化和高管领导力等隐性制度作为保障,而较少关注显性制度措施,如伦理守则和培训(中国企业家调查系统,2007)。

三、企业社会责任动因与社会责任实践

根据海德的动机归因理论可知,事件的原因常有两种:一是内因,比如人格、态度、情绪和能力等;二是外因,比如情景、外界压力和天气等。基于该理论,作者认为,可以将中小企业经营者的社会责任认知作为企业社会责任实践的内在原因。理性行为理论指出,认知会影响行为,即人的认知程度会对人的行为特征产生影响。过去的企业经营者处于被动要求状态,而如今他们则主动认为社会责任是重要的,所以,不论在企业的外部管理还是在内部实践,他们都将积极履行企业社会责任。企业经营者社会责任意识越强,对社会责任的态度就越积极,就会将企业社会责任纳入决策制定过程的必然因素。企业管理者的社会责任认知正向影响企业社会责任实践,有强烈社会责任取向的管理者认为社会责任实

践很重要,会采取更加负责的方式来管理企业的日常行为(Liangrong and Lina,2009;晁罡等,2003;张玉爽,2011)。

四、企业社会责任实践与企业绩效

回顾相关文献,众多学者就企业实施社会责任与企业绩效之间的关系进行了研究,但迄今为止仍然没有一个一致的结论。

国外学者探讨了企业社会责任与企业财务绩效之间的关系,但结论并不一致。Griffin 和 Mahon(1997)对 1972—1997 年的 61 篇论文进行的统计结果显示:33 篇显示两者正相关,19 篇显示负相关,9 篇显示两者之间不存在相关关系。不少学者基于 KLD 数据库和公司数据进行实证研究发现,企业社会责任正向影响企业绩效(Ruf et al.,2001;Tsoutsoura,2004)。Simpson 和 Kohers(2002)以美国国有银行作为研究样本发现,社会绩效与财务绩效正相关。而不合法规的行为表现或不承担社会责任会负向影响企业自身价值产生或使股市对其的否定态度(Harrison and Freeman,1999;Jeff,1997)。

国内学者从理论角度出发,研究得出企业社会责任与企业绩效正相关的结论。陈宏辉和贾生华(2003)指出并强调两者相互关联、相互促进。企业承担社会责任必须将利益相关者的要求考虑在内,同时,承担相应的社会责任有利于企业价值的提升,并正向影响企业的财务绩效(陈宏辉,贾生华,2004)。樊行健和颜剩勇(2005)也将利益相关者的利益要求纳入研究范畴,认为企业社会责任会影响企业长期可持续发展和利益相关者的利益。在企业的经营过程中,为了在未来更好地满足利益相关者的利益需要,需要对企业履行社会责任进行财务分析。

但陈玉清和马丽丽(2005)以我国上市公司为样本,从利益相关者角度对其企业社会责任披露信息现状进行实证分析,得出我国上市公司的价值与信息相关性不显著的结论。邹相煜和王一川(2008)将深圳市 2006 年 412 家上市公司作为样本分析得出,只有政府贡献率与企业价值之间正相关关系显著,而其他社会责任变量与企业价值之间关系不明显,并且地区之间存在较大差异。

国内外对企业社会责任与财务绩效的研究没有得出一致结论,企业社会责任实践与财务绩效的关系可以是正相关、负相关或不相关。已有文献研究大多以大中型企业为研究样本,分析其社会责任与企业绩效之间的相关关系。以中小企业为样本的研究较为缺乏且不深入。因此,本章以中国的中小企业为样本,研究其社会责任实施现状,分析社会责任实践与绩效之间的关系。接下来,我们将重点回顾与中小企业相关的研究成果。

五、中小企业社会责任实践与绩效

通过回顾企业社会责任与企业绩效关系的相关文献可以看出,研究对象为大中型企业的占据多数,尤其是一些上市公司,因获取数据容易,便成为进行实证研究的首选企业。目前,以中小企业为研究样本主要基于规范性分析,而相关的实证分析则相对欠缺。陆凤林和徐立青(2007)从理论角度出发,就中小企业社会责任与成本和收益之间的关系进行了分析论述,认为企业社会责任的投入成本小于收益,也就是说中小企业承担社会责任对提高公司绩效具有积极作用。从信息披露角度来看,中小企业社会责任的信息披露对财务绩效具有驱动作用(刘彩华等,2011)。龙晓枫(2008)以武汉中小企业为样本展开调查,从理论上分析了中小企业社会责任与企业竞争力之间的关系。

虽然中小型企业与大中型企业在资源、实力、管理等方面有一定的差距,但从长期来看,实施企业社会责任有利于中小型企业的发展,也有利于提高企业的长期绩效。因此,我们认为,中小企业实施社会责任可以影响其企业绩效。

回顾企业社会责任实施动因的相关文献,可以将其动因分为内在动因和外在动因。以往文献多集中研究外在动因,涉及消费者、政府、媒体、供应商等多方面,但对内在动因的研究相对较少且不深入。本章认为,企业领导者的社会责任认知是促使企业履行社会责任的一个重要内在因素。

根据以上分析,我们提出如下假设:

H1:企业社会责任认知对企业社会责任实践有显著正向影响。

H2:企业社会责任的驱动因素对企业社会责任实践有显著正向影响。

H3:企业社会责任实践对企业经济绩效有显著正向影响。

H4:企业社会责任实践对企业社会绩效有显著正向影响。

H5:企业社会责任实践对企业环境绩效有显著正向影响。

第三节 问卷设计与数据收集

一、研究对象

本章主要以中国中小企业的老板或全面了解企业情况的高层管理者为调查

对象。我们的研究区域涉及江苏、浙江、重庆等地,江苏省调查对象主要是南京财经大学 MBA 学员,他们大部分是企业的管理者。其他地区如重庆、浙江等地的调查对象主要是企业的管理者。就调查对象结构而言,为了保证数据的全面性和准确性,研究样本兼顾了在性别、年龄、学历上的代表性。

二、问卷设计

本研究的问卷设计主要借鉴了 Aupperle et al.(1985)、Maignanet al.(1999)、李立清和李燕凌(2005)、张文贤等人(2006)的研究成果,基本采用了两种题型,即填充题和选择题。其中,对模型所需要的变量,如企业社会责任认知、企业社会责任驱动因素、企业社会责任实践和企业绩效等的衡量均采用了李克特量表(问卷设计见本书后面附录1)。

三、数据收集

本研究主要通过发放问卷的形式进行数据收集。问卷采用纸质问卷和电子问卷两种形式。问卷发放的对象主要有 MBA 学员和企业管理者两类,前者主要对参加南京财经大学 MBA 专业学习的学员进行现场问卷调查,对于调查当天没有到校的部分学员,则将调查问卷通过电子邮件的方式发送到学员邮箱,由学员填写完成后再反馈回来;后者主要是由调查者带着问卷到企业实地调查,在通过交流了解企业基本情况的基础上,请熟悉企业经营的管理者填写问卷。调查者会对被调查者在填写过程中不清楚和理解不透的地方及时进行解释并解决问题。

本次调研通过发放纸质问卷和电子问卷的方式,共发放问卷 195 份,回收问卷 140 份,回收率 71.8%;有效问卷 97 份,有效率 69.3%。通过对两种调研方式的问卷数据进行均值比较,发现两种调查方式获得的数据之间不存在显著差异,所以我们把两种调查方法获得的数据合在一起进行分析。

四、研究方法

(一)因子分析

本章的问卷选项主要采用李克特(Likert)5 级量表,使用 SPSS17.0 对数据进行因子分析。首先,对企业社会责任认知和企业社会责任驱动因素做了探索性因子分析(Exploratory Factor Analysis),对企业社会责任实践和企业绩效进行了验证性因子分析(Confirmatory Factor Analysis)。同时,分析验证了因子的效度(Validity)和信度(Reliability)。效度分析主要检验量表数据是否适合做因子分析,主要通过 KMO 检验和巴特利球体进行检验。信度分析采用的是 Cronbach's Alpha 系数、平均提取方差值(Average Variance Extracted,AVE)和组合信度(Composite Reliability)来检验。

(二) 结构方程模型分析

根据之前所提出的理论分析模型,我们利用 Partial Least Squares(PLS)进行检验。为了分析路径系数的显著性,我们采用 Bootstrapping 技术。在本章节研究中,我们使用 Bootstrapping 对样本运行 500 次运算以期得到较为稳健的结果(Chin,1998)。

第四节　研究结果

一、描述性统计分析

(一) 调查对象基本情况

此次调研的对象涉及江苏、杭州、上海、成都、重庆、诸暨等地的企业管理人员。根据问卷回收情况可知,在参与者性别分布上(见表 2-1),男性 69 人,占样本总人数的 69.07%,女性 30 人,占样本总人数的 30.93%,男性占比相对较高。

表 2-1　调查参与者性别分布

性　别	频　数	所占比例(%)	累计百分比(%)
男性	67	69.07	69.07
女性	30	30.93	100.0
合计	97	100.0	100.0

数据来源:根据作者实地调查情况整理。

从参与者的年龄分布来看(见表 2-2),"20—30 岁"的有 56 人,占全部样本的 57.73%；"31—40 岁"的有 37 人，占 38.14%；"41—50 岁"的 3 人，占 3.10%；"51—60 岁"的 0 人；60 岁以上的 1 人，占 1.03%。可见，参与调查的企业管理者普遍比较年轻；更深层次可以看出，企业管理者呈现年轻化的趋势，大多数是 40 岁以下的中青年。

表 2-2   调查参与者的年龄分布

年　龄	频　数	所占比例(%)	累计百分比(%)
20—30 岁	56	57.73	57.73
31—40 岁	37	38.14	95.87
41—50 岁	3	3.10	98.97
51—60 岁	0	0	98.97
60 岁以上	1	1.03	100.0
总计	97	100.0	100.0

数据来源：根据作者实地调查情况整理。

从参与者的学历分布上看(见表 2-3)，其中，具有大学本科学历的有 67 人，占所有样本的 69.07%；硕士研究生(包括 MBA)12 人，占 12.37%；其余 18 位参与者都是专科学历，占 18.56%。可见，企业管理层本科以上学历水平占据大多数，同时可以看出企业管理层的文化水平也在不断提升，越来越多的高素质、高学历管理人才倾向于进入企业工作，推动企业的发展。

表 2-3   调查参与者的学历分布

学　历	频　数	所占比例(%)	累计百分比(%)
专科	18	18.56	18.56
大学本科	67	69.07	87.63
硕士研究生	12	12.37	100.0
合计	97	100.0	100.0

数据来源：根据作者实地调查情况整理。

从所选取的调研企业性质来看(见图 2-2)，私营企业占据多数，共有 56 家，占所有调研企业的 58%；国有企业 27 家，占 28%；外资及港澳台企业 12 家，占 12%；混合所有制企业 2 家，占 2%。

从调研企业的区域分布来看(见图 2-3)，虽然涵盖了江苏、上海、杭州、诸暨、成都、重庆等多个不同的省市，但江苏省占多数，占所有调研企业的 69%。

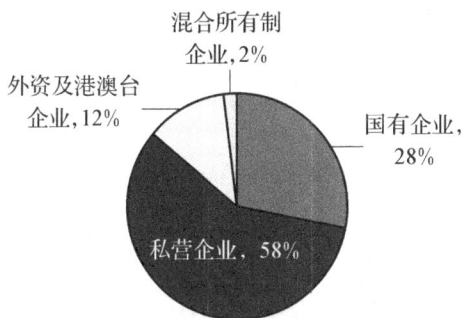

图 2-2　调研企业的性质分布　　　　图 2-3　调研企业的区域分布

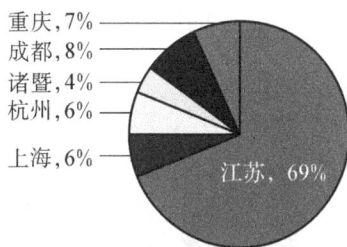

（二）对企业社会责任概念的认知

企业社会责任相关概念的调查结果显示（见图 2-4），55％的参与者听说过"国际劳工公约"，58％的参与者听说过"企业社会责任报告"，可见较多人对这两个概念有所了解。另外，有 31％的人听说过"企业公民"的概念。而关于比较专业的概念听说过的人很少，如"联合国全球契约""OECD 企业治理结构原则""跨国企业生产守则"以及"SA8000"。该数据结果显示，在我们所调研的企业中，企业管理者对企业社会责任相关概念的认识还比较单一，仍需进一步普及。

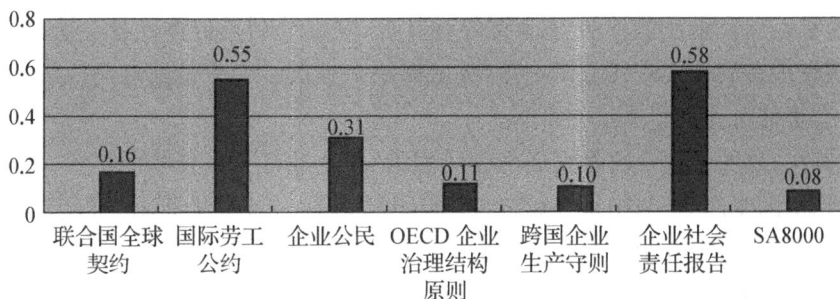

图 2-4　企业管理者对企业社会责任概念的认识

1. 企业社会责任的内容

关于"企业社会责任的具体内容"（见图 2-5），我们列出了 10 个选项，每个选项都有一半以上的人选择。其中，名列前三位的分别是："依法纳税"占所有参与者的 92％；"减少环境污染"占比 84％；"保证产品质量"占比 78％。可见，经济责任、环境责任和产品责任是中小企业中最重要的内容，而对企业管理者"慈善捐赠""促进文化发展"和"维护股东利益"这几个方面的认同则相对欠缺，这与中小企业的自身特点有很大的关系。中小企业本身在经济实力、资源使用等方面就比较薄弱,所以,他们将发展企业自身作为首要任务,只有企业发展壮大了,才能具备足够的实力去实现企业社会责任的其他内容。

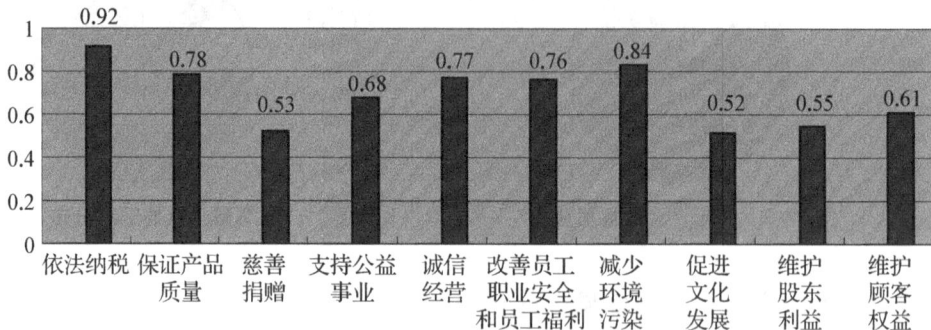

图 2-5　企业管理者对企业社会责任内容的认识

2. 企业社会责任的制约因素

首先,是一些关于认知的制约因素。"对企业社会责任的认识度低,信息掌握不充分"从另一面反映出中小企业管理者对企业社会责任概念、内容等的认识较浅薄,与前面的定性分析结果一致(见图 2-4 和图 2-5),这在一定程度上不利于企业社会责任在企业内部的深入宣传。"企业没有树立以人为本的经营理念"就难以保证企业能够更好地履行对员工、顾客等利益群体的社会责任。而"高层管理者的社会责任意识不强"势必影响企业的社会责任战略与决策,进而对社会责任行为产生一定的影响。

其次,是关于企业自身发展的制约因素。"企业社会责任华而不实,很难转化为切实的生产力"与中小企业自身特点息息相关,中小企业将求生存求发展作为自己的目标,很多中小企业管理者都将企业的首要目标定位为生产力的提高,即使从长期来看企业社会责任的履行能产生效益。"企业履行社会责任的成本太高"在一定程度上也阻碍了中小企业对社会责任的履行。

最后,制度方面的因素对企业履行社会责任有较大的制约作用。通过"政府对企业社会责任的强调和推进滞后"这一制约因素可以反映出政府并没有发挥其积极的引导、宣传、促进作用,这一点也可以让政府部门足够重视。由于中小型企业占所有企业的 99%,占比大,理应更多地促进中小企业履行社会责任,而不能只将目光聚集在大型企业、上市公司。除此之外,通过"相关法律法规还不健全"的题项可以看出,中小企业缺乏一个良好的制度保障和制度环境,从而使企业履行社会责任的积极性有所降低(见图 2-6)。

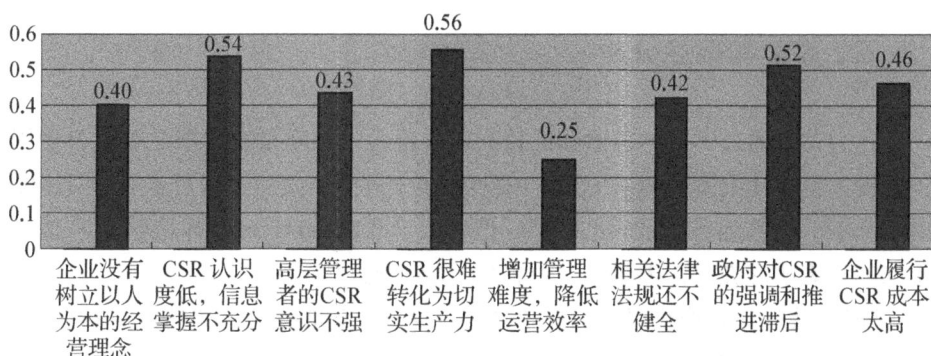

图 2-6 企业管理者对企业社会责任制约因素的认识

二、因子分析

表 2-4 是基于因子分析结果的各潜变量的题项数、均值和标准差。

表 2-4 变量的描述性统计分析

变 量	题项数	均 值	标准差
企业社会责任认知	13		
CSR 态度	5	4.17	0.56
CSR 意义	8	3.71	0.62
企业社会责任驱动因素	8		
政府	1	3.78	0.78
社会	5	3.66	0.62
企业	2	3.99	0.70
企业社会责任实践	21		
员工	4	3.90	0.69
消费者	4	3.94	0.63
供应商	5	3.58	0.69
环境	4	3.77	0.65
社区	4	3.67	0.65
企业绩效	12		
经济绩效	5	2.17	0.43
社会绩效	6	3.75	0.60
环境绩效	1	3.60	0.79

三、效度和信度分析

我们首先通过 KMO 检验和巴特利球体检验来判断量表数据是否适合做因子分析。企业社会责任相关量表的效度检验表明,企业社会责任态度的 KMO 值为 0.645,而其他各个量表的 KMO 值均大于 0.7,Bartlett 球体检验的 P 值小于 0.001,表明存在显著差异性,适合做因子分析。

随后,我们对每个变量进行信度检验。表 2-5 是各变量的信度分析结果,这一结果验证了问卷测量变量的可靠性。

表 2-5 变量的信度分析结果

类　　型		Cronbach's Alpha	AVE	组合信度	问题项
企业社会责任认知	CSR 态度	0.627	0.532	0.773	5
	CSR 意义	0.870			
企业社会责任驱动因素		0.850	0.867	0.928	8
企业社会责任实践	员工	0.826			4
	消费者	0.880			4
	供应商	0.891	0.928	0.985	
	环境	0.869			4
	社区	0.856			4
企业绩效	经济绩效	0.915	0.746	0.936	5
	社会绩效	0.888	0.638	0.914	6
	环境绩效	1.000	1.000	1.000	1

四、变量相关性分析

根据因子分析结果,我们首先观察了变量之间的相关关系(见表 2-6)。变量相关关系矩阵表明,企业社会责任认知、企业社会责任驱动因素和企业社会责任实践之间的相关关系显著,企业社会责任实践与企业绩效也显著相关。

表 2-6 样本均值、方差和相关关系矩阵

	均值	标准差	认知	动力	实践	经济绩效	社会绩效	环境绩效
认知	3.74	0.59	0.729					

	均值	标准差	认知	动力	实践	经济绩效	社会绩效	环境绩效
动力	3.76	0.62	**0.415**	0.931				
实践	3.77	0.66	**0.418**	**0.221**	0.963			
经济绩效	2.17	0.43	0.094	**0.180**	**0.184**	0.864		
社会绩效	3.75	0.60	0.124	**0.385**	**0.370**	**0.497**	0.799	
环境绩效	3.60	0.79	0.176	**0.268**	**0.333**	**0.505**	**0.606**	1.000

备注:在这个相关矩阵里,0.18 以上的值表示在 5% 的水平上显著。

五、结构方程模型分析结果

根据理论分析框架,运用路径分析软件 PLS 进行实证分析。从结构方程模型的路径分析结果(表 2-7)可以看出,企业社会责任认知对企业社会责任实践有显著的影响($R^2=0.178$),从而假设 1 得到验证。

中小企业管理者对企业社会责任态度积极,同时对履行企业社会责任的积极意义有足够清楚的认识,这在一定程度上能够对企业管理者进行履行企业社会责任的决策和判断时产生积极作用。例如,"企业的发展战略中应包含企业社会责任的内容","参与企业社会责任活动可以获得良好的公众形象","承担企业社会责任是企业日常工作的一部分"在大部分管理者中得到了认同,这样他们就会将对企业社会责任的关注贯穿于战略制定和日常工作的始终。同时,履行企业社会责任可以使企业与各利益相关者之间的关系得到改善,而利益相关者的支持和帮助对企业的发展有很大的促进作用。所以,中小企业管理者必然会通过更好地承担社会责任的方式,去实现企业的长期可持续发展。

但是,我们问卷中所提到的一些关于企业社会责任的驱动因素对企业社会责任行为的影响并不显著,假设 2 没有得到验证,得到了与文献回顾中的众多学者不一致的结论。造成这一结果可能与以下因素有关:① 制度的不完善。政府部门对企业社会责任的宣传不到位,没有足够的推进工作力度,使企业响应度不够。② 可能由于中小企业的特殊性所致。中小企业在供应链的不利地位,使得企业很难接触到消费者的真实需求。而且,中小企业规模小,容易出现波动,企业文化不完善,使得其不能更好地回应消费者的需求。

企业社会责任行为对企业经济绩效($R^2=0.034$)、社会绩效($R^2=0.137$)和环境绩效($R^2=0.111$)存在显著影响,其中对社会绩效和环境绩效均在 1% 的水平上显著,从而假设 3、假设 4 和假设 5 得到了验证。这个结论与何朝晖(2009)、尹军(2007)、张亚博(2008)、谢守祥(2009)等人关于中小企业社会责任实践与企业绩效的研究相一致。因此,中小企业的社会责任行为有利于企业的长期发展,将会使"企业的盈利能力"和"市场竞争力"得到提升,使"顾客对企业产生信任""在社会中获得良好的企业形象"。

表 2-7 变量的路径系数

	PLS 估计值	标准差	t statistics	显著程度
认知—实践	0.394	0.100	3.960	***
动力—实践	0.058	0.108	0.536	
实践—经济绩效	0.184	0.097	1.898	接近于**
实践—社会绩效	0.370	0.094	3.922	***
实践—环境绩效	0.333	0.097	3.441	***

备注:*** : $p<0.01$;** : $p<0.05$

由上述分析结果,我们整合得到以下模型(见图 2-7),其中,虚箭头表示相关关系不显著,加粗的箭头表示存在非常显著的相关关系。

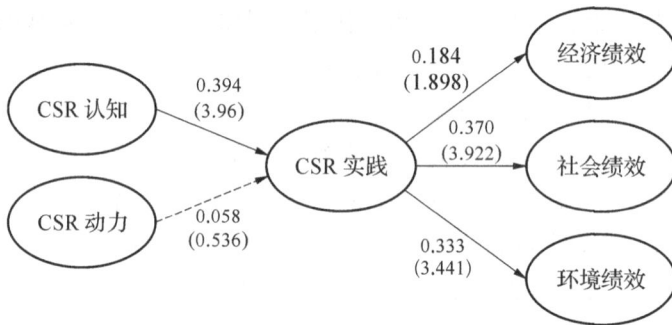

图 2-7 结构模型的显著性关系结果

备注:箭头上的数据分别为 PLS 估计值和 T statistics(括号中),其中 T statistics>1.63,表明在 10%的水平上显著;T statistics>1.98,表明在 5%的水平上显著;T statistics>2.58,表明在 1%的水平上显著。

我们进一步对变量之间的总效应进行了分析,得到了与前面结果一致的结论。企业对社会责任的认知和实践对企业的经营绩效的影响显著,而企业履行社会责任的动力对企业社会责任实践、经济绩效、社会绩效和环境绩效均没有显著影响(见表 2-8)。

表 2-8　各变量之间总效应分析结果

	均　值	标准差	t statistics	显著性水平
CSR 认知→实践	0.017	0.027	3.960	***
认知→经济绩效	0.027	0.040	1.640	*
认知→社会绩效	0.072	0.108	3.009	***
认知→环境绩效	0.032	0.047	2.691	***
动力→实践	0.216	0.097	0.536	
动力→经济绩效	0.343	0.096	0.398	
动力→社会绩效	0.400	0.094	0.453	
动力→环境绩效	0.086	0.044	0.478	
实践→经济绩效	0.136	0.049	1.898	接近于**
实践→社会绩效	0.402	0.100	3.922	***
实践→环境绩效	0.158	0.048	3.441	***

备注：***：$p < 0.01$；**：$p < 0.05$

第五节　研究结论与建议

一、研究结论

本章根据相关文献回顾整合所得的理论研究框架，提出了 5 个研究假设，通过结构方程进行数据分析得到了如下研究结论（见表 2-9）。

表 2-9　假设检验结果总结

假　设	验证结果
H1：企业社会责任认知对企业社会责任实践有显著正向影响	成立
H2：企业社会责任的驱动因素对企业社会责任实践有显著正向影响	不成立
H3：企业社会责任实践对企业经济绩效有显著正向影响	成立
H4：企业社会责任实践对企业社会绩效有显著正向影响	成立
H5：企业社会责任实践对企业环境绩效有显著正向影响	成立

（一）企业社会责任认知对企业社会责任实践的影响显著

企业家关于社会责任的认知对企业社会责任行为的影响显著。根据"态度—行为"理论,行为会受到态度的影响。这表明,企业对社会责任的履行会受到企业管理者对社会责任认识程度的影响。企业实施具体行为会受到管理者对社会责任长远的战略型态度或务实的实践型态度的影响。同样,如果管理者可以清晰地认识到履行企业社会责任的积极意义,如有助于改善各利益相关者之间的关系、提升企业形象,那么,企业管理者在管理活动、战略制定过程中就会将社会责任考虑在内,使企业的行为具有社会责任的特性。

（二）企业社会责任实践对企业绩效各维度的影响显著

企业实施社会责任行为,会提升消费者的顾客满意度和忠诚度,提升员工的满意度和对公司事务的参与度,提升供应商、政府和社区对企业的信任和长期合作意向,并积极支持企业发展。另外,企业在环境保护方面采取有效措施,不仅有利于保护环境,还能实现对资源的有效利用,而且能改善企业在社会公众心目中的形象。企业社会责任实践的各个方面共同对企业的可持续发展产生作用。长期而言,企业履行社会责任不仅提升了经济绩效,还提升了社会绩效和环境绩效。

二、政策建议

结合上述实证分析结果以及中小企业社会责任的相关特点,本章提出了如下政策建议。

（一）将社会责任理念融入企业发展战略

中小企业履行社会责任显著影响着企业的绩效。这一结果可以使企业承担社会责任的种种顾虑得以消除。因此,我们认为中小企业应该在企业战略中积极融入社会责任相关理念,使企业管理者对社会责任的概念、内容、态度和行为等的认识都得到有效提升。企业管理层对企业承担社会责任认识到其在战略层面的重要作用,有利于社会责任意识的提高和企业的长期可持续发展。因此,中小企业管理者可以通过全方位培训,积极提升个人素质,提高对社会责任的认知水平。

（二）加强政府的引导与监管作用

企业社会责任在规范化、有序化的推进方面,政府承担了非常重要的角色,并发挥着主导作用。但本章研究结果显示,政府的推进、引导和强化作用并没有得到很好的发挥,甚至政府的推进滞后效应严重制约了企业对社会责任的履行。因此,政府应积极引导和监督企业承担社会责任,完善相关法律法规,为中小企业承担社会责任创造良好的制度环境。同时,还要健全相关的激励机制和约束机制,如加大对实施企业社会责任的中小企业的财政支持力度,对部分税收减免,或者对积极保护环境的企业提供奖励。

（三）增强利益相关者的社会责任意识

企业与其利益相关者之间可以互相促进、互相影响。就消费者而言,对不承担社会责任的企业所生产的产品不会产生购买意愿,这就会从外部给企业造成压力,从而倒逼企业必须提高社会责任意识。就供应商而言,可以选择与国际认证的企业合作,解除与不承担社会责任的企业之间的商业合作伙伴关系。总之,提高利益相关者的社会责任意识,会对企业造成外部压力,从而对企业履行社会责任产生积极的推动作用。

第三章 基于农业企业视角的领导风格、企业社会责任行为对其绩效的影响研究

第一节 问题的提出

近年来,随着大众的消费意识和社会公众的关注,食品安全问题已经成为热议的话题之一,例如每年一度的"315晚会"曝光的行业和品牌。可以说社会媒体对食品安全问题相关报道不计其数,从早期的"苏丹红"事件和"三聚氰胺奶粉"事件,到后来的"火锅地沟油"事件和"农药残留物毒草莓"事件,虽然诱发各种食品安全问题的形式发生了改变,但这些事件的本质却无不提醒着中国的食品安全问题仍存在很大的隐患,尤其是与消费者生活息息相关的农产品也不再"纯天然",充满着"虚情假意"。那为什么农产品受消费者如此重视?一方面,随着经济生活水平的大幅度的提升,消费已经明显升级,不仅是质量的升级,更是消费人群的升级。中国消费者的消费模式,因为移动互联网的崛起、电商的发展,发生了根本性的变化。另一方面,随着环境的每况愈下,例如气候变暖、土壤污染等,这些都促使着市场和土地条件急剧变化,导致原来"唾手可得"的新鲜绿色农产品已经鲜少出现在大家面前,这些也在彰显着中国产品的形态和质量需要控制和关注。此外,由于我国的科技发展起步较晚,目前我国的农业生产仍然是以小农户生产模式为主,这种缺乏机械化的小规模生产模式,已经严重阻碍了我国的农业发展和农产品流通。因此,农业企业的生产经营的好坏,决定了我国是否可以在维护农民利益、提高农户收入、带动农村经济发展和促进当地就业等方面取得重大的突破(张照新等,2010),并且推动我国进行战略性地调整农村经济结构。从消费者的角度考量,作为所有消费者的生活必需品,农产品的质量安全问题消费者有权和有必要时刻存在疑虑(陆华良,黄惠盈,2018)。

面对这种情况下,企业社会责任的履行,农业企业应当贯彻到底。在产品生产方面,生产安全无污染的产品义不容辞。这不仅可以使得消费者对农业企业的信任度大大增加,从而推动消费者购买企业产品的欲望,还可以有助于对整个

生态环境的保护,最后达成企业绩效全面提高的目标。因此,如何提高企业社会责任的履行成为新时代的难题。为此,无论是学术还是商业领域,目前企业社会责任的履行已有很多研究,并且发现企业社会责任的履行取决于很多因素,例如个人特征水平、企业绩效、员工等层面,但是鲜有对农业企业进行相关研究,尤其是对个人特征水平。根据现有研究表明,领导风格会体现领导者的工作习惯和行为作风,它是领导者对自己决策和行为能力的一种表现形式。与此同时,领导者的决策判断影响组织目标的最终实现执行。因此,领导风格与企业行为是息息相关的。但领导型风格多种多样,关于领导力和领导风格也是目前研究热点。变革型领导是指通过领导魅力、领导感召力、智力激发和个性化关怀等。领导者让员工意识到所承担的责任及任务的重要性,从而激发其更高层次的需要,使其最大限度地发掘自身的潜力来取得最高水平的绩效表现。研究表明,变革型领导本身注重道德垂范,拥有变革型领导风格的领导在工作中会鼓励员工独立思考解决问题和关注员工生活,在企业战略选择上面会更加注重创新(Wilmore & Thomas,2001),并倾向于从伦理和人性化角度去思考问题。已有学者发现,变革型领导会倾向于履行社会责任。而与之对比的交易型领导与员工的关系更偏向于一种交易契约(Burns,1978),交易型领导对于企业的决策思考上面会考虑企业的决策是否能够为企业带来利润,从长期发展来看,企业履行社会责任有利于企业经济绩效的提高。因此,交易型领导在决策上面也有助于企业社会责任的履行(黄惠盈,2018)。

第二节　文献综述

一、变革型领导与交易型领导

变革型领导的概念最早在1978年出现。Bass(1985)和Pillai等(1999)学者提出变革型领导可以通过让员工认识到工作的意义,从而更加积极主动地展开工作,追求更上一层次的需求,对组织产生信任并能做出超越利益上的交换。

Bass(1985)在《领导与超越期望的绩效》一书中曾指出,在基于领导成员交换理论和途径目标理论上,交易型领导与下属的关系是通过奖酬交易进行的。领导者首要任务是了解员工的需求和目标,以此为前提来解决员工工作环境和资源的问题,从而促使员工提高对组织目标的热情和执行力,最终达成完成目标和员工获得丰厚报酬的双赢局面。

Podsakoff(1996)则将交易型领导进行更加细致的分类,指出交易型领导为了达到激励员工完成组织任务的目标,可能会进行赏罚,具体表现为对成功完成组织目标的下属,给予其需要的奖赏(Pillai et al,1999;Leithwood,1994),而对于没有成功完成任务或有偏误的下属,给予纠正或惩罚。这体现交易型领导设定目标,明确目标,并且领导者和员工之间有一种隐性的契约。为此,在当前社会转型和改革日益深入的形势下,不同领导风格对组织学习的推动作用一直备受关注。Effelsberg等(2014)认为变革型领导风格是一种极具魅力和可以激励团队士气的领导风格,并且这种领导风格可以使得个体将自己需求的渴望内化为有效的执行力。

二、企业社会责任

从目前已有研究来看,学者们对于企业是否应当履行社会责任各持己见,持相对立的态度。一部分学者认为企业不应该履行社会责任,主要原因是社会问题不应由企业来解决,而应由政府作为主体来解决,指出企业若履行社会责任则是一种越权行为。与此同时,企业主动承担社会责任是有危害的,将十分不利于企业的成长和发展。Friedman(1970)赞同企业应当以经济绩效为终极目标,而非社会绩效。同时,他还指出企业仅需担负的责任就是尽自己的努力充分利用其所能控制的资源,最终达到为股东谋取利润最大化的使命。

近年来,随着全球大力传播与发展企业社会责任理念,无论是学术界还是商界人士都纷纷开始认同企业社会责任,他们不再认为企业应该单纯追求利润,而是应该将道德因素一并包含在企业社会责任之中,并且认为规模和企业社会责任的履行水平成正相关,也就是越大的企业越应该对社会做出更大的贡献。这些学者都抛弃了过往以经济绩效为目的的观点,并且大力提倡企业应当回报社会,自愿去承担社会责任。随后,Carroll(1979)提出了企业社会责任金字塔理论,将企业社会责任分为经济责任、法律责任、伦理责任和慈善责任四个方面。

与此同时,利益相关者理论的发展也促进了对企业社会责任的研究。美国学者Freeman(1984)率先开启了基于利益相关者理论研究企业社会责任的大门。冯臻等(2012)将企业社会责任分为员工责任、消费者责任、商业伙伴责任、社区责任、环保责任和慈善责任。杨莉和汪冬梅(2011)的研究也指出中国企业应该对消费者、员工、股东、供应商、社区、政府和环境资源等方面履行社会责任。在农业企业层面,王林萍(2009)也从产品质量、售后服务、环境保护、员工权益、社区关系、经济效益、创新能力和慈善公益等八方面来研究探讨农业企业的社会责任内涵。此外,徐雪高和张照新(2014)进一步具体地将农业龙头企业的社会责任划分为保护环境、带农增收、保障食品安全、保障员工福利和参与社会公益事业五个方面。

三、企业绩效

在企业绩效方面,目前也有学者提出了企业的绩效应该体现企业的可持续发展观,最终要实现经济增长、环境保护和社会福利的均衡发展。温素彬和薛恒新(2005)提出了企业三重绩效共生模式和三重绩效的矩阵式评价指标体系,并将企业绩效分为经济绩效、生态绩效和社会绩效三个维度。陆孝春(2013)将企业绩效分为经济绩效、社会绩效和环境绩效,并设计了 11 个指标对企业社会责任绩效进行测量。

四、领导风格、企业社会责任与企业绩效

借鉴现有文献,结合中国农业龙头企业的发展实际现状,我们构建了如下理论分析框架(见图 3 - 1)。

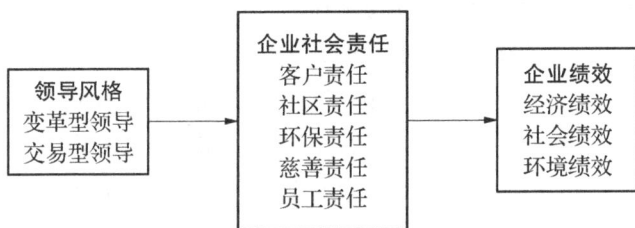

图 3 - 1　研究模型

(一)变革型领导与企业社会责任

目前,前沿的理论研究(Maak & Pless,2006)和定性研究(Angus-Leppan et al.,2010)揭示变革型领导可能表现出更具道德、负责的领导行为,例如会保护和促进利益相关者利益。变革型领导的视野更为广阔,能够充分考虑与组织有关的各种利益相关者的联系。而 Luu(2012)指出变革型领导对慈善责任方面十分有利。Du 等(2012)基于利益相关者理论将企业社会责任划分为与员工、消费者

和政府相关技术上的社会责任和与社区、环境相关的制度上的社会责任两个维度。研究结果表明,变革型领导对于企业社会责任制度上的履行更有利。此外,Graves,Sarkis & Zhu(2013)指出,新型变革性领导——"绿色变革型领导",他们的特点是以组织环保为目标,领导组织成员为环保而奋斗。现有研究表明,绿色变革型领导不仅能够塑造员工环保创造力(Mittal & Dhar,2016)和绿色环保行为(Roberstson & Barling,2013),还有助于实现企业绿色动态能力、绿色产品开发(Chen & Chang,2013)和正向预测企业绿色行为的能力(王乾宇和彭坚,2018),最终实现企业可持续发展。基于已有研究,我们提出以下假设:

H1a:变革型领导对企业客户责任有显著的正向影响。

H1b:变革型领导对企业社区责任有显著的正向影响。

H1c:变革型领导对企业环保责任有显著的正向影响。

H1d:变革型领导对企业慈善责任有显著的正向影响。

H1e:变革型领导对企业员工责任有显著的正向影响。

(二)交易型领导与企业社会责任

目前,学者们关于交易型领导与企业社会责任之间的相关研究较少。但根据交易型领导风格的特点,不难看出交易型领导的管理者在工作中更加注重员工的工作绩效,同时,会很大程度地影响员工的相关行为。辛杰(2014)通过研究发现,整合高管团队行为之后,同时通过交易型领导和变革型领导的调节,企业社会责任的履行水平被正向促进。由于交易型领导在工作环节中特别重视工作任务的完成情况,这也正向促使了他们在与客户(供应商、农户等)的合作交流中十分强调产品质量,进一步从源头保障了企业生产原料的质量,也确保了企业产品在后续每一道程序上取得优良的质量,从而更好地实现企业生产目标。此外,Groves & Larocca(2011)通过对比不同类型的领导风格发现,变革型领导风格和交易型领导风格相比起来,更能积极影响预测规范性的企业社会责任方面的履行。不仅如此,Luu(2012)认为作为企业最基本的社会责任应该是经济责任,企业的法律责任应当还囊括对环境的保护、员工保障和提供安全健康的产品等,而交易型领导将有助于企业履行法律责任和经济责任。无论企业履行社区责任还是环保责任,都能够正面影响企业的外部环境,同时也能加强消费者对企业的好感。因此,我们提出以下假设:

H2a:交易型领导对企业客户责任有显著的正向影响。

H2b：交易型领导对企业社区责任有显著的正向影响。

H2c：交易型领导对企业环保责任有显著的正向影响。

H2d：交易型领导对企业慈善责任有显著的正向影响。

H2e：交易型领导对企业员工责任有显著的正向影响。

（三）企业社会责任与经济绩效

根据现有关于经济绩效和企业社会责任履行的研究表明,企业的社会责任履行水平的高低会影响经济绩效,企业社会责任履行水平越高,经济绩效越好。Servaes & Tamayo(2013)认为随着社会对环境的关注度越来越高,消费者将更加聚焦与企业社会责任有关的产品,并对这类产品采取积极的购买行为。例如购买更多与企业社会责任相关的产品,并且在购买之后保持忠诚度和进行口碑宣传等举动。

马少华和欧晓明(2014)通过研究农业企业社会责任、企业声誉和竞争力三者之间的关系,发现企业履行社会责任会提高企业的社会竞争力。从竞争优势理论层面来考虑,在企业的战略方案中如果采用企业社会责任行为战略,会使得企业和社会利益获得提升,实现双赢。唐芹和郑少锋(2013)通过对金融业分析得出,企业对员工、股东、社区和政府履行社会责任与经济绩效是正相关的。与此同时,企业履行社区责任有利于企业与社区建立良好的社会关系,主要是因为企业社会责任的履行不仅会促使企业开展更多的社区活动和产品销售从而获得利润的提升,而且还会增强企业的社会影响力,提升企业的形象。Kabir & Thai(2016)通过研究发现,企业履行环境责任和社会责任都可以提升经济绩效,并且企业履行环境责任的促进效果更加明显。彭雪蓉和刘洋(2015)通过研究发现,战略性企业社会责任能够为企业创造更大的竞争优势。同时,企业履行社会责任可以为社会创造价值并通过此途径实现价值获取。基于以情境为中心的慈善理论,不难发现,企业的慈善行为不仅可以提高企业的竞争优势,也有利于企业长期可持续的发展。因此,我们提出以下假设:

H3a：企业客户责任对经济绩效是显著的正向影响。

H3b：企业社区责任对经济绩效是显著的正向影响。

H3c：企业环保责任对经济绩效是显著的正向影响。

H3d：企业慈善责任对经济绩效是显著的正向影响。

H3e：企业员工责任对经济绩效是显著的正向影响。

（四）企业社会责任与社会绩效

Mcwilliams & Siegel(2001)认为,股东出于社会责任履行能提高企业短期竞争力和声誉的观点和目的,可能更加喜欢投资履行社会责任的企业。除此之外,大家形成普遍的共识,即企业社会责任履行最终可以直接转化为组织声誉。Lai 等(2010)发现,当企业履行社会责任时,消费者会对企业好感提升,企业的品牌效应无形之中大大增强,并帮助企业形成良好的声誉。Eberl、Berens & Li(2013)认为,以交互式在线媒体的形式履行企业社会责任,会使企业与消费者等社区群众就该行为进行沟通交流,也可以促使企业的声誉提高。Logsdon & Yuthas(1997)认为,社区对企业会造成一种制度性压力,企业会出于与当地社区保持良好关系的意图去承担社会责任,这会使企业与社区之间形成良好的社会关系。基于上述研究,我们提出以下假设:

H4a:企业客户责任对社会绩效有显著的正向影响。

H4b:企业社区责任对社会绩效有显著的正向影响。

H4c:企业环保责任对社会绩效有显著的正向影响。

H4d:企业慈善责任对社会绩效有显著的正向影响。

H4e:企业员工责任对社会绩效有显著的正向影响。

（五）企业社会责任与环境绩效

目前,环境意识已经在人们的大脑中深深植入,人们对环境保护这一行为也越发关注。例如,企业为了环保节能,在生产经营过程中采用更节能的机器设备,并在生产中采取措施以减少不必要的浪费等。这些战略行为虽然在短期内会花费一定的成本,但是从长远角度考虑不仅有利于环境保护,还可以减少因污染所带来的不必要的罚款。和苏超等(2017)指出,当企业自主执行自然环境保护策略的时候,之于自然资源方面会降低浪费,之于自然环境层面会减少污染,最终得出这种前瞻型环境战略对环境绩效存在显著正向影响的结论。此外,从企业层面来看,企业履行内部社会责任和外部社会责任这一行为,毫无疑问地体现了企业价值,并会促使企业更加关注员工、环境和社会;从客户层面来看,对于一个富有社会责任感的企业而言,它会在生产经营过程中大力提倡绿色生产链,在扮演供应商角色时也会谨遵"以服务绿色生产"为宗旨,这都将为产品的质量提供可靠的保障。此外,当企业站在员工的角度制定计划时,例如,为员工提供安全、健康的必要工作环境,关心员工的家庭生活,反过来,员工也会站在企业的角度去思考如何推进企业的发展,例如,在生产过程中节能减排,积极配合企业进行绿色生产,提高劳动生产率,从而有利于改善企业环境绩效(肖海洋等,2018)。Mittal & Dhar(2016)研究发现,绿色变革型领导可以塑造员工环保创造力。主要原因在于这种领导风格是以企业领导带动员工实施环保活动为特点,这会更加有力地加强环境保护。同时,企业在生产经营当中充分考虑社区的需求和环境保护,并严格按照国家规定进行安全排放,有利于减少对周围社区环境的破坏。综上所述,企业履行社会责任是有利于环境绩效的,我们就此提出以下假设:

H5a:企业客户责任对环境绩效有显著的正向影响。

H5b:企业社区责任对环境绩效有显著的正向影响。

H5c:企业环保责任对环境绩效有显著的正向影响。

H5d:企业慈善责任对环境绩效有显著的正向影响。

H5e:企业员工责任对环境绩效有显著的正向影响。

(六) 企业社会责任的中介作用

企业的经营管理是以提高企业的绩效和竞争力为最终目的。同时,在企业履行社会责任的过程中会促进企业绩效的提高,而变革型领导和交易型领导能够促进企业履行社会责任。因此,需要进一步探讨以企业社会责任为中介,研究变革型领导和交易型领导对企业绩效之间的影响。吴敏(2012)通过对高新技术企业进行实证研究,并以企业组织结构为中介变量,企业规模为调节变量,研究发现企业规模越大时,变革型领导与企业绩效成正相关的关系。Keller(1992)研究表明,变革型领导风格能够提高大型研发组织内的团队绩效。陈晓红等(2012)通过以组织学习与组织创新作为中介变量进行实证研究,从企业层面上探讨变革型领导行为对企业绩效之间的关系。研究结果,表明变革型领导行为与企业绩效存在正向影响的关系。综上所述,我们提出以下假设:

H6a:企业社会责任在变革型领导对经济绩效的影响中起到中介作用。

H6b:企业社会责任在变革型领导对社会绩效的影响中起到中介作用。

H6c:企业社会责任在变革型领导对环境绩效的影响中起到中介作用。

H6d:企业社会责任在交易型领导对经济绩效的影响中起到中介作用。

H6e:企业社会责任在交易型领导对社会绩效的影响中起到中介作用。

H6f:企业社会责任在交易型领导对环境绩效的影响中起到中介作用。

第三节　研究设计

一、数据来源

本书数据收集的调研方式采用预调研和正式调研相结合的形式。预调研选择了江苏省宿迁市泗阳县三家产品不同的农业龙头企业(菌类、丝绸、花生),并且通过参观企业生产车间和与企业董事长进行访谈。根据实际情况,进一步梳理、修改问卷的所有问题,并形成最终高信度和高效度的调查问卷。

在正式调研阶段,通过分层抽样确定调研样本。大概流程如下:首先,根据江苏地域分布,确定调研地点为苏北、苏中、苏南三个地域,获取各个地域的农业龙头企业数量在全省的占比,以此确定相应地域的调研样本数量。其次,在对各区县的农业龙头企业数量进行排序之后,从中随机抽选调研区县,直到抽出拟调研企业的数量,并最终确定调研企业名单。最后,我们于 2016 年 12 月—2017 年 6 月期间展开正式调研,调研对象是农业龙头企业的负责人,总共获取 183 家企业的调查数据用于进一步分析。

二、分析方法

本书采用 SPSS 和 PLS 对数据的可靠性和有效性进行检验。首先,采用 SPSS 22.0 对数据进行效度分析、因子分析和信度分析。效度分析是监测数据的 KMO 值和巴特利球度检验。因子分析采用方差最大旋转方式选择最相关项目的探索性因子,并测量出每个指标的因子载荷。信度分析是监测因子的克朗巴哈系数。然后,采用 SmartPLS 2.0 软件进行结构方程模型分析(Ringle 等,2005)。和传统的基于协方差的结构方程模型(如 Lisrel)相比,基于组成成分的 PLS 有几个方面的优势:① PLS 能避免可能产生负方差而导致的无解;② PLS 估计仅需要较少的假设条件和样本量。PLS 使用 Bootstrap 结合传统的拟合优度(如组成信度、R^2 等)指标来判断估计的质量。因此,PLS 方法非常适合本书的 183 家企业数据的小样本结构方程模型分析。按照 Chin(1998)的建议,确定采取 500 次重新取样 Bootstrap 方法来确定路径参数的显著性水平。

三、量表设计

首先,变革型领导的量表设计。借鉴李超平和时勘(2008)的研究,我们设计了道德垂范、愿景激励、个性化关怀、领导魅力等四个维度组成的变革型领导量表,共有 18 个题项用于模型分析[①]。

其次,交易型领导的量表设计。现有研究对于交易型领导的测量大都采用 Avolio 等(1999)编制的量表。该量表主要是将交易型领导分为授权奖励、积极例外和消极例外三个维度。由于消极例外被认为是既无正面影响,也无负面影响的一种领导方式。因此,本书对交易型领导的衡量采用授权奖励和积极例外两个维度,共有 6 个题项。

第三,企业社会责任量表设计。结合农业龙头企业的实际情况,参考张照新等(2010)和冯臻等(2012)的研究,本书将农业龙头企业的社会责任分为员工责任、客户责任、慈善责任、环保责任和社区责任等五个维度,共有 18 个题项。

最后,针对企业绩效的量表设计。对于企业社会绩效,主要参考龚宏斌(2011)、尹军(2007)和陆孝春(2013)的量表。本书将企业绩效分为经济绩效、社会绩效和环境绩效等三个维度,共有 15 个题项。

第四节　模型分析

一、描述性统计分析

表 3-1 罗列了调查对象的基本信息。从表 3-1 可以看出调查对象的性别分布,其中参与调研的男性管理者有 128 个,超过了女性管理者人数的两倍。由此可见,企业管理者中男性偏多。从年龄层面上来看,调查对象的年龄分布比较均衡,管理者年龄在 31—40 岁最多,大约占三分之一。从学历分布层面来看,管理者的学历普遍偏低。参与调研的管理者中大专学历最多,总共有 90 个(占比 49.18%),几乎占了调研人数的一半;其次是本科(占比 32.79%);而具有硕士学历的管理者最少,只有 6 个。从调查对象的海外留学经历可以看出,大部分的调

---

① 限于篇幅,详细的题项和数据可根据读者要求提供。

查对象没有海外学习经历(占比 95.63%)。

表 3-1 调查对象的基本信息

指　标	分　类	数　量	%	指　标	分　类	数　量	%
性别	男性	128	69.95	留学经历	是	8	4.37
	女性	55	30.05		否	185	95.63
年龄	20—30 岁	31	16.94	学历	大专以下	27	14.75
	31—40 岁	57	31.15		大专	90	49.18
	41—50 岁	49	26.78		本科	60	32.79
	51 岁以上	46	25.14		硕士	6	3.28

数据来源:根据作者 2016—2017 年实地调研数据整理。

二、效度和信度分析

表 3-2 是量表的效度分析。从表 3-2 不难看出,各变量的 KMO 的数值都大于 0.8,这表明该量表适合做因子分析。并且巴特利球度检验结果所对应的 p 值均小于 0.001,显著性水平比较高,从另一角度证明该量表适合做因子分析。同时,量表的克朗巴哈系数值均大于 0.7,说明量表的内部一致性较好,可据此进行后续研究。

表 3-2 量表效度分析

类　型	KMO	巴特利球度检验	克朗巴哈系数
变革型领导	0.933	0.000	0.902
交易型领导	0.801	0.000	0.783
企业社会责任	0.918	0.000	
客户责任			0.914
社区责任			0.785
环保责任			0.822
慈善责任			0.919
员工责任			0.876
企业绩效	0.913	0.000	
经济绩效			0.892
社会绩效			0.895
环境绩效			0.716

数据来源:根据作者 2016—2017 年实地调研数据整理。

三、结果分析

表3－3是领导风格、企业社会责任和企业绩效的相关性分析。从表3－3可以看出，所有因子的AVE平方根都在0.8以上，而且所有因子的AVE平方根都大于各因子之间的相关系数。因此，变量的区分效度比较好。同时，检查交叉因子载荷发现各个观察变量与所属因子的载荷要比交叉因子载荷高。

表3－3　相关性分析

	C1 变革型领导	C2 交易型领导	A1 客户责任	A2 社区责任	A3 环保责任	A4 慈善责任	A5 员工责任	B1 经济绩效	B1 社会绩效	B3 环境绩效
C1	**.880**									
C2	.744**	**.907**								
A1	.663**	.471**	**.839**							
A2	.572**	.444**	.561**	**.907**						
A3	.594**	.435**	.771**	.563**	**.859**					
A4	.610**	.504**	.522**	.601**	.482**	**.898**				
A5	.669**	.588**	.618**	.530**	.591**	.595**	**.856**			
B1	.469**	.427**	.384**	.274**	.336**	.354**	.343**	**.836**		
B2	.623**	.532**	.449**	.353**	.419**	.415**	.502**	.590**	**.839**	
B3	.641**	.485**	.527**	.399**	.550**	.451**	.546**	.411**	.696**	**.800**

**：表示相关性在0.01上显著。对角线上的数据是各潜变量AVE的平方根。

其中，变革型领导与客户责任（$r=0.663$，$P<0.01$），社区责任（$r=0.572$，$P<0.01$），环保责任（$r=0.594$，$P<0.01$），慈善责任（$r=0.610$，$P<0.01$），员工责任（$r=0.669$，$P<0.01$）显著正相关。

交易型领导与客户责任（$r=0.471$，$P<0.01$），社区责任（$r=0.444$，$P<0.01$），环保责任（$r=0.435$，$P<0.01$），慈善责任（$r=0.504$，$P<0.01$），员工责任（$r=0.588$，$P<0.01$）显著正相关。

客户责任与经济绩效显著正相关，为（$r=0.384$，$P<0.01$）；社区责任与经济绩效显著正相关，为（$r=0.274$，$P<0.01$）；环保责任与经济绩效显著正相关，为（$r=0.336$，$P<0.01$）；慈善责任与经济绩效显著正相关，为（$r=0.354$，$P<0.01$）；员工责任与经济绩效显著正相关，为（$r=0.343$，$P<0.01$）。

客户责任与社会绩效显著正相关，为（$r=0.449$，$P<0.01$）；社区责任与社会绩效显著正相关，为（$r=0.353$，$P<0.01$）；环保责任与社会绩效显著正相关，为

$(r=0.419,P<0.01)$；慈善责任与社会绩效显著正相关，为$(r=0.415,P<0.01)$；员工责任与社会绩效显著正相关，为$(r=0.502,P<0.01)$。

客户责任与环境绩效显著正相关，为$(r=0.527,P<0.01)$；社区责任与环境绩效显著正相关，为$(r=0.399,P<0.01)$；环保责任与环境绩效显著正相关，为$(r=0.550,P<0.01)$；慈善责任与环境绩效显著正相关，为$(r=0.451,P<0.01)$；员工责任与环境绩效显著正相关，为$(r=0.546,P<0.01)$。

表3-4报告了基于PLS路径分析的结构方程模型检验结果。从表3-4可以看出，组成信度、R^2、Communality、Redundancy等指标都表明我们构建的PLS结构方程模型拟合优度符合要求。

表3-4　结构方程模型检验指标

	组成信度	R^2	Communality	Redundancy
变革型	0.932		0.774	
交易型	0.902		0.822	
客户责任	0.934	0.440	0.704	0.307
社区责任	0.903	0.328	0.823	0.269
环保责任	0.894	0.353	0.738	0.261
慈善责任	0.943	0.378	0.807	0.295
员工责任	0.916	0.466	0.732	0.312
经济绩效	0.921	0.185	0.699	0.081
社会绩效	0.923	0.296	0.705	0.077
环境绩效	0.841	0.392	0.640	0.068

表3-5是模型的路径分析结果。

（1）变革型领导与企业社会责任。由表3-5可以看出，样本企业中，变革型领导有利于企业履行社会责任。具体来说，变革型领导有利于企业履行客户责任（$\beta=0.707,T=9.213$）、社区责任（$\beta=0.546,T=6.003$）、环保责任（$\beta=0.608,T=7.679$）、慈善责任（$\beta=0.527,T=7.156$）和员工责任（$\beta=0.521,T=5.960$）。这个结论与Du等（2012）的实证研究发现一致，即变革型领导有助于企业履行技术层面的社会责任（如消费者、员工和政府等方面的责任）。此外，Luu（2012）的研究也发现变革型领导可以很好地帮助企业履行慈善责任。这也进一步说明具有变革型领导风格的领导者能够促进企业履行员工责任、客户责任、慈善责任、环保责任和社区责任。综上，结合现有研究结果和以往研究结论，有充分理由验证假设H1a、H1b、H1c、H1d和H1e得到验证。

表 3 - 5　路径分析

	路径系数	标准差	T 值
变革型领导→客户责任	0.707	0.076	9.213***
变革型领导→社区责任	0.546	0.090	6.003***
变革型领导→环保责任	0.608	0.079	7.679***
变革型领导→慈善责任	0.527	0.074	7.156***
变革型领导→员工责任	0.521	0.087	5.960***
交易型领导→客户责任	−0.058	0.080	0.616
交易型领导→社区责任	0.037	0.084	0.470
交易型领导→环保责任	−0.016	0.080	0.190
交易型领导→慈善责任	0.113	0.090	1.225
交易型领导→员工责任	0.199	0.084	2.394***
客户责任→经济绩效	0.207	0.099	2.150***
客户责任→社会绩效	0.145	0.093	1.559
客户责任→环境绩效	0.110	0.092	1.216
社区责任→经济绩效	−0.031	0.093	0.332
社区责任→社会绩效	−0.009	0.089	0.046
社区责任→环境绩效	−0.027	0.088	0.285
环保责任→经济绩效	0.055	0.103	0.452
环保责任→社会绩效	0.079	0.107	0.672
环保责任→环境绩效	0.268	0.092	2.869***
慈善责任→经济绩效	0.187	0.091	2.026***
慈善责任→社会绩效	0.134	0.111	1.187
慈善责任→环境绩效	0.131	0.086	1.469
员工责任→经济绩效	0.091	0.085	1.064
员工责任→社会绩效	0.294	0.089	3.291***
员工责任→环境绩效	0.260	0.086	3.006***
变革型领导→经济绩效	0.310	0.059	5.144***
变革型领导→社会绩效	0.371	0.063	5.783***
变革型领导→环境绩效	0.435	0.063	6.764***
交易型领导→经济绩效	0.030	0.038	0.699
交易型领导→社会绩效	0.069	0.046	1.433
交易型领导→环境绩效	0.055	0.048	1.158

：表示相关性在 0.01 上显著，*：表示相关性在 0.001 上显著。

（2）交易型领导与企业社会责任。交易型领导有利于企业履行员工责任（$\beta=0.199,T=2.394$），也就说明具有交易型领导风格的领导者能够促进企业履行员工责任。Luu（2012）发现交易型领导有助于企业履行法律责任和经济责任。其中，企业的法律责任囊括对环境的保护、员工保障和提供安全健康的产品等责任行为。这与本书的研究结果一致。综上假设 H2e 成立,假设 H2a、H2b、H2c 和 H2d 不成立。

(3) 企业社会责任与经济绩效。客户责任有利于提高经济绩效($\beta=0.207$,$T=2.150$),慈善责任有利于提高经济绩效($\beta=0.187$,$T=2.026$)。基于情境为中心的慈善理论,指出企业的慈善行为可以增大企业的竞争优势,这有利于企业长期可持续的发展。陈中豪(2007)认为履行企业社会责任能提升财务绩效,本书的结果和他们的结论相一致。因此,假设 H3a 和 H3d 成立,假设 H3b、H3c 和 H3e 不成立。

(4) 企业社会责任与社会绩效。员工责任有利于提高社会绩效($\beta=0.294$,$T=3.291$)。Lwin & Murphy(2011)的研究发现,企业履行社会责任有助于提高企业声誉。Pava & Krausz(1996)认为从企业的长远发展来看,履行社会责任可以提升企业的形象。在实际工作中,企业履行员工责任能够给员工创造更好的工作环境和工作氛围,提高员工工作满意度。因此,假设 H4e 成立,假设 H4a、H4b、H4c 和 H4d 不成立。

(5) 企业社会责任与环境绩效。环保责任有利于提高环境绩效($\beta=0.268$,$T=2.869$),员工责任有利于提高环境绩效($\beta=0.260$,$T=3.006$)。企业通过履行环保责任,将环境保护很好地运用于生产经营当中,从长远发展来看,有利于改善环境。同时,企业履行员工责任。有助于培养员工的环保意识,使得员工在工作中能够严格按照企业对于环境保护的要求进行操作。这些都有利于改善环境和节能减排,也进一步说明企业履行员工责任和环保责任能够促进企业环境绩效的提高。因此,假设 H5c、H5e 成立,H5a、H5b 和 H5d 不成立。

四、企业社会责任的中介作用分析

根据 Baron & Kenny(1986)的回归方法,本书检验了企业社会责任的中介作用。由表 3-6 领导风格对企业绩效的回归分析、表 3-7 领导风格对企业社会责任的回归分析和表 3-8 企业社会责任的中介分析可以发现,变革型领导通过企业社会责任对经济绩效有促进作用($\beta=0.310$,$T=5.144$),客户责任和慈善责任对变革型领导与经济绩效起到部分中介作用;变革型领导通过企业社会责任对社会绩效有促进作用($\beta=0.371$,$T=5.783$)。因此,员工责任对变革型领导与社会绩效起到部分中介作用;变革型领导通过企业社会责任对环境绩效有促进作用($\beta=0.435$,$T=6.764$)。因此,环保责任和员工责任对变革型领导与环境绩效起到部分中介作用。综上,假设 H6a、H6b、H6c 部分成立。慈善责任对交易型领导与经济绩效起到完全中介作用,员工责任对交易型领导与经济绩效起到完全中介作用。因此,假设 H6e、H6f 部分成立,假设 H6g 不成立。

表 3 - 6　领导风格对企业绩效的回归分析

	B1		B2		B3	
	β	T	β	T	β	T
C1	0.335	**5.799*****	0.514	**9.837*****	0.631	**13.371*****
C2	0.186	**3.064*****	0.155	**2.790*****	0.018	0.412

注:C1 变革型领导;C2 交易型领导;
B1 经济绩效;B2 社会绩效;B3 环境绩效。
*** 表示 T 值在 0.001 上显著。

表 3 - 7　领导风格对企业社会责任的回归分析

	A1		A2		A3		A4		A5	
	β	T	B	T	β	T	β	T	β	T
C1	0.699	**16.577*****	0.540	**9.742*****	0.603	**14.687*****	0.5245	**10.998*****	0.5242	**10.299*****
C2	−0.046	1.090	0.044	0.7339	−0.0109	0.320	0.110	**2.064*****	0.197	**3.918*****

注:C1 变革型领导;C2 交易型领导;
A1 客户责任;A2 社区责任;A3 环保责任;A4 慈善责任;A5 员工责任。
*** 表示 T 值在 0.001 上显著。

表 3 - 8　企业社会责任的中介分析

	B1		B2		B3	
	β	T	β	T	β	T
C1	0.310	**5.144*****	0.371	**5.783*****	0.435	**6.764*****
C2	0.030	0.699	0.069	1.433	0.055	1.158
A1	0.207	**2.150*****	0.145	1.559	0.110	1.216
A2	−0.031	0.332	−0.009	0.046	−0.027	0.285
A3	0.055	0.452	0.079	0.672	0.268	**2.869*****
A4	0.187	**2.026*****	0.134	1.187	0.131	1.469
A5	0.091	1.064	0.294	**3.291*****	0.260	**3.006*****

注:C1 变革型领导;C2 交易型领导;
A1 客户责任;A2 社区责任;A3 环保责任;A4 慈善责任;A5 员工责任;
B1 经济绩效;B2 社会绩效;B3 环境绩效。
*** 表示 T 值在 0.001 上显著。

图3-2是上述实证分析中变革型领导所有显著性影响的路径。从图3-2可以看出，企业为了提高经济绩效，可以鼓励具有变革型领导风格的管理者履行客户责任和慈善责任；企业为了提高社会绩效，可以鼓励具有变革型领导风格的管理者履行员工责任；企业为了提高环境绩效，可以鼓励具有变革型领导风格的管理者履行环保责任和员工责任。

图3-3是上述实证分析中交易型领导所有显著性影响的路径。从图3-3可以看出，企业为了提高经济绩效，可以鼓励具有交易型领导风格的管理者履行慈善责任；企业为了提高社会绩效，可以鼓励具有交易型领导风格的管理者履行员工责任。

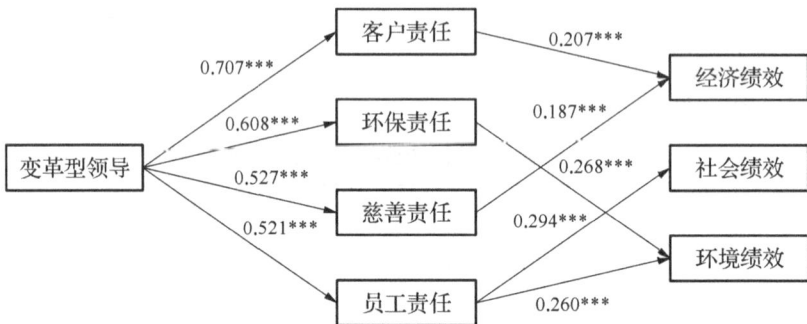

图3-2 变革型领导有效路径

注:*** 表示 T 值在 0.001 上显著。

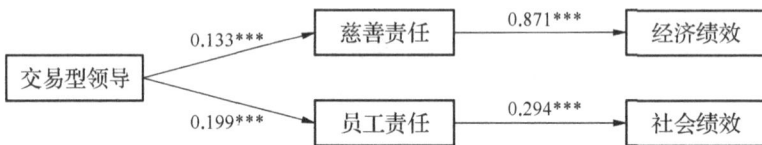

图3-3 交易型领导有效路径

注:*** 表示 T 值在 0.001 上显著。

五、总效应分析

表3-9是变革型领导、企业社会责任和企业绩效的总效应分析。从表3-9可以看出，变革型领导对企业经济绩效的总效应是显著的（$\beta=0.470$，$T=13.331$），变革型领导对企业社会绩效的总效应是显著的（$\beta=0.625$，$T=23.138$），变革型领导对企业环境绩效的总效应是显著的（$\beta=0.644$，$T=25.422$）。

表 3-9　总效应分析

	路径系数	标准差	T 值
客户责任→经济绩效	0.121	0.063	**1.800***
客户责任→社会绩效	0.002	0.055	0.031
客户责任→环境绩效	−0.004	0.052	0.146
社区责任→经济绩效	−0.072	0.049	1.459
社区责任→社会绩效	−0.065	0.050	1.271
社区责任→环境绩效	−0.075	0.051	1.457
环保责任→经济绩效	0.027	0.057	0.507
环保责任→社会绩效	0.048	0.058	0.775
环保责任→环境绩效	0.245	0.050	**4.850*****
慈善责任→经济绩效	0.115	0.050	**2.288*****
慈善责任→社会绩效	0.031	0.054	0.493
慈善责任→环境绩效	0.045	0.043	0.913
员工责任→经济绩效	−0.012	0.051	0.229
员工责任→社会绩效	0.146	0.055	**2.594*****
员工责任→环境绩效	0.129	0.048	**2.728*****
变革型领导→客户责任	0.666	0.024	**28.129*****
变革型领导→社区责任	0.573	0.031	**18.365*****
变革型领导→慈善责任	0.593	0.031	**19.221*****
变革型领导→环保责任	0.609	0.029	**21.024*****
变革型领导→员工责任	0.668	0.030	**22.255*****
变革型领导→经济绩效	0.470	0.035	**13.331*****
变革型领导→社会绩效	0.625	0.027	**23.138*****
变革型领导→环境绩效	0.644	0.025	**25.422*****

注：* 表示在 0.1 上显著，*** 表示在 0.001 上显著。

第五节　研究结论与建议

本章通过对江苏省省级农业龙头企业的实地调研,搜集了 183 个数据进行分析,试图探讨基于农业企业的背景下领导风格对企业社会责任的影响,以及企业社会责任对企业绩效的影响,并验证了企业社会责任是否在两者之间存在中介作用。

一、研究结论

本章的研究结果如表 3-10 所示：

表 3-10　研究结果

假　　设	验证结果
H1a：变革型领导风格对农业龙头企业客户责任有显著的正向影响	成立
H1b：变革型领导风格对农业龙头企业社区责任有显著的正向影响	成立
H1c：变革型领导风格对农业龙头企业环保责任有显著的正向影响	成立
H1d：变革型领导风格对农业龙头企业慈善责任有显著的正向影响	成立
H1e：变革型领导风格对农业龙头企业员工责任有显著的正向影响	成立
H2a：交易型领导风格对农业龙头企业客户责任有显著的正向影响	不成立
H2b：交易型领导风格对农业龙头企业社区责任有显著的正向影响	不成立
H2c：交易型领导风格对农业龙头企业环保责任有显著的正向影响	不成立
H2d：交易型领导风格对农业龙头企业慈善责任有显著的正向影响	不成立
H2e：交易型领导风格对农业龙头企业员工责任有显著的正向影响	成立
H3a：农业龙头企业客户责任对企业经济绩效有显著的正向影响	成立
H3b：农业龙头企业社区责任对企业经济绩效有显著的正向影响	不成立
H3c：农业龙头企业环保责任对企业经济绩效有显著的正向影响	不成立
H3d：农业龙头企业慈善责任对企业经济绩效有显著的正向影响	成立
H3e：农业龙头企业员工责任对企业经济绩效有显著的正向影响	不成立
H4a：农业龙头企业客户责任对企业社会绩效有显著的正向影响	不成立
H4b：农业龙头企业社区责任对企业社会绩效有显著的正向影响	不成立
H4c：农业龙头企业环保责任对企业社会绩效有显著的正向影响	不成立
H4d：农业龙头企业慈善责任对企业社会绩效有显著的正向影响	不成立
H4e：农业龙头企业员工责任对企业社会绩效有显著的正向影响	成立
H5a：农业龙头企业客户责任对企业环境绩效有显著的正向影响	不成立
H5b：农业龙头企业社区责任对企业环境绩效有显著的正向影响	不成立
H5c：农业龙头企业环保责任对企业环境绩效有显著的正向影响	成立
H5d：农业龙头企业慈善责任对企业环境绩效有显著的正向影响	不成立
H5e：农业龙头企业员工责任对企业环境绩效有显著的正向影响	成立
H6a：企业社会责任在变革型领导对经济绩效的影响中起到中介作用	部分成立
H6b：企业社会责任在变革型领导对社会绩效的影响中起到中介作用	部分成立
H6c：企业社会责任在变革型领导对环境绩效的影响中起到中介作用	部分成立
H6d：企业社会责任在交易型领导对经济绩效的影响中起到中介作用	部分成立
H6e：企业社会责任在交易型领导对社会绩效的影响中起到中介作用	部分成立
H6f：企业社会责任在交易型领导对环境绩效的影响中起到中介作用	不成立

本章的研究结论主要有以下几点：

（一）变革型领导有助于企业履行社会责任

变革型领导有助于企业履行员工责任、客户责任、慈善责任、环保责任和社区责任。变革型领导在平时工作过程中会注意自己的道德垂范，认为企业利益高于个人利益，注重创新。同时，变革型领导热爱自己的工作，能够全身心投入工作，给员工起到很好的榜样作用。变革型领导不仅关心员工的工作，还会留意员工的家庭和生活，给予员工及时的帮助。在战略制定中，不仅考虑企业的经济绩效，还会从环境保护、社区关系、慈善活动等利益相关者的角度进行战略选择和执行。因此，变革型领导具有全局观、概念型的领导风格，有利于企业履行社会责任。

（二）交易型领导有助于企业履行员工责任

交易型领导关注员工的工作成果，当员工达成组织目标时，会对员工进行奖励。同时，当员工出现错误或者偏差时，交易型领导会进行指正和指导员工改正错误。交易型领导密切关注员工的工作，因此，交易型领导有助于企业履行员工责任。

（三）企业履行员工责任有助于提高环境绩效和社会绩效

企业履行员工社会责任主要体现在：一方面，给员工创造好的工作环境和工作氛围，使得员工对企业产生好感。企业给员工留下好的印象，员工也会宣传企业的文化和产品，提高企业的社会影响力。另一方面，企业制定合理的内部薪酬制度和员工职业规划，让员工在企业中有明确的职业目标，可以提高员工的工作积极性和组织归属感。员工在平时工作的过程中自然会考虑企业的利益，减少不必要的资源浪费，同时以企业的利益为目标，为实现组织目标而更加努力工作。

（四）企业履行客户责任有助于提高经济绩效

企业诚信对待所有的商业合作伙伴，可以为企业赢得持续的、长期的合作关系。此外，企业生产高质量的产品，有利于取得消费者的信任，获得更多的忠实消费者，吸引更多的潜在顾客。这些不仅可以促进企业发展，还能带来直接的经济效益。而且，企业一旦与客户建立长期有效的合作关系，将会给企业带来持续性的经济收入，也有利于提高企业产品的市场占有率和竞争力。

（五）企业履行环保责任有助于提高环境绩效

企业在生产经营管理过程中注重运用绿色链生产,注重创新和改进生产技术,不仅可以提高生产效率,还能更多地减少不必要的浪费。企业对废气、废水等的处理严格按照标准来执行,有利于减少环境污染。因此,企业履行环保责任,有利于提高企业环境绩效。

（六）企业履行慈善责任有助于提高经济绩效

企业通过捐款、赞助等公益行为履行慈善责任,可以给企业带来声誉和品牌影响力,提高企业的社会影响力和消费者的信任度。这些都有助于提高企业的市场影响力,从而促使消费者购买更多的产品,促进企业经济绩效的提高。

（七）领导风格通过企业社会责任有助于提高企业绩效

变革型领导通过履行客户责任和慈善责任,可以提高企业的经济绩效,变革型领导通过履行员工责任能够提高社会绩效,变革型领导通过履行环保责任和员工责任能够提高环境绩效。交易型领导通过履行慈善责任可以提高企业经济绩效,交易型领导通过履行员工责任可以提高环境绩效。

二、管理建议

（一）引入高学历和具有海外经验的变革型特质的管理人才

许多研究表明,高层管理者是影响企业社会责任行为表现的重要因素。张胜荣(2013)认为,企业内部的高层管理者的文化水平,以及对企业社会责任的态度,最终都能影响企业社会责任。通过对本次调研数据的分析,我们可以发现农业企业管理者的文化程度相对较低,其中,处于中专学历的管理者占大部分,且绝大多数的管理者没有海外学习经历,这对提高农业企业的社会责任水平是一个挑战。因此,农业企业可以通过引进高层次的管理人才和专业化的技能人才,以此来促进企业履行社会责任,达到自上而下建立一种积极的社会责任企业文化的目标。同时,农业企业也要积极引进具有创新意识、开拓性的管理人才对自身进行科学、规范化管理。这些都将有助于改善企业文化的氛围和增大价值创新的可能性。

（二）农业企业加大力度履行社会责任

从研究结果可以看出，企业履行社会责任不仅促进了经济绩效的提高，更有利于提高企业的社会形象和品牌价值，带来长久的增值效果。农业企业相对其他行业而言更加依赖自然环境。因此，通过对农业企业的管理者进行培训等增强其企业社会责任意识，从而促进企业社会责任的践行，进一步提高企业绩效。

第四章　基于上市公司视角的企业履行社会责任对研发投入和绩效的影响研究

第一节　问题的提出

美国学者 Bowen(1953)首次提出企业社会责任概念,认为企业的价值观念以及行为要符合社会道德观念并能满足社会需求。伴随着时代的发展,学者们提出各具特色的研究观点。Carroll(1979)随后提出了包括经济、道德、慈善和法律等四个方面在内的企业社会责任,这些都体现了社会群体对企业有越来越多的期望。

企业是社会经济的重要参与者。伴随着经济的发展,企业数量不断扩大,其对社会环境的影响力也逐渐变大。企业在为社会创造经济价值,解决人口就业问题的同时,消耗较多的社会资源,对周边环境造成一定程度的破坏,给生态环境增加负担。企业社会责任也就成为国际社会的热点问题。国外有关企业社会责任的研究相对成熟,形成了较为完整的社会责任评估及计量方法。Epstein 等人(1976)采用社会责任会计方法对企业社会责任的内容进行界定分析。Abbott和 Monsen(1979)使用声誉评分法对不同企业的各个指标进行打分,得出其声誉分值。Booth 等人(1987)则使用指数法来衡量企业社会责任的得分。Guthrie和 Parker(1989)采用内容分析法来计量企业社会责任的披露。

国内学者对企业社会责任的研究起步较晚。进入 21 世纪以后,我国经济飞速发展的同时,社会问题也不断显现。许多企业由于过度追求利润,导致其产生了违背企业社会责任的行为,出现了诸如产品质量低劣、偷逃税款、污染环境等不良现象,造成了严重的负面影响。由此,学界、政府管理部门等社会各界对企业社会责任的重视程度也在不断加大,学界试图不断完善相关理论研究,政府管理部门也在着手制定相关政策,来引导企业积极履行社会责任(杨皖苏和杨善林,2016)。

Cornell 和 Shapiro(1987)认为企业积极承担社会责任可以给企业带来长期

收益,增加企业的长期价值。Ingram 和 Frazier(1980)却认为企业承担社会责任会导致企业成本增加,而使企业处于劣势地位。由此,学者们对于企业承担社会责任是导致成本增加进而降低企业运营效率,还是能够逐渐资本化从而为企业带来长期收益的观点上,并没有达成一致。因此,有必要继续深入探究在不同的市场情境下,企业社会责任、研发投入与企业绩效之间的相互影响关系(叶秋雨,2020)。

在知识经济时代,企业研发投入从某种程度上来说代表着企业的核心竞争力。在这种情形下,企业应注重培养和发展内在自身的战略资源,这就需要企业加大对研发投入的重视,保证企业有源源不断的创新动力以促进自身的长期发展(朱焱和张孟昌,2013)。因此,企业在进行研发投资的同时还应该提高资源的利用率,进而降低环境的负担,从而达到提升产品竞争力、社会影响力,甚至提升企业声誉的作用。这不仅是企业社会责任的直接体现,也与企业秉持可持续发展的观念,为企业利益相关者谋取最大利益的思想是一致的(李文茜和刘益,2017)。

第二节　文献综述和分析框架

一、文献综述

（一）企业社会责任的含义

最早提出企业社会责任这一概念的是英国人 Sheldon。Sheldon(1924)在《管理的哲学》中首次提出,企业社会责任是指企业的行为要能够满足企业所处内外环境的具体要求。20 世纪 30 年代"贝利—多德(Belle—Dodd)论战"拉开了研究企业社会责任的序幕。这场论战主要关于企业是否应该承担社会责任,最终论战以多德获胜告一段落,多德认为企业应该承担社会责任。虽然企业社会责任这一概念兴起较早,但学术界直到 20 世纪 50 年代才正式研究企业社会责任理论。20 世纪六七十年代,学者们对企业社会责任理论进行了研究拓展,并初步形成了企业社会责任理论体系。从 20 世纪 80 年代开始,学者们更倾向于对企业社会责任进行实证研究,相应地对企业社会责任的相关理论研究逐步减少,自此,一些衍生性理论便逐渐发展并成熟起来,比如企业社会表现和利益相关者理论等。20世纪90年代以来,伴随着学者们对企业社会责任研究的逐渐丰富,企业社会责任的理论主体逐渐转变为相关的衍生理论,但理论框架的核心仍旧是企业社会责任。

企业社会责任的内涵和本质随着时代的发展也在悄然发生变化,人们所处的时代或者所站的立场不一样,导致对企业社会责任的认知具有差异,从而使人们形成了对企业社会责任的不同理解。学术界普遍认可首次提出企业社会责任来自Bowen(1953)编写的《商人的社会责任》,它也成为开创现代企业社会责任研究的重要标志。Bowen指出,企业的发展目标应当与社会的价值观念保持一致,并为社会价值观念的实现而服务,同时商人对社会负有不可推卸的责任。Carroll(1979)定义的企业社会责任在社会责任理论发展历史上具有非常重要的推动意义。他认为企业社会责任应该分为企业的法律、经济、伦理和慈善四个方面,同时还提出了包含三个维度的企业社会责任绩效模型。随后,Carroll(1991)又进一步完善了企业社会责任四部分定义,他提出了企业社会责任金字塔模型,包含四个要素即经济、法律、伦理以及慈善。之后诞生的很多理论和方法也都是基于该理论框架之下的。

我国对企业社会责任的研究比西方起步晚,直到20世纪80年代中期才逐渐开始。袁家方(1990)和刘俊海(1999)先后出版的研究企业社会责任的著作,被认为是对我国研究企业社会责任影响较大的两部著作。他们都是从企业的法律性质方面进行研究,主张企业要承担更加广泛的责任。袁家方(1990)认为,企业在发展过程中应该注重全人类与全社会的共同利益,并积极承担起相应的责任与义务。刘俊海(1999)认为企业不应仅考虑股东利益,还应考虑员工、消费者、社区等的利益。高尚全(2004)将企业社会责任分为两个部分,这两个部分包括企业经营发展过程中的基础性责任和外部性责任。林军(2004)在其出版的《公司控制权的经济学社会学分析》一书中指出,企业社会责任应该考虑公司对其所处环境产生的综合影响以及社会对公司可能提出的要求。王雄文(2007)总结概括了企业社会责任可以归为经济责任、综合社会责任、利益相关责任、法律责任、道德责任及慈善责任六个方面。叶军等(2008)认为企业作为社会中的重要成员,应该对诸如政府、员工、供应商、社区、消费者、生产资料所有者、社会弱势群体等相关者履行经济、法律、伦理和慈善责任,进而促进企业的全面与健康发展。但也有学者建议企业的社会责任与经济责任要分开。

借鉴利益相关者理论,参照国内外学者的划分依据,我们将从股东责任、债权人责任、政府责任、供应商责任、客户责任、员工责任和公益责任七个维度来研究企业社会责任。

(二) 企业社会责任、研发投入与企业绩效

目前,有关企业社会责任对绩效影响的理论解释和实证研究较为丰富(Hussam 和 Shehnaz,2017)。Berman(1999)以 1996 年《财富》中的 81 家企业为研究对象,研究发现企业社会责任与企业绩效呈正相关关系。Oh 等(2017)从利益相关者视角出发,认为企业可以通过履行社会责任来提高企业的绩效。Murphy 等(2005)研究表明,与传统的客户导向相比,多方利益相关者导向可以显著提高财务绩效。Aroosa(2014)通过问卷调查法进行回归分析得出,企业在社会责任方面开展的活动能增强员工的归属感,通过一系列积极的影响,会更积极地参与企业社会责任活动,并建立更紧密的联系。同时在这一过程中,企业可以通过这些活动来提高自身形象和声誉,获得最大的利益,并提高企业的绩效。Kadlubek(2015)提出企业社会责任是一种投资,其增加了企业的价值,增强了企业的竞争优势。Chung 等(2018)以韩国市场为例,对韩国企业社会责任与企业价值之间的关系进行了实证分析,研究结果有力地支持了企业社会责任与企业价值之间的正相关关系。Lv 等(2019)以 2010—2017 年中国非金融类上市公司为样本,对企业社会责任及其对组织弹性的影响进行了实证研究,研究发现参与企业社会责任活动可以提高企业的长期成长性,降低企业的财务波动性。姚海鑫等(2007)选取了沪深两市上市公司 2005 年的数据,在进行多元回归分析后得出企业社会责任有利于增加企业绩效的结论。于洪彦等(2015)基于企业社会资本的视角,以中国发布了企业社会责任报告的 471 家上市公司为研究对象,发现企业社会责任与绩效呈正相关关系。骆嘉琪等(2019)以 2011—2016 年在沪深交易所上市的 37 家交通运输行业的公司为研究对象,回归分析得出企业社会责任对绩效有明显的正向促进作用。

也有部分学者对企业社会责任、研发投入与绩效之间的关系进行了一些研究。McWilliams 和 Siegel(2000)研究说明企业提升对社会责任的重视能够促进企业生产流程、企业所生产产品性能的创新。他们还指出企业在追求发展战略的差异性时,会考虑增加研发投入。Hsieh(2003)对美国医药企业的财务数据进行了回归分析,发现企业研发投入的增加可以提高企业的绩效。Han 和 Manry(2004)对韩国的企业进行研究,发现研发投入可以显著提高企业的经营绩效。Jefferson(2006)基于中国 2004—2006 年制造业的数据,对研发费用与企业效益之间的关系进行了深入研究,证明研发投入可以提高企业的生产率,进而显著影响企业绩效。Hull 和 Rothenberg(2008)的研究证明企业社会责任表现跟企业的研发创新能力成正相关关系。Padgett 和 Galan(2010)研究了上千家

制造业及非制造业企业 15 年间的面板数据,其研究表明,企业社会责任与企业研发投入在总体上成正相关关系,但该结论在制造业企业中表现更为显著,在非制造业企业里则表现得不显著。Blanco(2013)以美国 202 家公司为研究样本,选取了样本公司 2005—2008 年的数据进行研究,发现创新在企业社会责任对绩效的影响中起中介作用。冯文娜(2010)以我国制造业 2005—2009 年的数据为样本,结合规范分析与实证分析,研究发现研发资金投入对绩效有正向影响。田沐雨(2017)则基于实证会计理论,从企业财务角度研究了 A 股上市公司数据,得到了企业社会责任能够促进企业对创新研发投入的结论。刘丽慧(2019)以互联网上市公司为研究对象,选取了其 2012—2017 年的数据进行实证检验,发现研发投入在互联网上市公司的社会责任对绩效的影响中起中介作用。

虽然国内外学者对企业社会责任与企业绩效进行了较多研究,但结合研发投入的研究并不多。基于现有文献可以发现,学者对于企业社会责任、研发投入、企业绩效之间的关系并没有形成统一结论。因此,本章以沪深两市 A 股非金融企业为研究对象,利用实证分析来探究企业社会责任对企业绩效的影响,同时检验研发投入能否以及怎样影响企业社会责任与绩效,以期能够更好地理解和解释企业社会责任与企业绩效之间的复杂关系,进而有针对性地制定强化企业社会责任的对策建议,以达到促进企业可持续发展的最终目标。

二、分析框架

根据前面的理论基础和文献综述,我们构建了如图 4-1 所示的理论分析框架,将重点研究企业社会责任对研发投入和企业绩效的影响。根据利益相关者理论和相关实证研究,我们选取股东、债权人、政府、供应商、客户、员工和公益七个维度来衡量企业的社会责任。

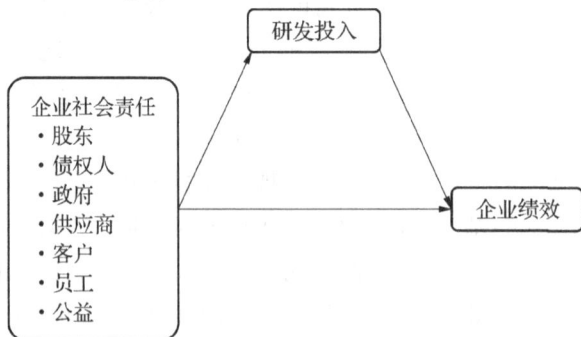

图 4-1 理论分析框架

第三节　研究设计和数据收集

我们首先报告了样本的选择和数据来源,然后明确了实证分析中所使用的各个变量的定义,并提供了数据选取的依据。

一、样本选择与数据来源

我们选取了在上海和深圳证券交易所上市的 A 股非金融企业为研究对象,数据取自上市企业 2012—2017 年的财务数据,以此为基础对企业社会责任、研发投入和企业绩效之间的关系进行实证研究。为了保证实证结果的准确性,我们对所选取的样本做以下剔除:

(1)剔除所有 ST、*ST 的公司样本。由于该类上市公司财务状况不良或者经营不善连续两年亏损,可能面临退市风险,与其他正常公司不具可比性。为了避免异常值对统计结果的影响,剔除 ST 和*ST 上市公司。

(2)剔除变量值数据缺失的公司样本。由于样本数据缺失会打破面板数据的平衡性从而导致分析结果的不可靠,剔除数据值缺失的样本也是实证研究中通常的做法。

经过以上筛选,我们得到 546 家企业连续六年的平衡面板数据,共 3276 个观测值。研发投入的数据来源于 CNRDS 数据库,其他数据来源于国泰安数据库。通过利用 Excel 进行数据整理,并利用 Stata15.0 对样本进行实证检验。

二、变量定义

（一）企业社会责任变量定义

基于利益相关者理论,借鉴洪杰(2010)、李智彩等(2015)、杨皖苏和杨善林(2016)、董千里(2017)等学者关于企业社会责任测量的做法,本章从股东责任、债权人责任、政府责任、供应商责任、客户责任、员工和公益责任七个维度构建企业社会责任测评指标体系。

企业的股东是企业资金的提供者,企业的经营者运用股东投入的资金来进行生产运营。股东作为企业得以经营运转的投资者,承担着企业经营失败的风险,是企业的主要利益相关者。因此,满足股东的利益需求是必然的,否则股东将会终止向企业投入维持企业生存发展的资金,并不再继续承担企业可能会遇到的风险。企业履行对股东的社会责任主要是创造更多的利润,提高对股东的回报率,增加股东对企业的信心。本章借鉴洪杰(2010)、杨皖苏和杨善林(2016)、董千里(2017)等的研究采用每股收益作为衡量企业的股东责任。计算公式为:

$$股东责任 = 税后利润 / 股本总数$$

从某种意义上来说,债权人也是企业的投资者。债权人融资作为企业外部融资的重要来源,债权人为企业提供了需要偿还的资金支持,因而其也是企业十分重要的利益相关者。当债权人的利益需求得到满足时,可以提高企业融资便利性,能够获得充足的资金是企业得以不断发展和扩大的基础。企业履行对债权人的社会责任主要是在企业生产经营的过程中要及时规范地履行订立的合同,按时支付应归还给债权人的利息与本金。本章借鉴洪杰(2010)、董千里(2017)等的研究采用利息保障倍数作为衡量企业的债权人责任。计算公式为:

$$债权人责任 = 息税前利润 / 财务费用$$

政府的职能之一就是资源配置,企业积极履行对政府的社会责任,有利于与政府建立良好的关系,进而获得政府的政策支持。同时,政府也会提供给企业一个更好的发展环境。企业履行对政府的社会责任主要是合法经营、依法纳税,公平参与市场竞争。企业依法及时纳税可以提高其信用评级,反之,则不仅会受到惩罚,有损企业利益,而且不利于企业的声誉和形象。本章借鉴李智彩等(2015)、杨皖苏和杨善林(2016)的研究,采用税费占营业收入的比重作为衡量企业的政府责任。计算公式为:

$$政府责任 = (支付的各项税费 - 收到的税费返还) / 营业收入$$

企业履行对供应商的社会责任,有利于降低生产成本,提高利润。反之,如果企业一直拖欠货款,则会降低企业的信誉,影响企业的正常经营,不利于企业长期发展。若企业信誉良好并且拥有合作稳定的供应商,则在原材料的质量以及供应来源稳定性方面可以获得有力保障,进而能确保企业生产经营的稳定性。企业对供应商的社会责任主要包括及时履行与供应商所订立的合同,按时支付货款。本章借鉴洪杰(2010)、董千里(2017)等的研究,采用应付账款周转率作为衡量企业的供应商责任。计算公式为：

$$供应商责任 = 营业成本 / 应付账款$$

客户是企业生存与发展的关键，若企业得不到客户的支持与信赖，那么必将为市场所淘汰。企业要承担好对客户的责任，保障客户的权益，才能赢得客户的支持，为企业绩效的提高提供保障。企业履行对客户的社会责任主要是为客户提供优质的产品与服务，企业通过提供这些产品与服务获得相应的报酬，这是其获取收益的重要手段。在这一过程中必然会发生相应的成本。本章借鉴李智彩等(2015)、杨皖苏和杨善林(2016)的研究，采用营业成本占营业收入的比重作为衡量企业的客户责任。计算公式为：

$$客户责任 = 营业成本 / 营业收入$$

员工是企业的重要组成部分，企业积极承担对员工的社会责任可以提高员工的工作热情和工作满意度，同时提高员工个人的工作效率，进而提高公司的运行效率。企业承担对员工的社会责任最基本的就是按照劳动合同的规定按时给予员工相应的劳动报酬，这其中包括基本的岗位工资、必要的社会保险金，以及相应的绩效奖励。本章借鉴李智彩等(2015)、杨皖苏和杨善林(2016)的研究，采用支付给职工以及为职工支付的现金占营业收入的比重作为衡量企业的员工责任。计算公式为：

$$员工责任 = 支付给职工以及为职工支付的现金 / 营业收入$$

企业是社会的一分子，理应积极履行对公益的社会责任。公益社会责任的履行会在媒体宣传作用下产生正向影响，这有利于提高企业的声誉，树立良好的社会形象，进而吸引客户关注公司产品并产生购买行为，最终达到提高企业营业收入以及企业绩效的目的。企业履行对公益的社会责任主要是对外的慈善捐赠或者救灾救济等。本章借鉴杨皖苏和杨善林(2016)的研究，采用对外捐赠总额占营业收入的比重作为衡量企业的公益责任。计算公式为：

$$公益责任 = 对外捐赠总额 / 营业收入$$

在确定了各个利益相关者的衡量指标之后，我们要计算出利益相关者的综合衡量指标，也就是企业社会责任综合指标。本章选用主成分分析法来计算企业社会责任综合指标。主成分分析法就是利用降维的思想通过提取出较少的成分来反映原来较多指标成分信息的一种统计方法(Jolliffe,2002)。

KMO 检验如表 4-1 所示：

表 4-1　KMO 检验

变　量	Variable	KMO
股东责任	EPS	0.615
债权人责任	Creditor	0.782
政府责任	Gov	0.668
供应商责任	Supply	0.629
客户责任	Customer	0.589
员工责任	Ep	0.404
公益责任	Ecr	0.790
总计	**Overall**	**0.623**

　　KMO 的取值范围为 0 到 1 之间,如果 KMO 的取值大于 0.5,则说明原有变量适合做因子分析;如果 KMO 的取值小于 0.5,则说明原有变量不适合做因子分析。本章的 KMO 值为 0.623,大于 0.5,说明原有变量适合做因子分析。

　　总方差解释和主成分得分系数如表 4-2 和 4-3 所示:

表 4-2　总方差解释

Component	Eigenvalue	Difference	Proportion	Cumulative
Comp1	2.412	1.281	0.345	0.345
Comp2	1.322	0.087	0.189	0.534
Comp3	0.934	0.141	0.133	0.667
Comp4	0.866	0.189	0.124	0.791
Comp5	0.605	0.262	0.086	0.877
Comp6	0.587	0.334	0.085	0.962
Comp7	0.263	.	0.038	1.000

表 4-3　主成分得分系数

Variable	Comp1	Comp2	Comp3	Comp4
EPS	0.302	−0.460	0.504	0.165
Creditor	0.433	−0.285	0.107	−0.230
Gov	0.480	0.435	0.140	−0.176
Supply	−0.231	0.780	0.187	0.212
Customer	−0.563	−0.234	−0.191	0.178
Ep	0.196	0.675	−0.086	−0.385
Ecr	0.288	0.109	−0.553	0.732

　　我们依据方差百分比决定法来进行主成分的提取,当累计方差贡献率达到

70%以上就说明所提取的主成分是可靠的(王斌会,2010)。由表4-2可知,前四个成分的累计方差贡献率为79.1%(大于70%),说明我们所提取的这四个主成分能够反映原来7个维度指标所包含信息的79.1%。也就是说我们提取这四个主成分能够较好地反映原来7个维度指标所包含的信息。我们用$f1$、$f2$、$f3$、$f4$来分别表示四个主成分,再以四个主成分的方差贡献率为权重,构建企业社会责任(CSR)得分模型:

$$CSR = (f1 * 0.345 + f2 * 0.189 + f3 * 0.133 + f4 * 0.124)/0.791$$

(二)企业绩效变量定义

企业绩效是指企业在一定时期内的经营效益情况,在某种程度上可以反映出企业的盈利能力,这也是一个衡量企业发展情况的重要指标。由于企业绩效所包含的内容较为广泛,基于研究主题并考虑到数据的可获得性,本章选取企业的财务绩效来反映企业绩效,用企业财务报表中的财务指标来衡量。借鉴于洪彦等(2015)的研究,选用总资产净利润率(ROA)和净资产收益率(ROE)作为衡量企业绩效的指标。计算公式为:

$$总资产净利润率(ROA) = 净利润 / 总资产$$
$$净资产收益率(ROE) = 净利润 / 股东权益$$

(三)研发投入变量定义

技术创新是促进企业发展的主要动力。企业进行技术创新的基础和关键就是研发投入,企业通过研发投入创造出更具竞争力的新技术和新产品来不断满足市场需求,在日益激烈的行业竞争中取得优势。本章借鉴舒谦和陈治亚(2014)的研究,选用相对指标研发费用占总资产的比重作为衡量研发投入的指标。计算公式为:

$$研发投入 = 研发费用 / 总资产$$

(四)控制变量

当企业进行经营投资时,较高的债务水平会增加企业的财务风险,影响企业融资,从而对企业产生负面影响,不利于企业绩效的提高。通常规模较大的企业会更多地关注基本生存以外的其他方面,更倾向于履行社会责任,进而会产生更高的绩效(Kim等,2018)。Porter和Kramer(2006)认为产业结构特征是影响绩效的主要因素。结构—行为—绩效（Structure-Conduct-Performance）模型就是对产业结构与利润率间关系分析的理论框架之一。不同的行业利润率也是不同的，那么行业属性就会对绩效产生影响。本章借鉴 Porter 和 Kramer（2006）、Kim 等（2018）的研究，选取的控制变量有资产负债率、行业性质和企业规模。在行业性质上，我们分为制造业和非制造业，如果是制造业，则为 1，否则为 0。在企业规模上，我们选取企业期末总资产的自然对数来进行衡量。

综上所述，本章的所有变量如表 4-4 所示。

表 4-4　变量一览表

变量类型	变量名称	
自变量	企业社会责任	CSR
中介变量	研发投入	RD
因变量	企业绩效	ROA
		ROE
控制变量	资产负债率	Lev
	是否制造业	Make
	企业规模	Size

三、实证模型设定

由于本章所选取的数据涉及截面和时间两个维度的信息，因此，采用面板数据计量分析方法。面板数据计量分析方法既可以考虑到截面数据个体之间的差异性，也可以考虑到数据之间存在的时间一致性。在本章的面板数据中，横截面上的企业数 N 为 546，时间数 T 为 6，横截面的个数大于时间序列个数，并且面板数据回归对于数据的误差结构也非常敏感，因此，我们采用 PCSE（Panel Corrected Standard Errors）方法来进行参数估计，可以有效地处理复杂的面板误差结构（Beck 和 Katz，1995）。

本章的研究设计分为两个部分，首先检验企业社会责任对绩效的影响，然后检验研发投入在企业社会责任与绩效影响关系中的中介效应。为了验证本章的假设，构建了如下两个回归模型，具体如下：

模型一：企业社会责任与企业绩效

$$T = \alpha + \beta x + k_i Controls + \varepsilon$$

模型二：企业社会责任、研发投入与企业绩效

$$M = \alpha + \beta_1 x + k_i Controls + \varepsilon$$
$$T = \alpha + \beta_2 M + k_i Controls + \varepsilon$$
$$T = \alpha + \beta_3 x + \beta_4 M + k_i Controls + \varepsilon$$

以上模型中，x 为自变量企业社会责任，T 为因变量企业绩效，M 为研发投入，$Controls$ 为控制变量，ε 为误差项，β 为回归系数。

第四节　数据分析和研究结果

我们首先汇报变量的描述性统计和相关性分析结果，然后通过构建计量经济模型来报告相应的结果和讨论。

一、描述性统计

各变量的描述性统计结果如表 4-5 所示。

表 4-5　主要变量描述性统计分析

变　量	观测值	均　值	标准差	最小值	最大值
ROA	3276	0.039	0.049	−0.140	0.190
ROE	3276	0.063	0.093	−0.403	0.281
CSR	3276	−0.001	0.753	−1.331	2.055
RD	3276	0.022	0.020	0.000	0.100
Lev	3276	0.431	0.205	0.048	0.886
Make	3276	0.601	0.490	0.000	1.000
Size	3276	22.363	1.230	20.066	25.959

从表 4-5 可以看出，本章的样本总量相对来说还是比较多的，从统计学的角度说，具有一定的可靠性。总资产净利润率（ROA）和净资产收益率（ROE）是衡量企业绩效的。总资产净利润率（ROA）最小值为−0.140，最大值为 0.190，均值为 0.039，标准差为 0.049，可以看出样本量虽然有些差异，但是差异并不大。样本公司的总体收益水平偏低。净资产收益率（ROE）与总资产净利润率（ROA）的情况基本趋于一致，但相比总资产净利润率来看，净资产的收益程度比总资产要高一些。在企业社会责任方面，企业社会责任（CSR）的最小值为

－1.331,最大值为 2.055,均值为－0.001,说明样本公司企业社会责任履行情况不是很好,企业总体缺乏履行社会责任的意识。

研发投入(RD)方面,其最小值为 0,最大值为 0.100,均值为 0.022,可见我国上市公司的研发投入普遍不是很高。

控制变量方面,Lev(资产负债率)的均值为 43.1%,总体处于正常范围内,最小值为 4.8%,最大值为 88.6%,说明选取的样本上市公司的负债水平差距较大。Make(是否制造业)的均值为 0.601,说明样本上市公司中制造业占多数。Size(企业规模)的均值为 22.363,最小值为 20.066,最大值为 25.959,说明所选取的样本上市公司规模差异并不是很大。

二、相关性分析

相关性分析给出了两个变量间的相关系数,其中,最为常用的是皮尔逊相关系数。皮尔逊相关系数一般用于刻画连续变量的相关性。虽然经常见到,它其实有很多局限性。本章由于存在 Make(是否制造业)这种虚拟和分类变量,并且连续变量的分布也并不清楚,因此,我们采用斯皮尔曼相关系数来描述变量间的相关关系(崔也光和李博,2018)。

各变量的相关系数如表 4－6 所示:

表 4－6　各变量相关性分析

		CSR	RD	ROA	ROE	Lev	Make
企业社会责任	CSR	1.000					
研发投入	RD	0.138***	1.000				
总资产净利润率	ROA	0.450***	0.221***	1.000			
净资产收益率	ROE	0.341***	0.125***	0.913***	1.000		
资产负债率	Lev	－0.432***	－0.281***	－0.425***	－0.091***	1.000	
是否制造业	Make	－0.000	0.035*	0.035*	－0.005	－0.048***	1.000
企业规模	Size	－0.192***	－0.250***	－0.111***	0.102***	0.593***	－0.0211

说明:***、**、*分别表示在 1%、5%、10%统计水平上显著。

从表 4－6 可以看出,企业社会责任(CSR)与总资产净利润率(ROA)的相关系数为 0.450,在 1%水平上显著,说明企业积极承担社会责任有利于企业绩效的提升。企业社会责任(CSR)与研发投入(RD)的相关系数为 0.138,在 1%的水平上显著,说明企业积极承担社会责任有利于企业研发投入的增加。研发投入(RD)与总资产净利润率(ROA)显著正相关。研发投入(RD)与净资产收益率显著正相关。另外,在控制变量中,资产负债率(Lev)与总资产净利润率(ROA)和净资产收益率(ROE)都是呈显著负相关,企业过高的负债经营会增加企业的还款压力,增加企业的融资难度,进而可能会增加企业的财务风险,对企业绩效产生不利的影响。

三、回归分析

回归分析中,我们首先对企业社会责任与绩效进行分析,其次检验研发投入对企业社会责任与绩效影响关系的中介效应。

根据研究数据的特点,我们采用了 PCSE 方法来进行参数估计。

(一)直接效应

我们首先分析了企业社会责任对企业绩效的直接影响。企业社会责任与企业绩效的回归系数结果如表 4-7 所示。

表 4-7 企业社会责任与绩效实证检验

		(1) ROA	(2) ROE
企业社会责任	CSR	0.029*** (17.02)	0.060*** (16.58)
资产负债率	Lev	−0.086*** (−14.74)	−0.101*** (−6.74)
是否制造业	Make	0.002 (0.12)	0.022 (0.70)
企业规模	Size	0.011*** (10.68)	0.022*** (9.63)
	_cons	−0.144*** (−5.07)	−0.383*** (−7.14)
	R^2	0.379	0.278
	N	3276	3276

说明:***、**、*分别表示在1%、5%、10%统计水平上显著。

模型(1)中,企业社会责任(CSR)与总资产净利润率(ROA)的回归系数为0.029,在1%的水平上显著。模型(2)中,企业社会责任(CSR)与净资产收益率(ROE)的回归系数为0.060,也是在1%的水平上显著。这说明企业社会责任对企业绩效具有显著的正向影响。在控制变量上,资产负债率(Lev)与总资产净利润率(ROA)和净资产收益率(ROE)都是显著负相关,也是证明了我们之前的推断,即企业过高的负债经营可能会给企业带来较高的财务风险,不利于企业绩效的提升。企业规模(Size)与总资产净利润率(ROA)和净资产收益率(ROE)都是显著正相关,说明较大规模的企业往往绩效也越高。我们从回归结果可以看出,企业社会责任的履行有助于企业绩效的提升。企业积极履行社会责任可以更好地满足企业各个利益相关者的利益诉求,与利益相关者的长期合作关系使企业比较容易获得利益相关者的资源与支持,包括企业生存和发展所需的各种资本和良好的经营环境(Friedman,1970)。此外,企业积极履行社会责任还可以在社会中产生正向影响,有利于企业树立良好的形象,增强企业的竞争力,进而提升企业绩效(Sontaite-Petkeviciene,2015)。这个结论也和 Chung 等(2018)的发现是一致的。

(二)中介效应

下面,我们将进一步验证研发投入在企业社会责任对企业绩效影响关系中的中介效应。中介效应是指自变量 X 能通过某一个变量 M 对因变量 Y 产生影响,这个变量 M 就被称为中介变量。研究中介效应的目的是在已知自变量 X 和因变量 Y 的影响关系的基础上,探究产生这个影响关系的内部作用机制。参照 Baron 和 Kenny(1986)、温忠麟等(2004)关于中介效应的检验程序,需要进行三阶段回归,依次检验回归系数。

企业社会责任、研发投入与绩效的回归系数结果如表 4-8 所示。

表 4-8　企业社会责任、研发投入与绩效实证检验

	(1) ROA	(2) RD	(3) ROA	(4) ROE	(5) RD	(6) ROE
CSR	0.029*** (17.02)	0.003*** (5.72)	0.024*** (17.43)	0.060*** (16.58)	0.003*** (5.72)	0.042*** (15.73)
RD			0.279*** (5.80)			0.455*** (4.80)
Lev	−0.086*** (−14.74)	−0.006*** (−3.37)	−0.080*** (−15.67)	−0.101*** (−6.74)	−0.006*** (−3.37)	−0.065*** (−5.09)
Make	0.002 (0.12)	−0.017*** (−5.97)	−0.010 (−1.52)	0.022 (0.70)	−0.017*** (−5.97)	0.001 (0.05)
Size	0.011*** (10.68)	−0.000 (−0.48)	0.009*** (11.18)	0.022*** (9.63)	−0.000 (−0.48)	0.017*** (9.64)

	(1) ROA	(2) RD	(3) ROA	(4) ROE	(5) RD	(6) ROE
_cons	−0.144*** (−5.07)	0.023*** (3.72)	−0.108*** (−5.01)	−0.383*** (−7.14)	0.023*** (3.72)	−0.290*** (−7.04)
R^2	0.379	0.374	0.356	0.278	0.374	0.206
N	3276	3276	3276	3276	3276	3276

说明：***、**、*分别表示在1％、5％、10％统计水平上显著。

从表4-8中可以看到，企业社会责任（CSR）与研发投入（RD）的回归系数为0.003，在1％的水平上显著。这说明企业社会责任对研发投入具有显著的正向影响，即企业社会责任的履行有利于企业研发投入的增加。研发投入（RD）与总资产净利润率（ROA）的回归系数为0.279，在1％的水平上显著。研发投入与净资产收益率（ROE）的回归系数为0.455，在1％的水平上显著。这说明研发投入对企业绩效具有显著的正向影响，即企业研发投入的增加有利于企业绩效的提高。在控制变量上，资产负债率（Lev）与研发投入（RD）显著负相关，企业过高的负债经营会给企业造成较大的资金压力，企业对于研发投入所需的资金就会受到限制。

模型（3）中企业社会责任（CSR）、研发投入（RD）与总资产净利润率（ROA）之间通过了显著性检验，模型（6）中企业社会责任（CSR）、研发投入（RD）与净资产收益率也通过了显著性检验，说明研发投入在企业社会责任与绩效的影响关系中不存在完全中介效应。模型（1）中企业社会责任（CSR）对总资产净利润率（ROA）的回归系数为0.029，模型（3）中企业社会责任（CSR）对总资产净利润率（ROA）的回归系数为0.024，回归系数在下降。模型（4）中企业社会责任（CSR）对净资产收益率（ROE）的回归系数为0.060，模型（6）中企业社会责任（CSR）对净资产收益率（ROE）的回归系数为0.042，回归系数也在下降。遵循Baron和Kenny（1986）、温忠麟等（2004）关于中介效应的检验程序，我们认为研发投入在企业社会责任与绩效影响的关系中存在部分中介效应。由前文分析可知，企业履行社会责任，能给企业带来更多的吸引力和资源，可以增加企业以社会责任为基础的研发投入，为企业研发创新提供机会（McWilliams和Siegel，2000）。因此，企业社会责任是可以通过研发投入来对绩效产生一些影响的。当然，投资者在选择投资的目标时，也会更加青睐于社会责任履行程度和研发创新能力都较高的企业（David和Sebastian，2016）。一方面，这类企业积极履行了社会责任，承载着公众更大的期待,也更有动力去通过一些有效措施来提高企业的绩效;另一方面,这类企业研发创新能力较强,能够生产出更加符合大众需求的产品和服务,从而带来更好的绩效。

第五节　研究结论与建议

本章基于国内外有关企业社会责任和研发投入相关理论,重点研究企业社会责任和研发投入对企业绩效的影响。遵循"理论分析—实证研究—实践启示"的研究思路,本章采用理论分析和实证分析相结合的方法对研究问题进行了梳理和探讨。首先,本章阐述了研究的背景、意义等。其次,综合梳理和评述了有关企业社会责任、研发投入和企业绩效的相关理论与文献。随后,根据上述理论与文献提出了理论分析框架。最后,通过构建计量经济模型对所选样本数据进行描述性统计分析、相关性分析以及回归分析,验证变量的中介效应,并对相关结论进行了初步讨论。

以下我们简要报告主要的研究结论,并据此提出相应的管理建议和政策建议。

一、研究结论

本章的主要结论总结如下:

(1) 企业社会责任对企业绩效具有显著的正向影响。企业履行社会责任能够帮助企业与利益相关者保持融洽的合作关系,获得利益相关者的大力支持。这其中包括当地政府的政策扶持、社会投资者的积极投资、企业股东的信任感以及企业员工的忠诚度等,从企业的内、外部对企业绩效产生多方面积极影响。不仅如此,上市公司通过积极履行社会责任可以达到树立良好企业形象并取得较高声誉的效果,进而提升企业的绩效。因此,企业履行社会责任能够提高企业绩效。

(2) 企业社会责任对研发投入具有显著的正向影响。企业一旦加强对社会责任方面的投入,将会为企业带来更多的社会吸引力,获得利益相关者的更多支持。此外,增加以社会责任为基础的研发投入,能为企业研发创新奠定基础。这其中包括促进外部投资以获得充足的研发投入资金;促进消费者对其产生良好的印象,甚至产生购买行为,进而吸引企业进一步加大研发投入;促使企业员工理解并认可企业的价值观念;提升研发相关工作的工作效率,吸引更多的技术人才,为进一步加大研发投入打下良好的基础;促使政府部门认可企业贡献,有助于为企业获得更多的研发政策支持及研发补贴。因此,企业履行社会责任能够增加企业的研发投入。

(3)研发投入对企业绩效具有显著的正向影响。伴随着我国社会经济的不断发展,市场对企业核心竞争力的要求也越来越高。一个企业能否获得自身的竞争优势,很大程度上取决于企业是否有足够的创新技术来支撑。而一个企业要想在与别的企业竞争中获得创新优势,就必须增加研发投入,领先于市场的产品和服务能够为企业带来持续上升的利润。通过研发投入,可以帮助企业实现生产流程改造、产品更新升级等一系列活动。企业的生产流程得到改造,企业的生产效率就会得到提高,企业的产品不断更新升级,企业的竞争力就会不断增强,这些都为企业的发展创造了有利的条件。因此,增加研发投入有利于企业塑造自身的核心竞争力,提高企业获利能力,进而提高企业绩效。

(4)在控制变量方面,我们发现资产负债率对企业绩效具有显著的负向影响,企业规模对企业绩效具有显著的正向影响。企业的负债经营其实就是对财务杠杆的一种利用,企业进行适当的负债经营可以给企业带来一些优势,比如可以减轻企业的税负、保持企业的控制权等。但负债经营其实是一把"双刃剑",过高的负债率会加大企业的还款压力,还会影响企业以后的融资成本,会给企业带来财务风险,进而影响企业绩效。较大规模的企业一般拥有更多的资源,也就更有能力去提高企业的绩效。因此,企业应该合理利用负债经营,做好利弊权衡。

二、管理建议

根据企业社会责任对绩效影响的实证研究,结合研发投入因素,基于企业角度,我们提出如下管理建议,以期能提高我国上市公司的企业绩效,促进企业的长期稳定发展。

(一)提高企业社会责任意识

提高企业履行社会责任的意识,改善企业的外部形象,有助于企业的长期稳定发展。企业应该认识到,伴随着社会经济的不断发展,各利益相关者已经不再把企业的盈利能力视为企业发展的唯一目标,而是会综合企业的盈利能力及企业给社会带来的整体贡献来对其进行综合评价。是否能够满足消费者的需求,是否能够保证企业发展的同时不破坏生态环境,这些都是评判企业是否值得信赖的依据。因此,在新的历史发展阶段,特别是生态文明已经成为国家战略的重要目标,高质量发展已经成为社会各界追求的新标准的历史机遇下,企业应当拓宽自身的发展思路,提高履行企业社会责任意识,切实履行好各项社会责任,并把企业社会责任理念贯穿到企业的发展战略以及企业的日常经营活动中。

(二)注重研发投入效益

从长远来看,企业的研发能力是其持续发展的重要推动力。因此,加大研发投入能够帮助企业保持持续竞争力。根据技术创新理论,企业创新能力是企业适应环境变化实现持续发展的根本,也是企业生存和盈利所要求具备的重要能力。企业研发的投入力度直接影响到企业创新的程度。企业在技术资本方面的投入能够帮助企业开发新的产品,改善产品质量,同时提升生产效率,进而提升企业绩效,使企业更具竞争力。因此,企业要把研发投入视为企业发展过程中的常态,视为企业能否持续经营的基础。企业的研发投入要顺应时代的发展,以企业社会责任为基础,实现对企业利益相关者的利益最大化。

(三)健全企业社会责任履行的保障机制

现代企业不仅需要关注自身运营和盈利能力,更要关注各利益相关者的权益。一个成熟的企业应当建立能够保障企业履行社会责任的管理制度。比如,可以借鉴行业内成功企业的管理经验,设置专门的企业社会责任管理委员会,在公司董事会的指导下负责企业社会责任履行制度的具体制定和实施。以现代科学的制度为依托,从公司战略上为企业社会责任制定长远的管理目标,同时营造积极的公司氛围,使履行社会责任落实到企业运营的方方面面,避免企业社会责任仅停留在宣传口号上。

三、政策建议

现代市场经济是集法治、伦理与可持续发展为一体的经济。发达的市场经济必须有先进的商业伦理作为支撑,必须依靠所有企业对社会责任的一致行动作为基础,才能保证市场经济有秩序、有活力,才能构建真正的和谐社会。因此,从政府的角度出发,要完善市场经济秩序,构建和谐社会,需要建立和完善法律法规,强化约束和监督机制,出台激励企业履行社会责任的举措。只有综合施策,才能起到效果。因此,我们提出如下政策建议。

（一）完善企业社会责任方面的法律法规

政府作为市场经济行为的监督者和管理者,应当积极制定相关法律法规来规范企业社会责任。首先,有关部门应当深入企业一线,了解当前企业社会责任履行的现状和问题,并结合我国国情和行业特点,制定适用于不同行业的企业社会责任指导政策。其次,各级地方政府及基层管理单位要严格落实国家政策号召,明确企业履行社会责任的必要性及考核制度,根据企业履行社会责任程度的差异给予企业奖惩。最后,为了保证企业社会责任的公平、公正,可以建立相应的申诉机制,当企业遭受不公平对待时,可以提起申诉,保证自身合法权益。

（二）加强企业社会责任履行的披露和监督

一个好的制度的有效实行不仅取决于政策的制定是否完善合理,还取决于是否有足够的监管措施。政府部门在制定好相应的企业社会责任履行要求后,要建立相应的监管制度,保证企业社会责任的履行落到实处。首先,可以借鉴发达国家的相关经验,结合我国实际情况,制定科学、合理的企业社会责任评价体系,形成企业社会责任的统一标准。其次,建立企业社会责任报告制度,将企业的社会责任履行情况定期以报告形式公开披露,这不仅有助于政府部门对企业社会责任的履行进行评判,更有助于各企业利益相关者对企业履行社会责任进行监督。

（三）出台研发投入方面的激励政策

我国政府在社会经济行为中发挥着重要的监督指导作用:一方面,政府需要制定相关的政策鼓励企业进行研发投入,并积极履行企业社会责任。政府可以引导企业进行符合经济发展方向的研发活动,并与企业共同分担重要研发投入中可能存在的风险,帮助企业提升核心竞争力。另一方面,政府可以在税收减免、财政补贴等方面出台特殊政策,扶持企业加大研发投入。特别是在新冠疫情的冲击下,企业普遍面临外部市场不足和内部竞争激烈的困境。政府通过各种途径来帮助和支持企业发展,对于企业自身加大投入、坚定发展信心具有重要的风向标作用。例如,对于长期坚持进行新技术研发投入的企业,政府可以给予其相应的税收减免优惠;采取定向财政补贴的形式,帮助企业减少研发投入时所产生的成本。在政府的引导下,逐步实现企业和社会的多方共赢。

第五章 基于现代服务业视角的企业履行社会责任对员工服务创新行为的影响研究

第一节 问题的提出

作为推动国民经济增长的重要产业,现代服务业的健康持续发展备受关注。创新,尤其是服务创新,在当代服务业竞争中起着举足轻重的作用,同时也是企业的重要战略资源。

有发展就有困难,现代服务业也面临着亟需解决的问题,其中"招工难"和高离职率饱受诟病。互联网的发展促进了网购的诞生,以淘宝为首的电商平台以需求为导向,使得快递行业欣欣向荣。快递人员的需求量逐步提高,但正是这个看似单一化的行业,因为工作强度大、工资低,一度发生快递人员短缺、货物挤仓现象。总之,互联网时代消费理念革新之快让企业管理者、营销策划者手忙脚乱,这使得应聘者往往对电商类的招聘单位缺乏一定的信任,认为传统的实体行业能够给予他们更多的安全感。另外,物流等服务行业由于其吸收就业能力强等特点而备受人们重视。金融危机、突发公众事件造成了部分产业的经济下滑,一定程度影响了就业形势,走在大街小巷,各类招聘启事层出不穷,商家牟足了劲,却依旧一员难求,"招工难"成了新兴服务业发展路上的绊脚石,从而成为媒体喉舌关注之焦点。

传统服务业囿于自身体制,发展缓慢,大部分依旧由政府主导,比如金融、运输、邮政等。这类行业难以发挥经济活力,而鼓励这类行业多向民营资本开放是一个解决方案,民营银行的创办就是一个成功典范。另外,法律、会计、咨询等服务业部门,由于存在着一定的区域制约,无法快速跨区域扩大其经营范围。因此,政府应当进一步放开市场准入制度,鼓励跨区域发展,进一步促进现代服务业创新发展。

现代服务业作为新兴的产业,在吸纳人才、促进就业方面有着顺应时代方向的天然优势。以往,就业主要依托制造业,但近年来,制造业由于产能过剩而无法满足就业需求。因此,当下加快服务业的转型升级势在必行。如何转型,转向何方,则需要借助国内外相关经验,结合中国国情,在实践过程中予以创新。

员工作为创新行为的主体,在创新的流程中扮演着关键角色。基于利益相关者理论,员工是企业的重要利益相关者。企业需要承担企业责任、社会责任,还需要关注企业员工动机,提升员工满意度、敬业度,激发员工的创新能力,从而提高企业运行效率。

本章以现代服务业企业为例,从员工的角度出发,探讨企业社会责任与员工服务创新行为之间的关系及其作用机理,实证检验内、外部企业社会责任履行对员工服务创新行为的影响(吴马英,2016)。

第二节　理论分析框架与研究假设

一、理论分析框架

本章从内部、外部和公共企业社会责任三个细分维度分别探讨其对员工动机和服务创新行为的影响,具体理论分析框架如图5-1所示。

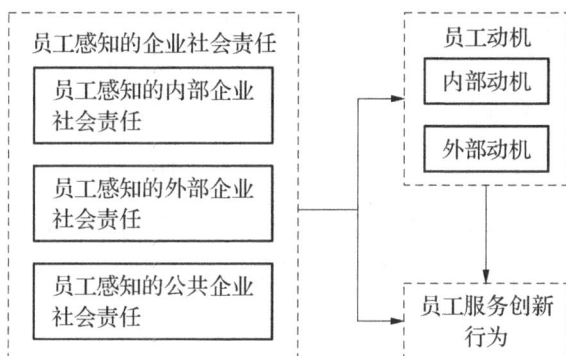

图5-1　理论分析框架

本章将企业社会责任分为内部、外部和公共责任三个维度。维度划分模式类似于郑海东(2007),不同点在于社会责任研究对象的涵盖范围,内部的社会责任只研究与员工直接相关的责任(如薪酬待遇、职业发展等),不涉及对管理者与股东的社会责任,外部企业社会责任只涉及供应商与消费者这两类与员工接触机会较多的责任对象。

动机,能促进、维持、激发着人们达成目的。诱发动机的因素有内部因素和外部因素,内部因素主要是由主体内部需要引发,如兴趣、信念、世界观等;外部因素则由外部因素引发,如目标、压力、责任、义务等。动机有内隐性、多重性、复杂性等特性。如果对动机进行划分,工作动机也可以划分为内部工作动机和外部工作动机。外部工作动机主要是与一些外部因素相关,如工作压力、工作奖金、福利等。外部动机只能促使员工完成工作任务,而让员工更有效率、更加自主地去工作,内部动机则不可或缺。

员工服务创新是指员工将创造性观念转化为创新行为的实践,是员工个体层面的创新活动(Amabile,1996)。员工的这种创造性行为源自与顾客的交互作用,创新模式多样,而且服务创新带有更多的隐性特征。

二、研究假设

(一)企业社会责任与员工服务创新行为

关于企业社会责任对员工态度和行为的影响研究,以往更多侧重于对员工敬业度、忠诚度、满意度的研究,对创新行为的影响研究较少。群体在生活中遵循着社会交换理论,即彼此之间交换物质和非物质性资源。员工感知到企业所承担的责任,会使员工给组织带来其他回报(Cropanzano,2005)。若将员工的创新行为作为员工对企业的一种回报方式,我们可以提出以下假设:

H1:员工感知的企业社会责任对员工服务创新行为有显著正向影响。

创新带来利润的同时也有一定的风险。员工作为企业创新的主要原动力,企业应鼓励员工进行创新性行为,保护员工创新型产权,这是企业承担内部责任的体现,也是对员工关注的表达。员工对企业内部社会责任行为的感知,会在有意或无意之间影响到员工对企业的某些创新行为,因此,我们提出下面假设:

H1a:员工感知的内部企业社会责任对员工服务创新行为有显著正向影响。

员工作为理性人,其创新行为不仅仅受到内部环境的影响,外部环境的影响也不容忽视。企业对商业伙伴、消费者、当地社区的公共社会责任表现,必然会影响问题的处理方式,最终影响员工的创新行为和创新绩效,因此,我们提出以下假设：

H1b：员工感知的外部企业社会责任对员工服务创新行为有显著正向影响。

H1c：员工感知的公共企业社会责任对员工服务创新行为有显著正向影响。

（二）员工动机与创新行为

关于动机对创新性绩效影响的研究发现，动机能够激发员工创造力，激励员工采取新的认知方式、新的解决方式去应对突发事件。员工对工作的满意度、工作的挑战性和兴趣，都可以激发创新动机。

H2：员工动机对员工创新行为有显著正向影响。

Gryskievicz（1989）认为对别人创意的认可，对目标有一个清晰、整体的规划以及对工作给予及时、恰当的回馈等外在动机都能够激发员工创造性行为。当外在动机与内在动机协同作用时，员工达到最高的创造水平。

H2a：员工内部动机对员工服务创新行为有显著正向影响。

H2b：员工外部动机对员工服务创新行为有显著正向影响。

（三）企业社会责任与员工动机

员工动机可以分为员工内部动机和员工外部动机，以往的研究方向单一，只研究内部动机或者外部动机。根据 Amable 的"工作偏好量表"显示，内外部工作动机彼此间仅有 6.4％的共同变异量，两者可以作为独立的向度进行研究。本章提出以下假设：

H3：员工感知的企业社会责任对员工动机有显著正向影响。

企业社会责任对员工满意度、团队工作、忠诚度、信任水平、归属感和组织承诺都有一定影响。所有这些因子都与员工内部动机相关（Greenberg，2008），员工在工作中即使没有足够的外部经济奖励，工作中获得的乐趣及满意度、工作的挑战性以及自我表现的机会也都会激发员工的内部动机。本研究认为企业社会责任能够影响到员工的这些感觉，内部企业社会责任与员工内部动机有密切关系，因此，我们提出以下假设：

H3a：员工感知的内部企业社会责任对员工内部动机有显著正向影响。

Armstrong（2006）认为若员工能够感知自身工作的重要性以及自身对环境

的积极影响,这会大大激发员工内部动机,同时,员工更倾向战略和政策与道德伦理紧密相关的企业(Aguilera,2007)。外部企业社会责任与外部利益相关者(消费者、商业伙伴、当地社区)相联系。可以认为,企业对外部的社会责任与员工内部动机相关,因此,我们提出以下假设:

H3b:员工感知的外部企业社会责任对员工内部动机有显著正向影响。

H3c:员工感知的公共企业社会责任对员工内部动机有显著正向影响。

企业对员工的各种责任表现包括对员工健康和福利的关心、给予他们培训和参与业务的平等机会以及工作-家庭关系平衡的关心。因此,我们提出以下假设:

H3d:员工感知的内部企业社会责任对员工外部动机有显著正向影响。

企业履行外部企业社会责任时,会在消费者、商业伙伴以及当地社区树立良好形象,企业声誉的提高会增强员工自豪感,进一步激发员工动机。因此,我们提出以下假设:

H3e:员工感知的外部企业社会责任对员工外部动机有显著正向影响。

H3f:员工感知的公共企业社会责任对员工外部动机有显著正向影响。

根据社会交换理论可知,当企业履行企业社会责任被员工所感知,员工对企业社会责任行为的认同会影响自身心理及行为,进而激发动机,促进员工创新行为。学者范素平(2012)在研究中指出:员工对组织越表现出认同感,越能影响其在组织中的行为,员工动机在企业行为与员工行为之间起到一定的中介效应。为了验证动机的中介作用,我们提出以下假设:

H4:员工动机在员工感知的企业社会责任与员工服务创新行为之间起到中介作用。

本研究的中介变量为员工动机,从内部、外部两个维度分别假设探究,自变量企业社会责任分别从内部、外部、公共责任三个维度进行假设研究。

H4a:员工内部动机在员工感知的内部企业社会责任与员工服务创新行为之间起到中介作用。

H4b:员工内部动机在员工感知的外部企业社会责任与员工服务创新行为之间起到中介作用。

H4c:员工内部动机在员工感知的公共企业社会责任与员工服务创新行为之间起到中介作用。

H4d：员工外部动机在员工感知的内部企业社会责任与员工服务创新行为之间起到中介作用。

H4e：员工外部动机在员工感知的外部企业社会责任与员工服务创新行为之间起到中介作用。

H4f：员工外部动机在员工感知的公共企业社会责任与员工服务创新行为之间起到中介作用。

第三节　问卷设计与数据收集

一、调查设计

本研究设计的调查问卷包括：个人信息、企业社会责任、员工动机、员工服务创新等（问卷样表见本书后面附录 2）。

个人资料主要包括：性别、年龄、受教育水平、工作年限和公司所属行业。

企业社会责任的指标体系主要采用 Cochius(2006)，Eweje and Bentley(2006)，Melynyte et al(2008)和 Amabile(1993)等人的研究结论，其组成主要分成三类：内部、外部及公共企业社会责任，其中，外部企业社会责任又可以分成：与消费者相关的外部企业社会责任、与商业伙伴相关的外部企业社会责任（见表 5-1）。

员工动机(Motivation)的原始量表为 Amabile 等编制的工作偏好 30 题量表。本研究选取其中关于动机的部分试题，在蔡启通等人翻译的中文 30 题项量表的基础上，参考其他研究结果，排除意思接近以及概念冲突的题项，最终形成动机的 14 个题项（见表 5-2）。

内在动机(Intrinsic Motivation)主要测量工作挑战性和员工对工作的享受程度。问题包括"越困难的问题，我喜欢尝试解决它""无论项目的结果怎样，我满意的是公司向社会提供真实的信息""在良好心理氛围下，我很享受工作的过程""我希望我的工作为我提供机会发展我的事业""当我参与决策过程，我会更加舒服""我更喜欢在能够参与当地社区工作的公司工作""当我能够为自己设定目标时我会更加愉快"。

外部动机(Extrinsic Motivation)主要测量员工产生某种行为的原因是出于外界的肯定与赞扬还是一些薪酬的激励，其受外在因素的影响。

表 5-1　企业社会责任量表

变　量			量表问项	量表来源
企业社会责任 CSR	内部社会责任 CSRi	CSRi1	提供公平的工资制度	Turker，2009；Wojtaszczyk，2008；Brammer et al，2005；Newman and de Vries，2011
		CSRi2	在工作中注意改善心理环境	
		CSRi3	开放、诚实、灵活地与员工沟通	
		CSRi4	组织员工参与决策	
		CSRi5	注重员工的个人和职业发展	
	外部社会责任 CSRe	CSRe1	与供应商公平交易	Longo et al.，2005
		CSRe2	实现供应商的投诉程序	
		CSRe3	避免业务合作伙伴不依法行事	
		CSRe4	拥有处理消费者投诉的一套流程	European Commission，2001；Longo et al.，2005
		CSRe5	为消费者提供真实和诚实的信息	
		CSRe6	避免虚假和误导性广告或促销活动，欺骗或操纵消费者	
	公共社会责任 CSRl	CSRl1	捐款给当地的慈善机构	Aguilera et al.，2007；European Commission，2001；Ligeti and Oravecz，2009
		CSRl2	投资社区的发展（即投资道路、学校或医院）	
		CSRl3	支持当地体育、文化或其他社区活动和项目	
		CSRl4	与社区组织合作	

表 5-2　员工动机量表

变　量			量表问项	量表来源
员工动机 Motivation	内部动机 Intrinsic Motivation （IM）	IM1	越困难的问题，我喜欢尝试解决它	Mullins，2006；Deci，1973；Amabile et al.，1994
		IM2	无论项目的结果怎样，我满意的是公司向社会提供真实的信息	
		IM3	在良好心理氛围下，我很享受工作的过程	
		IM4	我希望工作为我提供机会提升知识和技能	
		IM5	当我参与决策过程，我会更加舒服	
		IM6	我更喜欢在能够参与当地社区工作的公司工作	
		IM7	我更喜欢自己为自己设定目标	
		IM8	我想确认自己完成一份工作的出色程度	
	外部动机 Extrinsic Motivation （EM）	EM1	我十分清楚自己的升迁目标	Amabile et al 1994
		EM2	别人的肯定能够鼓励我更好地去工作	
		EM3	我非常清楚自己追求的收入目标	
		EM4	我觉得成功就是比别人做事完成得更出色	
		EM5	我很在乎别人对我的想法有何反应	
		EM6	我认为报酬的高低与努力程度对等	

本研究员工服务创新行为的量表以 Scott 和 Bruce(1994)成熟的研究量表为基础,参考黄致凯(2004)、蒋洋等人(2011)的研究,语义修改后共计 11 个题项。问卷采用李克特 5 点量表,1 代表非常不同意,5 代表非常同意(见表 5-3)。

表 5-3　服务创新行为量表

变量		量表问项	量表来源
员工服务创新行为 Innovation	IP1	在工作中,我会主动去寻找一些新的灵感	Lievens & Moenaert (2000); Zhou & George (2001); Scott & Bruce (1994)
	IP2	我会细心观察工作中出现的一些不寻常的问题	
	IP3	遇到问题时,我会从多角度来思考原因以及解决办法	
	IP4	我会去尝试使用新的构想和方法去解决问题	
	IP5	对于新的想法,我会从多角度来评判它的优缺点	
	IP6	当新方法在使用的过程中产生问题时,我会设法修正产生的毛病	
	IP7	对于新的构想产生排斥时,我会尝试着去让别人了解其重要性	
	IP8	我会主动向别人推销自己的新想法,使其有机会被执行	Kanter(1996); Amabilee et al., 1994
	IP9	为了实现新的想法和创意,我会尽力去争取所需的资源	
	IP10	我会将新构想或新方法具体应用到日常工作中	
	IP11	我会积极地制定适当的计划或规划来落实我的创新性构想	

二、数据收集

问卷发放方式为网络平台问卷星、邮件以及朋友圈,共发放问卷 250 份。调查时间为 2015 年 6 月至 8 月,发放对象以现代服务业企业的员工为主体,辅以网络平台如微信朋友圈资源进行问卷收集,共收集 223 份,除去其中制造业、政府机构,以及其他非现代服务业共 40 份,回答效果不理想问卷 3 份,最后得到有效问卷 180 份,问卷有效率为 72.8%。样本数据采用 SPSS 统计软件进行数据分析。

三、数据分析方法

本章分别采用因子分析、相关分析和回归分析等方法对数据进行分析。通过因子分析，基于因子信度和效度分析结果，剔除不适合的相关问题项，从而构建具有实际意义的因子用于后续研究。相关分析能够探究一个变量与其他变量之间的关联程度，并用相关系数来表明变量之间的相关性，通常采用 Pearson 相关系数来解释变量间的相关性。回归分析可以用来对变量间因果关系及其显著程度的判定。本研究同时需要考虑员工动机的中介效应，按照 Baron 和 Kenny (1986)中介效应的研究步骤，本章从以下几步进行验证：① 探究企业社会责任对员工服务创新行为的影响；② 探究员工动机对员工服务创新行为的影响；③ 探究企业社会责任对员工动机的影响；④ 探究企业社会责任、员工动机一起对员工服务创新行为的影响，此时，企业社会责任对员工服务创新行为的影响应当减弱或者不再显著。

第四节　研究结果

一、描述性统计分析

描述性因子分析：对样本各变量的样本分布情况进行简要的统计分析，具体情况如下表 5-4 所示。

根据收集数据的样本分布情况，女性数量少于男性，在年龄分布上 26—30 岁的占据大多数；就学历而言本科生居多，现职年资集中分布在 1—3 年。

表 5-4　样本个人基本信息统计表

项　目	类　别	样本数	所占比例（%）
性别	男	119	66.1%
	女	61	33.9%
年龄	25 岁（含）以下	49	27.2%
	26—30 岁	104	57.8%
	31—35 岁	16	8.9%
	36 岁（含）以上	11	6.1%

续 表

项 目	类 别	样本数	所占比例(%)
受教育程度	高中/中专及以下	32	17.8%
	大专	46	25.6%
	大学本科	83	46.1%
	硕士研究生及以上	19	10.6%
现职年资	1年(含)以下	63	35.0%
	2—3年	70	38.9%
	4—5年	24	13.3%
	6年(含)以上	23	12.8%

表5-5显示的是调查对象的行业分布情况。现代服务业的八类行业中,文化、旅游与教育培训业和信息传输、计算机服务和软件业占比较高,分别为22.8%和20.6%。

表5-5 样本企业基本信息统计表

	所属行业	样本数	百分比
现代服务业	物流业	14	7.8%
	信息传输、计算机服务和软件业	37	20.6%
	电子商务服务业	14	7.8%
	金融保险服务业	23	12.8%
	房地产服务业	22	12.2%
	租赁和商务服务业	16	8.9%
	科学技术试验发展服务业	13	7.2%
	文化、旅游与教育服务业	41	22.8%
	合计	180	100.0%

二、信度和效度分析

(一)信度分析

信度即可靠性程度,体现调查结果的一致性和稳定性,通过 CITC 以及 Cronbach's α 系数检验问卷信度。若其数值大于 0.35,则说明测量题项表现出良好的内部一致性;若 Cronbach's α 系数判断值大于 0.7,就可以认为信度较好,问卷测量题项是可接受的。信度系数如表5-6所示,CICT 值均大于 0.35,任何题项删除后都不会增加 α 系数。企业社会责任、员工动机、员工服务创新行为三变量各维度的 Cronbach's α 值均大于 0.7,这表明各题项一致性良好,信度较好。

表 5 - 6 问卷各维度的信度分析结果

维 度	CITC	题项已删除的 Cronbach's Alpha 值	Cronbach's α 值
员工感知的内部 企业社会责任	0.581	0.864	
	0.761	0.820	
	0.700	0.836	0.867
	0.664	0.845	
	0.749	0.823	
员工感知的外部 企业社会责任	0.625	0.855	
	0.701	0.842	
	0.592	0.860	0.870
	0.704	0.841	
	0.720	0.839	
	0.672	0.847	
员工感知的公共 企业社会责任	0.746	0.878	
	0.817	0.851	0.898
	0.797	0.859	
	0.736	0.882	
员工内部动机	0.568	0.841	
	0.638	0.831	
	0.690	0.823	
	0.644	0.829	0.854
	0.560	0.844	
	0.700	0.823	
	0.549	0.843	
员工外部动机	0.421	0.748	
	0.531	0.721	
	0.609	0.696	0.762
	0.540	0.718	
	0.489	0.731	
	0.438	0.744	

维　度	CITC	题项已删除的 Cronbach's Alpha 值	Cronbach's α 值
	0.641	0.910	
	0.672	0.908	
	0.628	0.910	
	0.677	0.908	
	0.714	0.906	
员工创新行为	0.689	0.907	0.916
	0.641	0.909	
	0.687	0.907	
	0.696	0.907	
	0.696	0.907	
	0.660	0.908	

（二）效度分析

1. 企业社会责任因子分析

对企业社会责任的样本进行 KMO 测度和 Bartlett 球体检验。KMO 值为 0.893，大于 0.7，且 Bartlett 显著性概率水平达到 0.000，说明适合作因子分析。对企业社会责任进行旋转因子分析，共提取了 3 个因子，旋转后的企业社会责任的因子载荷矩阵如表 5-7 所示

表 5-7　旋转后的企业社会责任因子载荷矩阵

变量维度	题　项	因子载荷		
		1	2	3
	CSRe1	**.683**	.359	.066
	CSRe2	**.739**	.227	.225
外部企业社会责任 CSRe	CSRe3	**.674**	.118	.243
	CSRe4	**.705**	.228	.335
	CSRe5	**.755**	.270	.180
	CSRe6	**.648**	.291	.306
	CSRi1	.298	**.642**	.103
	CSRi2	.176	**.815**	.225
内部企业社会责任 CSRi	CSRi3	.178	**.823**	.053
	CSRi4	.242	**.724**	.173
	CSRi5	.301	**.759**	.229

<table>
<tr><td rowspan="2">变量维度</td><td rowspan="2">题 项</td><td colspan="3" align="right">续 表
因子载荷</td></tr>
<tr><td>1</td><td>2</td><td>3</td></tr>
<tr><td rowspan="4">公共企业社会责任 CSRc</td><td>CSRc1</td><td>.241</td><td>.192</td><td>**.797**</td></tr>
<tr><td>CSRc2</td><td>.133</td><td>.160</td><td>**.891**</td></tr>
<tr><td>CSRc3</td><td>.284</td><td>.165</td><td>**.820**</td></tr>
<tr><td>CSRc4</td><td>.318</td><td>.133</td><td>**.778**</td></tr>
</table>

通过主成分分析,并对因子载荷值设置在 0.5 以上,对企业社会责任一共提取了 3 个因子,分别是成分 1(内部企业员工社会责任)、成分 2(外部企业社会责任)、成分 3(公共社会责任)。3 个因子累积方差贡献率为 67.221%,可以概括样本的特性。

2. 员工动机因子分析

对员工动机的样本进行 KMO 测度和 Bartlett 球体检验。员工动机的 KMO 值为 0.865,且 Bartlett 显著性水平为 0.000,表明适合作因子分析。对员工动机进行旋转因子分析,共提取了 2 个因子,旋转后的员工动机的因子载荷矩阵如表 5-8 所示。

表 5-8　旋转后的员工动机因子载荷矩阵

变量维度	题 项	因子载荷	
		1	2
内部动机 IM	IM2	**.655**	.118
	IM3	**.739**	.128
	IM4	**.823**	−.051
	IM5	**.717**	.232
	IM6	**.623**	.245
	IM7	**.797**	.086
	IM8	**.654**	.202
外部动机 EM	EM1	.420	.448
	EM2	.458	**.542**
	EM3	.087	**.790**
	EM4	.013	**.767**
	EM5	.260	**.602**
	EM6	.055	**.657**

通过主成分分析,并对因子载荷值设置在 0.5 以上,对员工动机一共提取了 2

个因子,分别是成分1(外部动机)、成分2(内部动机),2个公因子累积方差贡献率为52.134%。其中,外部动机的因子EM1的因子负荷小于0.5,故剔除此题。

3. 员工创新行为因子分析

对员工创新行为的样本进行KMO测度和Bartlett球体检验。员工创新的KMO值为0.896,且Bartlett显著性概率达到0.000,表明适合进行因子分析。对员工服务创新变量进行旋转因子分析共提取了1个因子,方差贡献率为55%,大于50%,满足解释要求(如表5-9所示)。

表5-9　旋转后的员工服务创新行为因子载荷矩阵

变量维度	题　项	因子载荷
		1
员工服务创新行为 IP	IP1	0.707
	IP2	0.732
	IP3	0.695
	IP4	0.740
	IP5	0.777
	IP6	0.751
	IP7	0.711
	IP8	0.751
	IP9	0.759
	IP10	0.760
	IP11	0.729

三、方差分析

Amabile(1998)认为学历、年龄、知识等因素与人们的创造性行为息息相关。为了探究员工的性别、年龄、学历、工作年限等个体特征和工作行业对企业社会责任、员工动机以及员工服务创新行为的差异性,下面进行独立样本 t 检验和单因素方差分析。

(一)性别的独立样本 t 检验

本研究对性别两个维度进行独立样本差异性分析,探究性别对企业社会责任、员工动机以及员工服务创新行为的差异性影响,具体分析结果如下表5-10所示。

表 5 - 10　性别独立样本检验

变量			方差方程的 Levene 检验		平均值	
			F	显著性 sig.	男	女
CSR	CSRi	假设方差相等 假设方差不相等	1.235	0.268	3.4252	3.3803
	CSRe	假设方差相等 假设方差不相等	0.094	0.760	3.6891	3.7678
	CSRc	假设方差相等 假设方差不相等	2.892	0.091	3.1429	3.1803
OM	IM	假设方差相等 假设方差不相等	1.835	0.177	3.9724	3.8595
	EM	假设方差相等 假设方差不相等	0.028	0.868	3.6639	3.5705
IP		假设方差相等 假设方差不相等	1.301	0.256	3.8568	3.7198

由表 5 - 10 可以看出,员工感知的企业社会责任 F 统计值的显著性水平为 0.208,员工动机的 F 统计值的显著性水平为 0.627,员工服务创新行为的 F 统计值的显著性水平为 0.256,都大于 0.05,说明性别对这三个变量的影响无差异。当今社会,男女受教育水平相当,女性认知水平趋于男性甚至高于男性,因此,员工对企业社会责任的感知以及其创新行为动机的影响受性别的差异性影响渐渐弱化。

（二）年龄的单因素方差分析

年龄在问卷设计时被划分成 4 个维度,即 25 岁以下、26—30 岁、31—35 岁、36 岁以上。下面对样本进行单因素方差分析,探究其对企业社会责任感知、员工动机以及员工服务创新行为的影响差异情况。

表 5 - 11 所示的 F 值所对应的显著性水平均大于 0.05,可见员工年龄对企业社会责任感知、员工动机、员工服务创新行为没有显著差异。但从均值趋势上看,随着年龄的增加,年龄组的各项得分呈倒"U"字形,31—35 岁这个年龄段在企业社会责任感知、员工动机、员工服务创新行为得分均达到最大值,其后又出现下降趋势。这表明经过前期的积累,员工阅历和个人成熟度得到提升,进一步将前阶段的创新动机转化成创新行为,后期随着年龄的增长,员工渐渐习惯于稳定的工作状态,不希望工作出现异常波动影响自己职业生涯,因此,创新行为缺乏内在激励。这个发现与 Amabile(1988)的研究结论部分一致。

表 5 - 11　按年龄划分的样本方差检验

变　量		F	显著性	平均值			
				25 岁以下	26—30 岁	31—35 岁	36 岁以上
CSR	CSRi	0.472	0.702	3.4286	3.3577	3.5625	3.6000
	CSRe	0.343	0.795	3.6667	3.7163	3.8854	3.6818
	CSRc	0.895	0.445	2.9949	3.2236	3.3281	2.9773
OM	IM	0.871	0.458	3.9125	3.9052	4.1696	3.9610
	EM	0.220	0.882	3.6082	3.6212	3.7500	3.6727
IP		1.082	0.358	3.7811	3.7797	4.0205	3.9256

（三）学历的单因素方差分析

为了探究不同学历（高中/中专及以下、大专、本科、硕士及以上）员工对企业社会责任感知、员工动机以及员工服务创新行为的影响差异情况，对员工的学历进行单因素方差分析，结果见表 5 - 12。

表 5 - 12　按学历划分的样本方差检验

变　量		F	显著性	平均值			
				高中/中专及以下	大专	本科	硕士及以上
CSR	CSRi	0.846	0.470	3.3063	3.5304	3.3446	3.5789
	CSRe	1.185	0.317	3.6042	3.8804	3.6546	3.7719
	CSRc	0.610	0.609	2.9453	3.2228	3.1867	3.2105
OM	IM	1.778	0.153	3.8438	4.0932	3.8606	4.0226
	EM	1.844	0.141	3.7563	3.6870	3.5157	3.8000
IP		3.064	0.029	3.8852	3.9664	3.6824	3.8660

通过观察 F 值所对应的显著性水平，员工学历对员工动机和企业社会责任感知没有差异性，对服务创新行为存在显著性差异（sig＝0.029＜0.05），大专生的服务创新行为得分最高。这可能是因为专科教育更注重实操，而实践在行为上比理论更容易创新。硕士及以上人员的创新得分反而低于大专生，这与Amible 认为学历提升能够促进创新行为的说法有所不同，一方面可能是由于行业的选择，服务类的行业中硕士及以上学历从业人员数量要少于大专类的从业人员，而且服务行业与消费者直接接触的更多的是学历不是很高的员工，他们容

易发现问题,容易激发创新动机;另一方面,硕士及以上人员在经过多年传统教育之后思维模式僵化,在服务行业往往用一成不变的方式工作。

(四)工作年限的单因素方差分析

为了探究1年(含)以下、2—3年、4—5年、6年(含)以上四类年限对企业社会责任感知、员工动机、员工服务创新行为的影响差异情况,我们对员工的工作年限进行单因素方差分析(见表5-13)。

表5-13 按工作年限划分的样本方差检验

变 量		F	显著性	平均值			
				1年(含)以下	2—3年	4—5年	6年(含)以上
CSR	CSRi	2.730	0.045	3.4317	3.2143	3.6500	3.6957
	CSRe	1.408	0.242	3.7646	3.5833	3.7847	3.9130
	CSRc	0.718	0.542	3.0952	3.0893	3.3542	3.3152
OM	IM	0.867	0.459	3.9274	3.8898	3.8988	4.1242
	EM	0.589	0.623	3.5968	3.5971	3.6833	3.7826
IP		2.961	0.034	3.7807	3.7130	3.9167	4.0775

员工工作年限的不同对员工动机和部分企业社会责任感知差异性较小,而对员工的服务创新行为以及内部企业社会责任存在显著性差异($sig<0.05$)。从数据均值来看,工作年限的增加,员工服务创新行为得到提升,1—3年差别不是很大,因为是员工工作的起步阶段,对职场环境需要一定时间的熟悉。4—5年员工创新行为得分提高显著,表明处在事业上升期员工的积极性很高,为了个人职业生涯的前途,创新动机表现更强。6年以上员工虽然得分最高,但增幅平稳,说明这阶段员工更安于现状,创新动机不强烈。

(五)公司行业的单因素方差分析

不同的行业对员工的服务创新行为、员工内部动机以及内部企业社会责任差异性不明显,但行业的不同对员工的外部企业社会责任表现、公共企业社会责任以及外部动机表现存在差异性($sig<0.05$)。通过均值可以看出,金融保险和电子商务行业表现的社会责任得分值最高,信息传输、计算机服务和软件业员工企业社会责任表现得分最低。可能的原因是电子商务以及金融保险类的业务需要更好的社会关注度,通过自身社会责任行为提升品牌知名度和信誉度来吸引

消费者和其他商业伙伴。而计算机服务和软件业更多是按客户需求进行服务,表现在他们关注现阶段消费者的直接需求,对长期的形象包装缺乏投入。

通过对员工性别、年龄、学历、工作年限、所属行业进行方差分析,发现不同行业的企业员工外部动机和公共社会责任行存在显著差异;学历、工作年限对员工服务创新行为以及内部企业社会责任存在显著差异(见表5-14)。

表5-14　按行业划分的样本方差检验

变　量		F	sig.	平均值							
				物流业	信息传输	电子商务	金融保险业	房地产业	租赁	科学研究	文化
CSR	CSRi	0.524	0.815	3.4143	3.2000	3.4714	3.5652	3.3455	3.5625	3.4308	3.4585
	CSRe	3.188	0.003	3.7619	3.4685	4.1667	4.1884	3.6742	3.7188	3.6923	3.5325
	CSRc	2.823	0.008	3.0714	2.7095	3.6964	3.4891	2.8523	3.4063	3.2308	3.2561
OM	IM	0.523	0.816	3.8571	3.9305	4.2041	3.9938	3.9156	3.8304	3.9121	3.8955
	EM	2.234	0.034	3.6714	3.4919	4.2000	3.6696	3.5818	3.6125	3.3692	3.6488
IP		0.804	0.585	3.8351	3.7838	4.0714	3.7075	3.7066	3.8807	3.9231	3.7871

四、相关分析

为了表明变量之间的相关性,通常采用 Pearson 相关分析法,表5-15 为相关关系矩阵,企业社会责任三个维度、员工动机两个维度和员工服务创新行为存在相关关系,在0.01的显著性水平上显著相关。

表5-15　企业社会责任、员工动机、员工服务创新行为之间相关性分析

		CSRe	CSRi	CSRc	EM	IM	IP
企业社会责任取向	CSRe	1					
	CSRi	0.618**	1				
	CSRc	0.580**	0.435*	1			
员工动机取向	EM	0.349**	0.289**	0.325**	1		
	IM	0.589**	0.466**	0.353**	0.413**	1	
员工服务创新行为取向	IP	0.375**	0.410**	0.283**	0.464**	0.662**	1

注:* 在 0.05 水平(双侧)上显著相关;** 在 0.01 水平(双侧)上显著相关。

五、回归分析

由前面相关性分析可以判断企业社会责任、员工动机、员工服务创新行为之间存在相关关系,若需进一步判断变量之间是否存在因果关系,要进一步回归分析。本研究需要同时考虑员工动机的中介效应。鉴于前面人口因素的方差分析可知,学历、工作年限、行业类型对变量存在一定的影响,这里作为控制变量进行回归分析。

(一)企业社会责任对员工服务创新的回归分析

首先,探究企业社会责任对员工服务创新行为的影响,在回归分析过程中,将员工学历、工作行业、工作年限作为控制变量,企业社会责任作为自变量,员工服务创新行为作为因变量,进行逐步回归分析,结果如表5-16所示。

表5-16　员工感知的企业社会责任与员工服务创新行为的回归系数与显著性检验表

变　量	项　目	因变量:服务创新行为					
		模型 1			模型 2		
		非标准化系数	sig	t 值	非标准化系数	sig	t 值
常量		3.795	0.000	21.946	2.735	0.000	11.39
控制变量	学历	−0.055	0.236	−1.189	−0.067	0.114	−1.588
	工作年限	0.084	0.046	2.009	0.059	0.128	1.529
	工作行业	−0.004	0.809	−0.242	−0.005	0.768	−0.295
自变量	CSRi				0.182	**0.001**	2.234
	CSRe				0.141	**0.027**	3.292
	CSRc				——	——	——
R		0.192[a]			0.469[b]		
R^2		0.037			0.220		
调整 R^2		0.020			0.198		
F 值		2.246			9.820		
DW 检验		2.121					
VIF_{max}		1.667					

a. 预测变量:(常量), wi, education, wy
b. 预测变量:(常量), wi, education, wy, CSRi, CSRe
c. 因变量:IP

检验员工感知的企业社会责任表现对员工服务创新行为的回归结果：$DW=2.121$，残差与自变量相互独立；$VIF_{max}=1.667<3$，不存在共线性问题。调整 R^2 由 0.020 增加至 0.198，企业社会责任两个维度解释了员工服务创新行为 19.8% 的变异程度。由上表可知，控制变量和自变量分别进入模型，模型 1 是控制变量与因变量之间的回归结果，企业社会责任三个维度只有两个维度进入模型，分别是内部企业社会责任和外部企业社会责任。模型 2 是这两个维度分别逐步进入模型的回归结果，形成内部企业社会责任和外部企业社会责任的显著性水平为 0.001 和 0.027，小于 0.05，说明这两个因子对员工服务创新行为回归都达到了显著水平。而企业社会责任的另一个维度公共责任没有通过回归路径的检验。因此，其对员工服务创新行为的有关假设则不成立。内部社会责任回归系数为 0.182；外部社会责任回归系数为 0.141，从系数可以看出，内部企业社会责任影响程度大于外部企业社会责任。从回归分析中，可以得到如下回归方程：

员工服务创新行为 = 2.735＋0.182×内部企业社会责任＋0.141×外部企业社会责任

因此，假设 H1a 和 H1b 得到验证。

（二）员工动机对员工服务创新的回归分析

在本研究中进行员工动机对员工服务创新行为的回归分析时，分别将控制变量和员工动机视为自变量，员工服务创新行为视为因变量，对这两者进行逐步回归分析。员工动机对员工服务创新行为的影响回归结果见表 5-17。

表 5-17　员工动机与员工服务创新行为的回归系数与显著性检验表

变 量	项 目	因变量:服务创新行为					
		模型 1			模型 2		
		非标准化系数	sig	t 值	非标准化系数	sig	t 值
常量		3.795	0.000	21.946	1.170	0.000	4.771
控制变量	学历	−0.055	0.236	−1.189	−0.056	0.099	−1.656
	工作年限	0.084	0.046	2.009	0.048	0.117	1.577
	工作行业	−0.004	0.809	−0.242	0.004	0.737	0.336
自变量	IM				0.506	**0.000**	9.611
	EM				0.185	**0.000**	3.674

续　表

变量　项目	因变量:服务创新行为					
	模型 1			模型 2		
	非标准化系数	sig	t 值	非标准化系数	sig	t 值
R	0.192[a]			0.708[b]		
R^2	0.037			0.501		
调整 R^2	0.020			0.487		
F 值	2.246			34.948		
DW 检验			2.154			
VIF_{max}			1.216			

a. 预测变量:(常量),wi, education, wy
b. 预测变量:(常量),wi, education, wy, IM, EM
c. 因变量: IP

如表 5 - 17 所示,DW 值为 2.2.154,残差与自变量相互独立;$VIF_{max}=$ 1.216<3,不存在共线性问题。调整 R^2 由 0.020 增加至 0.487,员工动机两个维度解释了员工服务创新行为 48.7% 的变异程度。由上表可知,员工动机的两个维度均进入模型,在进行两次逐步回归后,内部动机和外部动机的显著性水平为均为 0.000,小于 0.05,说明这两个因子对员工服务创新行为回归都达到了显著水平。内部动机回归系数为 0.506;外部动机回归系数为 0.185,从系数可以看出,内部动机影响程度大于外部动机。从回归分析中,可以得到如下回归方程:

员工服务创新行为 =1.170+0.506×内部动机+0.185×外部动机

因此,假设 H2a 和 H2b 得到验证。

（三）企业社会责任对员工动机的回归分析

在本研究中进行员工感知的企业社会责任对员工动机的回归分析时,首先将控制变量和企业社会责任视为自变量,员工动机分内外动机,两次分别视为因变量,对这两者进行逐步回归分析,结果如下表 5 - 18 所示。

检验员工感知的企业社会责任表现对员工内部动机的回归结果:$DW=$ 2.369,残差与自变量相互独立;$VIF_{max}=1.667<3$,不存在共线性问题。由表 5 - 18可知,企业社会责任三个维度只有两个维度进入模型,分别是内部企业社会责任和外部企业社会责任。在进行了两次逐步回归后,两个因子的显著性水平为 0.034 和 0.000,小于 0.05,说明这两个因子对员工内部动机回归都达到了

显著水平。而企业社会责任另一个维度公共责任没有通过回归路径的检验。外部社会责任回归系数为 0.396；内部社会责任回归系数为 0.119，从系数可以看出，外部企业社会责任影响程度大于内部企业社会责任。从回归分析中，可以得到如下回归方程：

$$员工内部动机＝2.042＋0.119×内部企业社会责任$$
$$＋0.396×外部企业社会责任$$

因此，假设 H3a、H3b 和 H3c 得到验证。

表 5-18　企业社会责任与员工内部动机的回归系数与显著性检验表

变量　　项　目		因变量：内部动机					
		模型 1			模型 2		
		非标准化系数	sig	t 值	非标准化系数	sig	t 值
常量		3.853	0.000	19.599	2.042	0.000	8.412
控制变量	学历	0.014	0.784	0.275	0.001	0.980	0.025
	工作年限	0.052	0.278	1.089	0.019	0.616	0.503
	工作行业	−0.013	0.505	−0.668	−0.006	0.692	−0.396
自变量	CSRe				0.396	**0.000**	6.220
	CSRi				0.119	**0.034**	2.133
	CSRc				——		
R		0.092[a]			0.604[b]		
R^2		0.008			0.365		
调整 R^2		−0.008			0.347		
F 值		0.499			20.011		
DW 检验		2.369					
VIF_{max}		1.667					

a. 预测变量：(常量)，wi，education，wy
b. 预测变量：(常量)，wi，education，wy，CSRe，CSRi
d. 因变量：IM

表 5-19 是检验员工感知的企业社会责任表现对员工外部动机的回归结果。

表 5-19　企业社会责任与员工外部动机的回归系数与显著性检验表

变　量　　项　目		因变量:外部动机					
		模型 1			模型 2		
		非标准化系数	sig	t 值	非标准化系数	sig	t 值
常量		3.657	0.000	17.819	2.601	0.000	8.900
控制变量	学历	−0.036	0.510	−0.660	−0.052	0.311	−1.017
	工作年限	0.054	0.285	1.073	0.031	0.510	0.660
	工作行业	−0.009	0.645	−0.462	−0.010	0.594	−0.535
自变量	CSRe				0.197	0.009	2.645
	CSRi				——	——	——
	CSRc				0.131	0.026	2.253
R			0.109[a]			0.393[b]	
R^2			0.012			0.155	
调整 R^2			−0.005			0.130	
F 值			0.709			6.373	
DW 检验				1.954			
VIF_{max}				1.581			

a. 预测变量:(常量),wi, education, wy
b. 预测变量:(常量),wi, education, wy,CSRe, CSRc
c. 因变量: EM

从表 5-19 可以看出,D=1.954,残差与自变量相互独立;VIF_{max}=1.581<3,不存在共线性问题。由上表可知,企业社会责任三个维度只有两个维度进入模型,分别是公共企业社会责任和外部企业社会责任。在进行了两次逐步回归后,两个因子的显著性水平为 0.026 和 0.009,均小于 0.05,说明这两个因子对员工外部动机回归都达到了显著水平。而企业社会责任的另一个维度内部企业社会责任没有通过回归路径的检验。外部社会责任回归系数为 0.197;公共社会责任回归系数为 0.131,从系数可以看出,外部企业社会责任影响程度大于公共企业社会责任。从回归分析中,可以得到如下回归方程:

员工外部动机=2.601+0.131×公共企业社会责任+0.197×外部企业社会责任

因此,假设 H3e 和 H3f 得到验证,假设 H3d 没有得到验证。

（四）员工动机的中介作用分析

分析员工动机的中介作用,是检验自变量企业社会责任与中介变量员工动机一起对因变量员工服务创新的影响,如果员工动机中介效应确实存在,那么企业社会责任对员工服务创新行为的影响应当减弱或不再显著。在验证动机的中介作用时,首先要探讨自变量对因变量的影响,即企业社会责任对员工服务创新行为的影响,在确定有影响的前提下进行第二步分析,探讨自变量对中介变量的影响,即企业社会责任对员工动机的影响。最后,将中介变量和自变量放一起探讨其对因变量的影响,即探讨企业社会责任与员工动机对员工服务创新行为的影响。本研究中,将企业社会责任和员工动机同时作为自变量,将员工服务创新作为因变量来进行回归分析。

在前文回归分析验证企业社会责任对员工服务创新行为之间的影响关系时,其中,企业社会责任的公共责任维度没有通过检验,故在此无需对此维度的中介作用进行分析,直接验证内部和外部企业社会责任对员工服务创新行为的影响,将动机的内外部维度分别进行逐步回归,结果如表 5-20 和 5-21 所示。

从表 5-20 和表 5-21 可知,员工内外部动机在模型中的回归系数为 0.572 和 0.294,皆在 0.001 水平上显著,表明员工内外部动机在员工感知的企业社会责任表现对员工服务创新行为形成的影响中具有中介效应。而且,企业社会责任两个因子和员工内部动机、外部动机同时对员工服务创新行为进行逐步回归后,内部社会责任与员工服务创新显著相关,但是其回归系数变小了。内部动机中介作用下,内部社会责任系数由 0.182 变为 0.114;外部动机中介作用下,内部社会责任系数由 0.182 变为 0.155,外部企业社会责任影响不再显著,回归系数也分别由 0.141 变至 0.086,0.141 变至 0.072,表明员工内外部动机在内部社会责任、外部社会责任对员工服务创新行为的影响上分别具有部分中介和完全效应。因此,假设 H4a、H4b、H4d、H4e 得到验证,假设 H4c 和 H4f 没有得到验证。

表 5-20　员工内部动机中介作用分析检验

变量　　项　目		因变量:服务创新行为								
		模型 1			模型 2			模型 3		
		非标准化系数	sig	t 值	非标准化系数	sig	t 值	非标准化系数	sig	t 值
常量		3.795	0.000	21.946	2.735	0.000	11.390	1.566	0.000	6.724
控制变量	学历	-0.055	0.236	-1.189	-0.067	0.114	-1.588	-0.067	0.052	-1.959
	工作年限	0.084	0.046	2.009	0.059	0.128	1.529	0.047	0.132	1.513
	工作行业	-0.004	0.809	-0.242	-0.005	0.768	-0.295	-0.001	0.936	-0.080

续　表

变量 项目		因变量:服务创新行为								
		模型1			模型2			模型3		
		非标准化系数	sig	t值	非标准化系数	sig	t值	非标准化系数	sig	t值
自变量	CSRi	0.182	**0.001**	3.292	0.114	**0.014**	2.484			
	CSRe	0.141	**0.027**	2.234	−0.086	**0.133**	−1.509			
	IM				.572	**.000**	9.331			
R		0.192[a]			0.469[b]			0.694[c]		
R^2		0.037			0.220			0.481		
调整 R^2		0.020			0.198			0.463		
F 值		2.246			9.820			26.743		
DW 检验					2.140					
VIF_{max}					2.017					

a. 预测变量:(常量)，wi，education，wy
b. 预测变量:(常量)，wi，education，wy，CSRi，CSRe
c. 预测变量:(常量)，wi，education，wy，CSRi，CSRe，IM
d. 因变量:IP

表 5 - 21　员工外部动机中介作用分析检验

变量 项目		因变量:服务创新行为								
		模型1			模型2			模型3		
		非标准化系数	sig	t值	非标准化系数	sig	t值	非标准化系数	sig	t值
常量		3.795	0.000	21.946	2.735	0.000	11.390	1.989	0.000	7.431
控制变量	学历	−0.055	0.236	−1.189	−0.067	0.114	−1.588	−0.053	0.176	−1.357
	工作年限	0.084	0.046	2.009	0.059	0.128	1.529	0.049	0.173	1.368
	工作行业	−0.004	0.809	−0.242	−0.005	0.768	−0.295	−0.003	0.843	−0.198
自变量	CSRi	0.182	0.001	3.292	0.155	0.003	2.997			
	CSRe	0.141	0.027	2.234	0.072	0.234	1.195			
	EM				0.294	0.000	5.118			
R		0.192[a]			0.469[b]			0.568[c]		
R^2		0.037			0.220			0.323		
调整 R^2		0.020			0.198			0.299		
F 值		2.246			9.820			13.735		

续　表

变量项目	因变量:服务创新行为								
	模型1			模型2			模型3		
	非标准化系数	sig	t值	非标准化系数	sig	t值	非标准化系数	sig	t值
DW检验				2.069					
VIF_{max}				1.735					

a. 预测变量:(常量),wi,education,wy
b. 预测变量:(常量),wi,education,wy,CSRi,CSRe
c. 预测变量:(常量),wi,education,wy,CSRi,CSRe,EM
d. 因变量:IP

第五节　研究结论与政策建议

一、研究结论

本章根据研究的基本框架,我们提出17个假设。经过实证分析,其中的12个假设得到验证,5个假设没有得到验证(见表5－22)。

表5－22　假设检验结果汇总表

研究假设	验证结果
H1:员工感知的企业社会责任对员工服务创新行为有显著正向影响得到验证	
H1a:员工感知的内部企业社会责任对员工服务创新行为有显著正向影响	验证
H1b:员工感知的外部企业社会责任对员工服务创新行为有显著正向影响	验证
H1c:员工感知的公共企业社会责任对员工服务创新行为有显著正向影响	未验证
H2:员工动机对员工创新行为有显著正向影响得到验证	
H2a:员工内部动机对员工服务创新行为有显著正向影响	验证
H2b:员工外部动机对员工服务创新行为有显著正向影响	验证
H3:员工感知的企业社会责任对员工动机有显著正向影响	
H3a:员工感知的内部企业社会责任对员工内部动机有显著正向影响	验证
H3b:员工感知的外部企业社会责任对员工内部动机有显著正向影响	验证
H3c:员工感知的公共企业社会责任对员工内部动机有显著正向影响	未验证
H3d:员工感知的内部企业社会责任对员工外部动机有显著正向影响	未验证

研究假设	验证结果
H3e:员工感知的外部企业社会责任对员工外部动机有显著正向影响	验证
H3f:员工感知的公共企业社会责任对员工外部动机有显著正向影响	验证
H4:员工动机在员工感知的企业社会责任与员工服务创新行为之间起到中介作用	得到验证
H4a:员工内部动机在员工感知的内部企业社会责任与员工服务创新行为之间起到中介作用	部分验证
H4b:员工内部动机在员工感知的外部企业社会责任与员工服务创新行为之间起到中介作用	验证
H4c:员工内部动机在员工感知的公共企业社会责任与员工服务创新行为之间起到中介作用	未验证
H4d:员工外部动机在员工感知的内部企业社会责任与员工服务创新行为之间起到中介作用	部分验证
H4e:员工外部动机在员工感知的外部企业社会责任与员工服务创新行为之间起到中介作用	验证
H4f:员工外部动机在员工感知的公共企业社会责任与员工服务创新行为之间起到中介作用	未验证

（一）内外部企业社会责任对员工服务创新行为有显著影响,公共社会责任影响不显著

首先,我们探讨企业社会责任对员工服务创新行为的影响,分别从企业社会责任的三个维度进行说明。内部企业社会责任和外部企业社会责任对员工服务创新行为是有显著正向影响,这与假设一致。但企业社会责任的另一维度公共企业社会责任对员工服务创新行为没有显著影响。以往的研究认为的当企业履行公共企业社会责任时,员工对公共责任的感知会转化为对企业声誉的感知进而促进员工对组织的认可程度,增加员工的忠诚度,并激励员工做出促进企业绩效增长的创新行为。有可能是行业的选取差异导致了结果的不一致,因为本章的研究不同于以往对行业的选取,以现代服务业取代传统制造业。现代服务业员工更关注与自身有直接关联的利益对象,当企业履行内部企业社会责任时,必然直接关联到自身的利益,其行为也会随之受到影响。当企业履行外部企业社会责任时,相对于制造业员工,现代服务业员工与消费者和供应商等外部利益相关者有更多的接触和交流,自身有时也扮演着消费者的角色。因此,企业外部责任对员工的行为有一定影响。而企业的公共社会责任与员工利益没有明显关联,因此,其行为受到影响也较弱。

（二）内部动机受内、外部企业社会责任影响，外部动机受外部、公共社会责任影响显著

其次，探讨企业社会责任对员工动机的影响。由上文分析得出内部动机受到内部和外部企业社会责任的影响，而外部动机受到外部和公共企业社会责任的影响。根据心理学家赫兹伯格的双因素理论：内在因素（激励因子）与工作满意相关；外在因素（保健因子）与工作不满相关。如果将其运用到动机，可以解释为当企业履行与员工工作满意度相关的责任行为（如对员工自身、与员工息息相关的消费者责任）时，这些责任就成了员工行为的激励因子，能够提升员工满意度；当企业履行的责任行为与员工利益没有直接关联时（如对供应商、社区等的责任），这些行为可以提升企业形象，引发员工自豪感，但似乎也只能当做保健因子来刺激员工外部动机，降低员工的不满意度，缺乏对员工的直接激励，对员工工作满意度影响不明显，对员工内部动机影响不大。因此，研究结果和以往的研究有所偏差，可能是由于现代服务业员工更多的是看中直接的利益行为。外部动机是受一些外部激励因素引发，与员工直接相关的内部企业社会责任带来的是内部激励效应，对外部动机影响不显著。

（三）员工内外部动机对其服务创新行为都有显著影响

最后，探讨员工动机对员工服务创新行为的影响。参考以往文献，我们把员工动机分为内部动机和外部动机两个维度。通过研究发现内部动机和外部动机对员工服务创新行为均有显著正向影响，并且内部动机对员工服务创新行为的影响程度大于外部动机，这与 Amabile（2001）的结论一致。动机影响员工的行为，内部动机是激发员工行为最本质的因素，使得员工以积极的态度应对新的挑战。本章研究表明，外部动机对员工的服务创新行为的影响是正向的，这与前人的研究结论有偏差，Amabile（1985）认为外部动机负向预测员工服务创新行为，这可能是因为本研究选取的研究对象是现代服务业。服务业以"服务"为主体，"服务"的产量是不尽的，创新的源头也是不尽的。现代服务业在员工受到外在的酬赏激励时会更多地激发其服务创新行为，提升自身产量，从而提升企业业绩。

我们进一步的分析发现，员工动机在企业社会责任与员工服务创新行为之间起到一定的中介作用，内、外部动机在内、外部企业社会责任与员工服务创新行为分别起到部分和完全的中介作用。企业在履行社会责任的同时应当注意激发员工动机，从而使得员工创新行为得到充分激励。

二、政策建议

综合以上的分析结果,我们提出如下提升现代服务创新的政策建议。

（一）提高现代服务业企业的社会责任意识

现代服务业企业在制定战略时应当考虑利益群体之间的平衡性。为了提升商誉去做慈善,短时间内确实会在社会上收获一定的知名度,但以企业长久发展为目的,从员工角度出发的公司理念不可缺少。员工是企业最重要的资产,是企业高度关注的责任对象,对员工的内部企业社会责任的履行,能够直接影响到员工对企业的自我满足感,增强员工在企业之中的主人翁精神。现代服务业的员工频繁接触消费者与供应商,因此,企业对这些外部利益相关者的责任行为往往也会间接影响到企业员工的服务满意度。

（二）从激发员工动机的角度去革新员工服务创新激励机制

创新是现代服务业存在和发展的基本动力,员工作为服务的主体,是企业创新行为的源头。要促进员工的服务创新行为,企业应当注意激发员工的内、外部动机,尤其是内部动机,即企业应当以员工需求为出发点。根据马斯洛需求理论,员工的需求由低到高分别是"生理需求、安全需求、社交需求、尊重需求和自我实现需求"五类。不同的员工在不同时期有不同的需求,企业可以通过划分需求群体对员工进行激励,对于不同的需求对象采取不同的激励模式。对于关注生理和安全需求的员工,企业可以给予一定的薪酬福利;对于在意个人发展及企业内被认可程度的员工,在其任务达成后予以嘉奖和鼓励;为了满足员工更高层次的自我实现的需求,企业应当为每个员工制定切合自身的职业生涯规划,从而激发员工积极工作、努力创新的主动性。总而言之,激励行为应当满足员工真正的需求。

（三）建立有效的双向沟通机制

双向沟通渠道是企业和员工之间信任的桥梁。在员工创新过程中,企业应当适时关注员工参与情况。现代服务行业的员工作为企业的一线人员对客户需求有着充分的了解,因此,企业员工参与度在服务创新过程中发挥着极其重要的作用。畅通高效的沟通能够激励员工勇于献策,更能够使得企业不错过重要的发展机会。为了拓宽企业员工交流渠道,企业应当鼓励员工多提建议、多出点子,可以为员工设置提建议绿色通道,多召开员工座谈会等。

第六章 基于消费者视角的产品伤害危机对消费者信任和企业声誉的影响研究

第一节 问题的提出

一个企业丧失了道德就如同一个人丧失了灵魂。随着企业不诚信行为的增多,消费者对其的信任感会逐渐消失,结局注定只能"昙花一现",惨淡收场。苏轼曾有言"举大体而不论小事,务实效而不为虚名",当今社会又有多少企业能做到讲究实际效用,不图虚名厚利。三鹿集团就是一个反例,毒奶粉事件就是一件因企业缺乏道德底线造成的恶性事件。互联网时代,每天都有无数的信息充斥在我们周围,其中不乏有一些令人胆战心惊的事件:"砒霜门""毒豇豆""瘦肉精"等。这些事件的出现意味着企业危机的出现,也意味着消费者对商家信任的土崩瓦解。

互联网以及自媒体的繁荣发展加速了各种企业危机事件的曝光,很多知名大企业也遭遇了公众信任危机。2015 年 2 月,阿里巴巴遭到美国几家律所发起的集体诉讼,理由是阿里巴巴在 IPO 时隐瞒重大风险,没有充分披露假货交易的影响,误导了投资者。2016 年 10 月,三星集团发布的手机 Galaxy Note7 出现电池爆炸现象,极大地危害了全球消费者的生命安全,也对三星集团的经济效益和企业声誉造成了不可挽回的影响。随着企业危机事件的不断增多,其范围之广、影响程度之深,使得消费者逐渐怀疑企业的品牌能力和产品质量,这样的疑虑可能会给消费者带来更好的消费选择及消费体验,但无形中也置一些企业于品牌信任危机之中。

曾有学者调查研究发现,约六成以上的企业高层管理者在其职业生涯中遇到过产品伤害危机。频繁出现的产品危机其实质是企业违背商业伦理、诚信缺失的真实写照。追根溯源,这正是由于很多企业目光短浅,为了实现利润最大化、盲目追求经济效益而忽视社会责任的履行和社会效益造成的恶果。如果这种现象愈演愈烈,未来消费者受到的伤害只会越大,因此消亡的企业也会越多。

由此引发的一系列问题引起了学术界和企业界对企业社会责任的思考,也导致近年来关于企业社会责任的研究成为热点问题。

与国外一些主动履行社会责任的企业相比,我国很多企业主动意识较差,往往是在危机发生之后被动地承担企业社会责任。这种做法无异于亡羊补牢。Keh(2009)将履行企业社会责任看作一种重要的战略资源,以此来提高竞争优势,从而维护企业声誉。由此可知,企业积极主动地承担社会责任,不仅可以提高其在舆论公众心里的社会形象和地位,同时增加消费者信任感,对企业声誉的增加也有裨益,有利于企业的长足发展。

"未雨绸缪""防患于未然"是针对于未发生的情况。对于已经发生的危机来说,最重要的就是弥补消费者对企业能力的感知下降和修复信任感下降的问题。如果解决不好,就会对消费者的购买意愿产生影响,进而破坏企业声誉。因此,企业要如何应对产品伤害危机和品牌危机?消费者感知的企业履行社会责任的能力是否会影响企业声誉、是否会影响其对产品的信任?本章从消费者的视角分析,一旦出现产品危机,企业在危机发生之前的社会责任表现是怎样影响消费者的产品信任感,怎样影响企业的声誉(王梦雅,2016)。

第二节　理论分析框架与假设

一、理论分析框架

根据产品伤害危机理论和企业社会责任理论,提出伤害危机严重程度和企业反应对消费者感知企业能力的影响,进而构建对消费者信任和企业声誉影响的理论分析框架(见图6-1)。

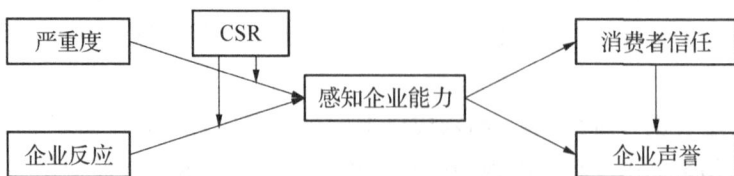

图6-1　理论分析框架

（一）产品伤害危机和消费者信任

对于企业来说，消费者信任是一种宝贵的无形资源，它不仅包括对产品服务的信任，还包括对企业本身的信任。正是基于这种信任，消费者的各种消费决策和消费行为才得以出现，而企业一旦出现产品伤害危机，消费者信任就会受到最直接的损坏。据此，国内外学者针对企业如何通过稳定消费者信任来走出危机，提出了消费者信任修复理论。Kim 等人（2004）认为，信任修复分为两个方面，一方面是要缓解已经产生的负面效应及影响，但更为重要、也更加困难的是重新建立一种积极的预期。随着西方学者对信任修复研究的不断深入和积累，这类研究已较为成熟，有三个比较完善的信任修复模型：归因修复模型、动态双边修复模型和四阶段修复模型。以心理学家 Weiner 的情绪与动机归因模型为基础，Tomlinson & Mayer（2009）认为如果信任者对被信任者的可信认知受到破坏，那么信任者会自觉寻找产生破坏的原因。关于信任修复方面的研究，Kim、Dirks & Cooper（2009）基于认知角度、人际互动的角度提出双边动态理论。他们认为，信任修复过程不是单方面行为，而是取决于双方为修复信任各自采取的行动以及信任者对被信任者修复信任行为的抵制程度。Gillespie & Dietz（2009）提出四阶段信任修复模型，由于组织可信性受到内因和外因的影响，故将组织信任的修复过程分为及时反应、诊断原因、实施干预以及评估反馈四个阶段。关于信任修复策略，中国学者陶蕊（2011）提出信息性修复、情感性修复和纠正性修复三类策略，以上三种信任修复均对消费者的信任意愿、信念和信任有正向作用。

（二）企业社会责任和消费者信任

关于消费者信任的维度，Mayer（1995）等人分成专业知识的能力信任、正直信任和善意信任三个维度，并详细阐释了这三个维度与企业社会责任活动的四种类型的预期关系。能力信任是消费者所持有的一种信念，是关乎于企业具备一定的能力和技术进行生产、传播商品的一种信念，一些必要的商业功能可以通过这种信念有效体现（McKnight 等，2002）。作为消费者来说，他们期待企业具有满足其消费意愿的生产产品的能力，同时希望企业利用获得的丰厚利润进行再投资。随着生产商操作能力与专业知识能力的提高，消费者的信任会得到增强，这也促使企业履行经济责任与消费者信任之间产生一定的联系（Sirdeshmukh 等，2002）。正直信任是企业对价值和行为一致性证明以及坚持公平道德标准的消费者信念（Mcknight 等，2002）。由正直信任的定义可知，如果企业想要获得消费者的这种信任,不仅要履行法律责任,还要实现道德责任。善意信任是指企业真正涉及社会福利的保留与提高的一种消费者信念(Mcknight 等,2002)。当企业家举行慈善活动时,绝大部分的消费者不会从中获得直接利益,但他们依然会对那些将资金与资源投入社会的企业保持高度的赞赏与好感。因此,当企业在发展消费者善意信任的过程中,适时地传达社会责任活动的动机与目的是十分重要的(Morales,2005)。

(三)企业能力和消费者信任

消费者信任产生于当一方在交换过程中对另一方的真实和真诚充满自信,并相信另一方会按照承诺履行时。在如今商业经济迅猛发展的时代,各种商业交易五花八门,由此产生的各种危险性与不确定性大大增加,更加凸显了信任的重要性。根据社会心理学和市场营销学相关理论可知,消费者信任的发展源头有三个:能力、善意和正直。其中,能力是指被信任者拥有的技术和专业技能等;善意是指被信任者真实关心另一方利益的可能性;正直指的是信任方的真诚与诚实。一般来说,企业能力感知与企业能力直接相关,对于如何评估企业善意与正直,企业社会责任感知则是有效评估的重要方法。致力于实现社会责任的企业往往都是正直诚实、值得信任的,因为消费者可以透过企业社会责任来看清企业的价值体系与灵魂。Vlachos 等(2009)发现消费者信任可以作为一种道德价值建设来评估企业社会责任绩效。

(四)企业社会责任和企业声誉

企业在履行社会责任来提高社会幸福度的同时,企业自身形象得到提升(Brown & Dacin, 1997;Sen & Bhattacharya, 2001)。企业声誉指的是消费者眼中企业所具有的尊敬程度,这种尊敬感是消费者通过审视所获得的企业声誉信息或者对产品的亲身体验感来获得的。经文献资料分析与总结可知,当今学术界对企业社会责任和企业声誉的研究已经较为成熟。

企业声誉是企业的无形资产,它包括很多方面,其中,企业社会责任是企业声誉的关键方面之一。由企业社会责任的金字塔模型可知,企业整体声誉会对其经济效益产生直接影响或间接影响(Rose & Thomsen, 2004),经济效益也会影响企业声誉。Poter 和 Kramer(2002)认为实施经济或非经济的企业社会责任作为一种战略性操作,能够帮助建立企业声誉。当企业履行经济责任时,必须要遵从法律的约束,随着一些企业丑闻事件的层出不穷,这些不当行为造成最直接的影响便是企业主推产品的灭亡。因此,企业一旦做出违法行为,就会令消费者对其产生消极态度,接着企业的声誉也会遭到损害。Baucus(1997)研究发现,与不存在违法行为时的销售相比,当企业被揭露存在违法行为时,其销售会大大减少。比起法律责任,企业道德受到伦理道德责任的影响则更强。Smith 和Quelch(1993)认为在伦理道德责任方面,企业的宗旨是保证其行为不损害个人或广大群众的利益。Bendixen 和 Abratt(2007)研究证明,消费者对企业伦理道德行为的认知对企业声誉有正向影响。Creyer 和 Ross(1997)研究发现,对于那些负有道德责任的企业,消费者愿意以支付高昂的价格购买企业产品的方式进行回报。Williams 和 Barrett(2000)研究发现,如果企业曾经有过慈善捐赠并以此履行社会责任,那么,当其陷入违背道德或法律的困境时,慈善捐赠不仅可以降低危机影响的消极程度,还可以挽回企业声誉。

二、研究假设

根据需要探讨的问题和理论分析框架,本书基于相关文献提出假设。

（一）危机严重度、企业反应和感知企业能力

关于企业能力的定义,不同的学者依据研究内容给出了不同的定义。Bhattacharya(2006)认为企业能力是企业所拥有的专业能力和竞争力,如对已有产品或服务的开发能力和研发新产品的创新力。与 Bhattacharya 的定义相似,Kim(2011)认为企业能力是一种专业能力,它代表着一个企业能够生产高质量产品。也就是说,消费者会对根据企业产品质量的好坏,对企业能力做出直接的判断。Biehal(2007)认为消费者对企业和产品的评价会受到企业能力的直接影响。当一个企业出现产品伤害危机时,用来评估危机严重度的指标通常有消费者受伤害的程度和周围环境受到波及的程度。Zyglidopoulos(2002)通过实证研究发现危机的严重度会对利益相关者的情感回应产生影响,与低危机情况相比,企业在高危机情况下更得不到消费者的青睐。因此,我们提出假设:

H1:危机的严重度与感知企业能力呈负相关关系,危机越严重,感知企业能力越差。

企业能力包括内部能力和外部能力,内部能力如生产产品质量和服务,外部能力如市场地位等。企业处于危机情境时会出现不同反应,也从侧面反映出承担责任意愿的大小。Siomkos(1999)指出消费者会根据这种意愿的强弱来决定是否对企业形成一个正向的感知认识。因此,我们提出假设:

H2：企业反应与感知企业能力呈正相关关系，企业反应代表了企业接受危机意愿的强烈程度，接受意愿越强，感知企业能力越强。

（二）感知企业能力与消费者信任、企业声誉

Sako(1992)认为任何重复的商业交易活动都是以企业能力的信任为前提的。Doney 和 Cannon(1997)经研究发现，企业专业能力是否显著会决定消费者信任的强弱，企业能力较高的企业能够生产高质量的产品、提供更好的服务，相应也会提升企业信誉。由社会认同理论可知，消费者更愿意和具备良好企业能力的企业进行交易，因为这些企业可以满足他们自我实现的需要。因此，我们提出如下假设：

H3：感知企业能力与消费者信任呈正相关关系，感知企业能力越强，消费者信任越高。

H4：感知企业能力与企业声誉呈正相关关系，感知企业能力越强，企业声誉就越好。

（三）消费者信任与企业声誉

Zucker(1986)提出声誉的核心是信任，所以声誉是形成人际信任的重要因素，也是守信方的特征。Dowling(2004)认为，当企业做出令人信任的行动时，企业声誉也会随之建立，企业声誉越好，人们对企业的信心越大。Meskaran(2010)对 B2C 电子商务企业下的消费者信任前因和信任结果进行了研究，发现消费者信任的前驱因素是其所感知的企业声誉。可是一旦出现产品伤害危机，企业与消费者过去所建立的良好信任关系就会遭到破坏，也会损害企业声誉，因此，我们提出假设如下：

H5：消费者信任与企业声誉成正相关关系，消费者信任越高，企业声誉就越好。

（四）感知企业能力的中介作用

消费者对企业能力的感知不是一成不变的，当出现产品伤害危机时，消费者对企业能力的感知就会产生变化，这是因为危机情境会导致消费者对企业产品质量或服务认可度的降低。如果消费者拥有正向的感知企业能力，那些关于企业负面信息的消极感知就会减少。感知企业能力是引发消费者行为的先决条

件,包括营销能力、研发能力和经营能力等。产品或服务的质量是消费者是否出现消费意向与是否实施消费行为的关键决定因素,这也得到了很多学者的证实。Mayer(1995)等人的概念模型将企业能力或者是能够使企业在某些方面受到影响的技术、能力组织等,作为信任的一个重要因素。Sako(1992)认为任何重复的商业交易活动都是以企业能力的信任为前提条件的。Doney 和 Cannon(1997)认为企业的专业能力在很大程度上决定了消费者是否对企业信任。通常而言,消费者需要的高质量产品和服务是由高企业能力的企业所提供的,这不仅能够促使消费者提高对企业声誉认知的程度,也可以提高企业交易谈判的可靠性。根据社会认同理论,由于具有高企业能力的卖家能够帮助消费者实现自我认知过程、满足自身特殊性需要,所以,消费者更愿意和这种企业进行交易行为(Bhattachary and Sen,2003)。据此,我们提出以下假设:

H6a:感知企业能力在危机严重度和消费者信任之间起到中介作用。

H6b:感知企业能力在企业反应和消费者信任之间起到中介作用。

H7a:感知企业能力在危机严重度和企业声誉之间起到中介作用。

H7b:感知企业能力在企业反应和企业声誉之间起到中介作用。

(五) 企业社会责任的调节作用

关于企业社会责任的调节作用,很多学者已经进行了深入研究,当出现危机情境时,企业社会责任与消费者行为呈现正相关关系。Henderson(2007)研究发现企业社会责任不仅可以减少产品伤害危机带来的伤害,还可以减少消费者对企业的感知责任。Klein 和 Dawar(2004)认为消费者进行产品伤害危机的责任归因时,会受到企业社会责任的影响。即使产品伤害危机发生,对于已经被认可的、具有很好的社会感知责任的企业,消费者也不太会相信是产品发生危险,他们更愿意通过积极的响应来产生新的购买欲望。先前的研究结果:高声誉和高企业社会责任的企业能够在危机发生时保护企业的形象。消费者在看待一个承担社会责任的企业陷入产品伤害危机困境时,他们往往倾向于遗忘,即遗忘这次危机。不仅如此,消费者还极有可能出现对新产品的购买行为。最近的研究表明,相较于以往的想法,如今消费者对企业社会责任究竟如何响应已变得更复杂。消费者所感知的企业社会责任会对信任所带来的消极影响以及企业品牌形象造成影响,起到减少或增强的作用。Berens 等(2007)研究表明消费者持有公司的股份会使得两者之间的关系更个人化,这也使得在危机情境下企业社会责任的调节作用更加显著。其他学者也同样认为企业承担社会责任可以缓解产品

伤害危机的严重性。因此,我们提出以下假设:

H8a:企业社会责任在危机严重度和感知企业能力之间起调节作用。

H8b:企业社会责任在企业反应和感知企业能力之间起调节作用。

(六)企业社会责任对企业反应和感知企业能力的影响

消费者信任和企业的声誉会随着企业在危机中采取的反应策略变化而变化。Siomkos(1989)将企业应对策略分为主动召回策略、积极承担责任策略、坚决否认策略和强制召回策略。当出现危机时,消费者更看好企业采取主动召回策略和积极承担责任策略,而不是坚决否定和强制召回策略。如果企业积极主动地承担责任,这不仅会让消费者对其产生积极影响,还会刺激消费者产生新的购买意愿并付诸实际消费行动。Dawar(2000)对企业反应行为与品牌资产变动之间的关系进行了实证研究,发现当出现产品伤害事件时,不同的企业反应行为会对品牌资产变动产生差异化影响。李海廷(2013)将危机反应策略分为三种:明确承担、模棱两可、明确不承担。实证研究发现对企业自身来说,不管社会责任积极还是消极,明确承担责任都是其最好的选择。方正(2007)通过实证研究发现,辩解策略是企业最好的应对策略,最差的是和解策略,缄默策略和攻击策略的效果则优劣参半。Bradford(1995)指出,在一定条件下,最佳的沟通策略可能是积极承担责任的。对于企业来说,如果不具备充分的信息证明其确实不是危机事件的主要诱因,否则企业采取坚决否认策略时,消费者很大概率会认为企业正在实施欺骗行为,而对企业产生不良印象。当企业强制召回产品时,说明企业面对危机时并无不作为,与坚决否认策略相比,采取措施的行为使得消费者情感有所缓和。而企业采取主动召回策略时,就意味着无论哪一方导致了危机的发生,企业对事件危害的应对具有一定的主动性。因此,我们根据对企业反应的划分以及企业社会责任的高低分组,提出如下假设:

H9a:与消极的社会责任水平相比,若企业采取积极的社会责任行为,同样的企业反应方式会产生更高水平的感知企业能力。

H9b:在积极的企业社会责任水平下,与企业坚决否认的反应方式相比,若企业采取强制召回的反应方式,则会带来更高的感知企业能力。

H9c:在积极的企业社会责任水平下,与企业强制召回的反应方式相比,若企业采取主动召回的反应方式,则会带来更高的感知企业能力。

H9d:在积极的企业社会责任水平下,与企业主动召回的反应方式相比,若企业采取积极承担责任的反应方式,则会带来更高的感知企业能力。

H9e：在积极的企业社会责任水平下，与企业坚决否认的反应方式相比，若企业采取积极承担责任的反应方式，则会带来更高的感知企业能力。

H9f：在消极的企业社会责任水平下，与企业坚决否认的反应方式相比，若企业采取强制召回的反应方式，则会带来更高的感知企业能力。

H9g：在消极的企业社会责任水平下，与企业强制召回的反应方式相比，若企业采取主动召回的反应方式，则会带来更高的感知企业能力。

H9h：在消极的企业社会责任水平下，与企业主动召回的反应方式相比，若企业采取积极承担责任的反应方式，则会带来更高的感知企业能力。

H9i：在消极的企业社会责任水平下，与企业坚决否认的反应方式相比，若企业采取积极承担责任的反应方式，则会带来更高的感知企业能力。

第三节　研究设计与数据收集

一、研究对象

本书的研究对象是使用手机的用户，选择原因如下：第一，由于现有研究大多针对食品行业，学者对手机行业的危机研究较少；第二，如今智能手机盛行，消费者对手机已经足够熟悉，在设置问卷情境时易于理解；第三，手机作为重要的电子消费产品，手机行业暴露的问题越来越多，例如苹果手机 IOS 系统缺陷、部分手机泄露个人隐私问题，这些与消费者的使用体验息息相关，所以得到了很多关注。

二、情景设计

本研究基于实验经济学的研究方法，设置相应情景，以此研究在不同的危机情境和企业反应策略下，消费者对产品信任和企业声誉的影响。

本研究涉及的变量包括危机情境的严重度、企业反应、企业社会责任、感知企业能力、消费者信任和企业声誉。本研究采取三因素组间设计。危机严重度分为两个水平："严重"和"非常严重"。企业反应根据 Simokos（1994）的研究将其分为四个水平："积极承担责任""主动召回""强制召回"和"坚决否认"。企业社会责任分为两个水平:"高 CSR 水平"和"低 CSR 水平"。

在实验情境的组合中,首先将"危机严重度"和"企业反应"两个变量进行组合,形成八个实验情境,然后根据企业社会责任水平的高低,分别和这八个实验情境进行组合,最终形成 2(危机严重度:严重和非常严重)×4(企业反应:积极承担责任、主动召回、强制召回、坚决否认)×2(企业社会责任:高 CSR 和低 CSR)共 16 个实验情境组。

三、测量指标设计

(一)危机严重度和企业反应的测量

在本研究中,危机的严重度分为"严重"和"非常严重"两个水平;企业反应包括"积极承担责任""主动召回""强制召回"和"坚决否认"四个水平。实验采取组间设计,自变量的各个情境组合均置于模拟情境中。

对于两个变量如何进行检验,在问卷中设计了相关的问题。在检验危机严重度时,被试者需要回答下列问题:① 如果问题发生在我身上,我会觉得这很严重;② 如果问题发生在我身上,我会很愤怒。得到数据后,将对该变量的量表进行信度检验,信度检验通过后,可以将这两个问题合成一个操作检验变量。指标题项的合成通过因子分析中获取的因子得分进行加权平均所得。该变量的取值高低反映了被试者对该实验情境中危机严重度的感知。当取值越高时,则被试者认为该实验情境中事件的危机越严重,反之,则越不严重。

之所以对企业反应进行检验,是为了研究企业在危机发生后承担责任意愿的强弱。问卷共设计三个问题:① X 公司的言行表述了对这次事件的歉意;② X公司主动承担了责任;③ X公司有强烈的意愿承担责任。得到数据后,将对该变量的量表进行信度检验,信度检验通过后,可以将这三个问题合成一个操作变量。指标题项的合成通过因子分析中获取的因子得分进行加权平均所得。同样,该变量的取值高低反映了被试者对该实验情境中企业反应的感知,取值越高,说明被试者越能够感知到企业愿意承担责任,反之则越不能感知到。

采用李克特的 5 点量表法对危机严重度和企业反应两个变量进行测量,量表等级分别为完全不同意、比较不同意、一般、比较同意、完全同意。处理数据时,对量表等级的完全不同意到完全同意依次赋值 1 到 5。基于研究需求和中文情境,对量表指标的描述做了一定的修改。指标来源如表 6-1 所示。

表 6 - 1 自变量指标和指标来源

变　量	指　标	来　源
危机严重度	如果问题发生在我身上,我会觉得这很严重	Lori(2003)
	如果问题发生在我身上,我会很愤怒	Lori(2003)
	X公司的言行表述了对这次事件的歉意	Coombs(2000)
企业反应	X公司主动承担了责任	Coombs(2000)
	X公司有强烈的意愿承担责任	Coombs(2000)

(二)企业社会责任的测量

本研究中企业社会责任作为调节变量。在模拟情境中包含高企业社会责任和低企业社会责任两个水平。这两个水平分别与自变量进行组间设计,放入实验情境中。对于企业社会责任的检验,问卷设计了六个问题,分别为:① X公司大力支持公益事业;② X公司的行为对环境负责;③ X公司积极关注环境问题;④ X公司积极履行社会责任;⑤ X公司用行动积极回馈社会;⑥ X公司以一种对社会负责的方式经营。被试者根据模拟情境中的企业社会责任描述,根据自身感受回答这六个问题。得到数据后,进行信度检验,信度检验通过后,可以将这六个问题合成一个操作测量指标。指标题项的合成通过因子分析中获取的因子得分进行加权平均所得。该变量的取值高低表明了被试者对模拟情境中企业的社会责任表现的感知,取值越高,说明被试者感知的模拟情境中企业承担的社会责任越大,反之,则越小。

调节变量的测量同样采取李克特的5点量表法,分别对完全不同意到完全同意依次赋予1到5的分值。关于企业社会责任量表指标的来源如表6-2所示。对于量表指标的描述,本研究根据研究需要以及中文习惯做了相应修改。

表 6 - 2 调节变量指标和指标来源

变　量	指　标	来　源
企业社会责任	X公司大力支持公益事业 X公司的行为对环境负责 X公司积极关注环境问题 X公司积极履行社会责任 X公司用行动积极回馈社会 X公司以一种对社会负责的方式经营	Klein & Dawar(2004); Curra's-Pe'rez et al(2009)

(三)感知企业能力的测量

本研究中对于感知企业能力测量,采取试者在阅读完模拟情境后,通过自我报告的形式进行测量。感知企业能力的测量指标有以下五个方面:① 我认为 X 公司能够提供高质量的产品;② 我认为 X 公司是一个强大、可信赖的公司;③ 我认为 X 公司是具有专业能力的;④ 我认为 X 公司是该行业的市场领导者;⑤ 我认为 X 公司在产品研发上有很好的创新性。被试者根据模拟情境的阅读和感知,分别对这五个题项进行作答。得到数据后,进行信度检验,检验通过后,则可以将这五个题项合成一个测量变量。指标题项的合成通过因子分析中获取的因子得分进行加权平均所得。该变量的测量依据李克特的 5 点量表法,分别从完全不同意到完全同意进行赋值,赋予 1 到 5 分。该变量的取值高低表明了被试者对模拟情境中的 X 企业感知的企业能力大小。得分越高,表示被试者对 X 企业感知的企业能力越大,反之则越小。感知企业能力的测量指标来源如表 6-3 所示。对于测量指标的描述,根据研究需求和中文习惯做了相应修改。

表 6-3　中介变量指标和指标来源

变　量	指　标	来　源
感知企业能力	我认为 X 公司能够提供高质量的产品 我认为 X 公司是一个强大、可信赖的公司 我认为 X 公司是具有专业能力的 我认为 X 公司是该行业的市场领导者 我认为 X 公司在产品研发上有很好的创新性	Chieh-Peng Lin et al(2011)

(四)消费者信任和企业声誉的测量

本研究的结果变量是消费者信任和企业声誉,是通过被试者在阅读完模拟情境后所做出的自我报告形式来测量的。为了测量消费者信任,问卷设计了五个指标,分别为:① 事件发生后,我相信 X 公司是有能力保证其产品和服务质量的;② 事件发生后,我认为 X 公司是值得信任的;③ 事件发生后,我相信 X 公司具有正确的原则指导其经营行为;④ 事件发生后,我相信 X 公司是对消费者负责任的;⑤ 事件发生后,我相信 X 公司的回应是诚实的。被试者根据模拟情境的阅读和感知,分别对这五个题项进行回答。对数据进行信度检验,检验通过后,则可以将这五个题项合成一个测量变量。合成的指标题项通过因子分析中获取的因子得分进行加权平均所得。该变量与被试者对 X 企业信任具有直接关系,当其取值越高时,被试者对 X 企业的信任程度越高,反之则越低。

本研究通过三个维度对企业声誉进行测量:企业产品和服务、企业信誉和企业前景。为了测量企业产品和服务,问卷设计了四个指标:① X 公司关心消费者的需求;② X 公司为了使公众满意而不怕麻烦;③ X 公司具有高质量的产品/服务;④ X 公司重视消费者的投诉和抱怨。问卷设计四个指标来测量企业信誉,分别为:① X 公司是可靠的;② X 公司依旧值得信赖;③ X 公司的产品和服务依旧值得信赖;④ X 公司的产品和服务是可靠的。问卷设计了五个指标对企业前景进行测量:① X 公司的管理水平很高;② X 公司具有很强的经营和获利能力;③ X 公司有长远持久发展的能力;④ X 公司能够吸引优秀人才;⑤ X 公司成长潜力很大。

与调节变量的测量一样,还是采用李克特的 5 点量表法对结果变量进行测量,分别从完全不同意到完全同意对量表问题项进行 1 到 5 分赋值。具体的量表指标来源见表 6-4 所示。对于测量指标的描述,根据研究需求和中文习惯做了相应修改。

表 6-4　结果变量指标及指标来源

变　量	指　标	来　源
消费者信任	事件发生后,我相信 X 公司是有能力保证其产品和服务质量的 事件发生后,我认为 X 公司是值得信任的 事件发生后,我相信 X 公司具有正确的原则指导其经营行为 事件发生后,我相信 X 公司是对消费者负责任的 事件发生后,我相信 X 公司的回应是诚实的	Sirdeshmukh et al (2002)
企业声誉		
产品/服务	X 公司关心消费者的需求 X 公司为使公众满意而不怕麻烦 X 公司具有高质量的产品/服务 X 公司重视消费者的投诉和抱怨	Manfred（2004）; Coombs（2000）; Fombrun（2000）; Sudhaman(2004);
企业信誉	X 公司是可靠的 X 公司依旧值得信赖 X 公司的产品和服务依旧值得信赖 X 公司的产品和服务是可靠的	Lee(2005); Dowling(2004); Lori(2003)

续　表

变　量	指　标	来　源
企业前景和吸引	X 公司的管理水平很高 X 公司具有很强的经营和获利能力 X 公司有长远持久发展的能力 X 公司能够吸引优秀人才 X 公司成长潜力很大	Lori（2003）；《财富》之 AMAC 评价指标；Sylvia（2000）；Lori（2003）；Fombrun（1998）；Dowling（2004）

四、数据收集过程

以设计的情景调查问题为基础进行了本次数据的收集（详细的问卷见本书附录 3 和附录 4）。数据收集包括两个阶段：预备实验和正式实验。为了完善实验情境描述以及为量表改进提供参考意见，选择南京某高校的 32 名硕士研究生参加预备实验阶段。在正式实验阶段，为了主试人员能对实验过程中突发事件拥有较好的控制力，首先对 4 名主试人员进行实验全流程的培训，然后由他们进行逐一走访，走访对象为南京高校 40 个理工实验室（每个实验室 8—12 人），分别对每个实验室人员进行集中问卷调查，发放饮料给完成问卷的人员以表示感谢。虽然主试人员参与了整个调研过程，但他们只是根据实验规定的流程对被试者进行测试，对于实验的实际目的是一无所知的。如果研究者亲自对被试者进行测试，可能会出现具有针对性的引导。因此，由主试人员参与这个测试过程就有效避免了这个问题。在问卷过程中应该尽量减少周围环境的干扰，而此次调查过程的主要地点是实验室，有效增加了环境集中性，减少环境干扰。为了确保实验结果的准确，实验一旦开始，每个被试者都需要独立完成问卷，即在填写问卷的过程中禁止交流。

第四节　实证分析结果

一、样本信息描述

本次实验总共发放了 20 套问卷（每套 16 组），共 320 份问卷全部回收。其中,2 份未完成问卷,21 份随意填答问卷,8 份缺失项过多问卷,共 31 份无效问卷均被舍弃。有效问卷 289 份,有效率为 90.3%(见表 5-5)。关于有效问卷的被试者性别比例上,女生 102 人,占 35.3%;男生 187 人,占 64.7%。之所以男女差别过大,是因为该校为理工类高校,男女比例本就悬殊。关于被试者的年龄,有 118 人小于 25 岁,占 40.8%;有 171 人大于 26 岁,占 59.2%。关于被试者学历,其中,本科学历 90 人,占 31.1%。研究生 199 人,占 68.9%。被试者的简单信息统计如表 6-5 所示,样本分布信息如表 6-6 所示。

在问卷第一部分基本信息中,还涉及被试者对手机爆炸事件的了解程度,以及对企业社会责任的关注度和关注原因。关于对手机爆炸事件的了解程度,3 人曾有相似经历,占 1.0%;55 人熟悉但无类似经历,占 19.0%;11 人从未听说过,占 3.8%;220 人听说过但不太了解,占 76.1%。以上数据说明,有 96.2% 的被试者听说过手机爆炸事件。由企业社会责任的关注度统计可知,有 27 人对企业社会责任从不关注,占 9.3%;120 人偶尔关注,占 41.5%;80 人有时关注,占 27.7%;62 人经常关注,占 21.5%。此项统计说明对企业社会责任有所关注的被试者比例达到了 90.7%。

表 6-5 被试者基本特征统计表

人口统计变量		人 数	百分比(%)
性别	男	187	64.7
	女	102	35.3
年龄	25 岁以下	118	40.8
	25 岁以上	171	59.2
学历	本科	90	31.1
	本科以上	199	68.9

表 6-6 实验组与样本分布

组 别	样本数	有效样本数	变量与水平		
			危机严重度	企业反应	企业社会责任
LL1	20	16	低	坚决否认	低
LL2	20	14	低	主动召回	低
LL3	20	18	低	强制召回	低
LL4	20	19	低	积极承担	低
LH1	20	14	高	坚决否认	低
LH2	20	20	高	主动召回	低

续　表

组　别	样本数	有效样本数	变量与水平		
			危机严重度	企业反应	企业社会责任
LH3	20	18	高	强制召回	低
LH4	20	19	高	积极承担	低
HL1	20	19	低	坚决否认	高
HL2	20	18	低	主动召回	高
HL3	20	20	低	强制召回	高
HL4	20	18	低	积极承担	高
HH1	20	20	高	坚决否认	高
HH2	20	20	高	主动召回	高
HH3	20	19	高	强制召回	高
HH4	20	17	高	积极承担	高

二、信度和效度检验

本研究采取结构方程模型对理论模型的假设进行检验分析。陈业玮（2009）认为可以从单一变量信度、建构信度、聚合效度和建构效度四个方面检验信度和效度。本书就采取这种方法对问卷量表进行信效度检验，具体检验步骤如下：

（1）通过对单一变量的多元相关的平方作为量表信度的检验，即变异比率 R^2 作为个别测量变量的信度系数。随着变异比率 R^2 值的增大，说明潜在变量可以解释测量指标的变异量越大。当模型中单一测量指标的信度大于 0.55 时，说明模型的内在质量检验良好（吴明隆，2009）。

（2）关于潜在变量的信度指标检验，选择组合信度或建构信度（Construct Reliability）来检验，模型内在质量的高低可以使用潜在变量的组合信度进行判断。模型内在质量理想的评判标准为建构信度值是否达到 0.60，当大于 0.60 时，模型的内在质量就是理想的。

（3）关于模型聚合效度的检验，运用平均方差抽取量指标（AVE）来检验。AVE 能够直接显示被潜在构念所解释的变异量有多少来自测量误差，平均方差抽取量越大，指标变量被潜在变量构念解释的变异量百分比越大，相对的测量误差就越小，一般的判别标准是平均方差抽取量要大于 0.50。

（4）关于建构效度的检验，采用模型适配度评鉴指标。适配度指标包括：卡方值显著性水平高于 0.05；卡方自由度比小于 5.0；拟合指数 GFI、AGFI、NFI、IFI、CFI 各指数达到 0.9 的最低水平；RMSEA 近似误差均方根低于 0.1 标准。

(一)企业社会责任测量模型的检验

表6-7和表6-8为企业社会责任测量模型的信度和效度分析结果。由两表可知,企业社会责任测量模型的六个观察变量的变异比率 R^2 均大于 0.50,证明了六个观察题项能够很好地解释企业社会责任这个潜变量。企业社会责任测量模型的建构信度为 0.983,大于 0.60,说明各题项之间内部一致性较高。从平均方差抽取量可以看出 AVE 为 0.903,大于 0.50,说明模型聚合效度良好。同时,从模型的各项适配指标来看,都满足了指标标准,说明模型具有良好的建构效度。因此,根据结构方程模型信效度检验标准,企业社会责任测量模型通过了信效度检验。

(二)危机严重度测量模型的检验

表6-9反映了危机严重程度测量模型的信度和效度结果。由表6-9可以看出,危机严重度测量模型的两个观察变量的变异比率 R^2 均在 0.50 以上,说明两个观察题项对企业社会责任这个潜变量有很好的解释作用。从建构信度可以看出,危机严重度测量模型的建构信度为 0.845,大于 0.60,说明各题项之间有很好的内部一致性。从平均方差抽取量可以看出 AVE 为 0.731,大于 0.50,说明模型有良好的聚合效度。同时,由于目前的测量模型属于饱和状态,模型的各项适配指标均满足指标要求,说明模型具有良好的建构效度。因此,根据结构方程模型专门的信效度检验标准,危机严重度测量模型通过了信效度检验。

表6-7 企业社会责任测量模型信度和效度分析

潜变量	观测变量	变异比率 R^2	建构信度(CR)	AVE
企业社会责任	CSR-1	0.901	0.983	0.903
	CSR-2	0.903		
	CSR-3	0.896		
	CSR-4	0.910		
	CSR-5	0.919		
	CSR-6	0.894		

表6-8 企业社会责任测量模型效度分析结果

指　标	CMIN/DF	GFI	AGFI	NFI	IFI	CFI	RMSEA
	2.632	0.973	0.938	0.992	0.995	0.995	0.075

表6-9 危机严重度测量模型信度和效度分析

潜变量	观测变量	变异比率 R^2	建构信度(CR)	AVE
危机严重度	Danger-1	0.788	0.845	0.731
	Danger-2	0.674		

（三）企业反应测量模型的检验

表6-10反映了企业测量模型的信度和效度分析结果：三个观察变量的变异比率 R^2 均大于0.50，说明三个观察题项能很好地解释企业社会责任这个潜变量。各题项之间内部一致性较好，这可以从企业反应测量模型的建构信度为0.951，大于0.60看出。从平均方差抽取量可以看出 AVE 大于0.50，为0.866，说明模型有良好的聚合效度。同时，由于目前的测量模型属于饱和状态，模型的各项适配指标均满足指标要求，说明模型具有良好的建构效度。因此，根据结构方程模型专门的信效度检验标准，企业反应测量模型通过了信效度检验。

表6-10 企业反应测量模型信度和效度分析

潜变量	观测变量	变异比率 R^2	建构信度(CR)	AVE
企业反应	Response-1	0.813	0.951	0.866
	Response-2	0.909		
	Response-3	0.874		

（四）感知企业能力测量模型的检验

修正后的企业感知能力测量模型的信度和效度分析结果如表6-11所示，修正后的感知企业能力测量模型的四个观察变量的变异比率 R^2 均大于0.50，说明这四个观察题项能够很好地解释感知企业能力这个潜变量。从建构信度可以看出，感知企业能力测量模型的建构信度为0.911，大于0.60，说明各题项之间有很好的内部一致性。从平均方差抽取量可以看出 AVE 为0.720，大于0.50，说明模型聚合效度良好。同时，感知企业能力测量模型的适配指数均达到了适配标准。因此，修正后的感知企业能力测量模型通过了信效度检验（见表6-12）。

表 6 - 11　修正后的感知企业能力测量模型信度和效度分析

潜变量	观测变量	变异比率 R^2	建构信度(CR)	AVE
感知企业能力	CA-1	0.682	0.911	0.720
	CA-2	0.761		
	CA-3	0.749		
	CA-4	0.689		

表 6 - 12　修正后的感知企业能力测量模型效度分析结果

指　标	CMIN/DF	GFI	AGFI	NFI	IFI	CFI	RMSEA
	3.482	0.988	0.939	0.991	0.994	0.994	0.093

（五）消费者信任测量模型的检验

修正后的消费者信任测量模型的信度和效度分析结果如表 6 - 13 和表 6 - 14 所示,修正后的消费者信任测量模型的四个观察变量的变异比率 R^2 均在 0.50 以上,但 CT - 5 的变异比率十分接近 0.50,为 0.492。卢纹岱(2010)曾指出,由于测量本质的特性、外在干扰和策略误差等都会对社会科学量表产生影响,因此, R^2 值一般不会太高,所以 CT-5 也可勉强符合标准,即这五个观察题项均可以很好地解释感知企业能力这个潜变量。从建构信度可以看出,感知企业能力测量模型的建构信度为 0.891,大于 0.60,说明各题项之间内部一致性较高。从平均方差抽取量可以看出 AVE 为 0.623,大于 0.50,说明模型聚合效度良好。同时,消费者信任测量模型的适配指数也都达到适配标准。综上所述,修正后的消费者信任测量模型通过了信效度检验(表 6 - 14)。

表 6 - 13　修正后的消费者信任测量模型信度和效度分析

潜变量	观测变量	变异比率 R^2	建构信度(CR)	AVE
感知企业能力	CT-1	0.619	0.891	0.623
	CT-2	0.744		
	CT-3	0.705		
	CT-4	0.555		
	CT-5	0.492		

表 6 - 14　修正后的消费者信任测量模型效度分析结果

指　标	CMIN/DF	GFI	AGFI	NFI	IFI	CFI	RMSEA
	3.237	0.982	0.934	0.985	0.990	0.990	0.088

（六）产品和服务测量模型的检验

修正后的产品和服务测量模型的信度和效度分析结果如表 6 - 15 所示,产品和服务测量模型的三个观察变量的变异比率 R^2 均在 0.50 以上。产品和服务层面的建构信度为 0.913,大于 0.60,说明各题项之间内部一致性较好,其平均方差抽取量可以看出 AVE 为 0.778,大于 0.50,说明模型有良好的聚合效度。且由于产品和服务模型达到饱和状态,因此,其模型适配指数均达到最佳状态。故修正后的产品和服务测量模型通过了信效度检验。

表 6 - 15　修正后的产品和服务测量模型信度和效度分析

潜变量	观测变量	变异比率 R^2	建构信度(CR)	AVE
产品和服务	PS-1	0.690	0.913	0.778
	PS-2	0.817		
	PS-4	0.825		

（七）企业信誉测量模型的检验

表 6 - 16、表 6 - 17 显示了修正后的消费者信任测量模型的信度和效度分析结果,企业信誉测量模型的 4 个观察变量的变异比率 R^2 均高于 0.50。产品和服务层面的建构信度为 0.922,大于 0.60,说明各题项之间内部一致性较好,其平均方差抽取量可以看出 AVE 为 0.747,大于 0.50,即模型聚合效度良好。而且,企业信誉测量模型的适配指数都达到标准状态。由此可见,企业信誉测量模型通过了信效度检验。

表 6 - 16　企业信誉测量模型信度和效度分析

潜变量	观测变量	变异比率 R^2	建构信度(CR)	AVE
企业信誉	XY-1	0.691	0.922	0.747
	XY-2	0.773		
	XY-3	0.762		
	XY-4	0.760		

表 6-17　企业信誉测量模型效度分析结果

指　标	CMIN/DF	GFI	AGFI	NFI	IFI	CFI	RMSEA
	3.822	0.988	0.938	0.991	0.993	0.993	0.099

（八）前景和吸引测量模型的检验

表 6-18 和表 6-19 是修正后的消费者信任测量模型的信度和效度分析结果。

表 6-18　前景和吸引测量模型信度和效度分析

潜变量	观测变量	变异比率 R^2	建构信度（CR）	AVE
	QJ-1	0.521		
	QJ-2	0.509		
前景和吸引	QJ-3	0.699	0.908	0.667
	QJ-4	0.809		
	QJ-5	0.799		

表 6-19　前景和吸引测量模型效度分析结果

指　标	CMIN/DF	GFI	AGFI	NFI	IFI	CFI	RMSEA
	5.306	0.964	0.892	0.973	0.978	0.978	0.122

从表 6-18 可以看出,前景和吸引测量模型的 5 个观察变量的变异比率 R^2 均大于 0.50。从建构信度可以看出,产品和服务层面的建构信度为 0.908,大于 0.60,说明各题项之间有很好的内部一致性,其平均方差抽取量可以看出 AVE 为 0.667,大于 0.50,说明模型聚合效度良好。且从企业信誉测量模型的适配指数来看,除了卡方自由度之比和 RMSEA 未达到标准之外,但其数值和标准差别不大,其他指标均达到标准状态(见表 6-19)。因此,我们可以认为企业信誉测量模型通过了信效度检验。

三、操控检验

之所以要进行操控检验,检验企业社会责任、危机严重度和企业反应的操控效果,是因为需要验证在模拟情境中对变量不同水平操作的有效性。本研究的操控检验分为两个步骤:第一,检验操控变量在全部样本中的操控效果;第二,依据企业社会责任程度划分为高 CSR 组和低 CSR 组,分别检验危机严重度和企业反应两组之间的操控效果。

（一）全部样本

由表 6-20 和表 6-21 的全样本操控检验可知,本研究成功操控了企业社会责任、危机严重度以及企业反应。非常严重组的被试者对危机严重度的评价显著高于低严重组[$M_{高危机} = 4.70, M_{低危机} = 3.39; F(1, 288) = 495.238, p < 0.01$],因此,成功操控危机的严重度。在企业反应中,由于 $M_{否定} = 1.51, M_{主动} = 3.57, M_{被动} = 2.06, M_{积极} = 4.36, F(3, 285) = 499.226, p < 0.01$,因此,这四种反应方式得到成功操控。由 $M_{高CSR} = 4.38, M_{低CSR} = 1.42, F(1, 287) = 4353.152, p < 0.01$ 可知,在高企业社会责任组被试者的企业社会责任评价显著高于低企业社会责任组,因此,企业社会责任得到成功操控。

表 6-20　全样本操控检验:变量描述

变 量		样本数	均 值	标准差	最小值	最大值
变量名	水 平					
严重度	非常严重	147	4.7041	0.46356	3	5
	严重	142	3.3874	0.54052	2	4.5
企业反应	坚决否定	69	1.5117	0.48361	1	3
	主动召回	72	3.5740	0.48860	2.67	5
	强制召回	75	2.0620	0.64351	1	3
	积极承担	73	4.3611	0.32780	3.67	5
企业社会责任	高	151	4.3776	0.36899	3.33	5
	低	138	1.4165	0.39304	1	2.5

6-21　全样本操控检验:方差分析

变 量		平方和	自由度	均 方	F 值	Sig.
严重度	组间	125.223	1	125.223	495.238	0.000
	组内	72.569	287	0.253		
	总和	197.791	288			
企业反应	组间	374.154	3	124.718	499.226	0.000
	组内	71.199	285	0.250		
	总和	455.354	288			

变　量		平方和	自由度	均　方	F 值	Sig.
企业社会责任	组间	632.225	1	632.225	4353.152	0.000
	组内	41.587	287	0.145		
	总和	673.812	288			

（二）高 CSR 组

由表 6-22 和表 6-23 的高 CSR 组数据分析可知,本研究成功操控了危机严重度以及企业反应。由于 $M_{高危机}=4.70, M_{低危机}=3.43; F(1,149)=240.495$, $p<0.01$,低严重组的被试者对危机严重度的评价显著低于非常严重组,因此,成功操控危机的严重度。在企业反应中,由于 $M_{否定}=1.56, M_{主动}=3.71, M_{被动}=2.37$, $M_{积极}=4.30, F(3,147)=233.394, p<0.01$,因此,这四种反应方式得到成功操控。

表 6-22　高 CSR 操控检验:变量描述

变　量		样本数	均　值	标准差	最小值	最大值
变量名	水　平					
严重度	非常严重	76	4.7040	0.46315	3	5
	严重	75	3.4334	0.54111	2	4.5
企业反应	坚决否定	39	1.5550	0.52599	1	3
	主动召回	38	3.7107	0.53773	3	5
	强制召回	39	2.3675	0.57647	1	3
	积极承担	35	4.3048	0.29570	4	5

6-23　高 CSR 操控检验:方差分析

变　量		平方和	自由度	均　方	F 值	Sig.
严重度	组间	60.940	1	60.940	240.495	0.000
	组内	37.755	149	0.253		
	总和	98.695	150			
企业反应	组间	175.346	3	58.449	233.394	0.000
	组内	36.813	147	0.250		
	总和	212.159	150			

（三）低 CSR 组

由表 6-24 和表 6-25 的低 CSR 组数据分析可知,本研究成功操控了危机严重度以及企业反应,具体见表 6-24 和表 6-25。非常严重组的被试者对危机严重度的评价显著高于低严重组[$M_{高危机}=4.70$,$M_{低危机}=3.36$;$F(1,136)=254.591$,$p<0.01$],因此,危机的严重度得到成功操控。在企业反应中,由于$M_{否定}=1.45$,$M_{主动}=3.42$,$M_{被动}=1.73$,$M_{积极}=4.41$;$F(3,134)=371.555$,$p<0.01$,因此,这四种反应方式得到成功操控。

表 6-24　低 CSR 操控检验:变量描述

变量名	水　平	样本数	均　值	标准差	最小值	最大值
严重度	非常严重	71	4.7042	0.46730	3.5	5
	严重	67	3.3559	0.53923	2	4
企业反应	坚决否定	30	1.4553	0.42432	1	2.34
	主动召回	34	3.4211	0.37927	2.67	4.67
	强制召回	36	1.7310	0.54503	1	3
	积极承担	38	4.4129	0.35070	3.67	5

6-25　低 CSR 操控检验:方差分析

变　量		平方和	自由度	均　方	F 值	Sig.
严重度	组间	64.541	1	64.541	254.591	0.000
	组内	34.477	136	0.254		
	总和	99.018	137			
企业反应	组间	207.261	3	69.087	371.555	0.000
	组内	24.916	134	0.186		
	总和	232.177	137			

四、结构方程模型分析结果

（一）假设检验全模型拟合

图 6-2 为构建的全模型结构方程模型。本研究以文献理论为基础,结合上文中的信效度检验以及对各变量模型的修正构建了结构方程模型,全模型拟合

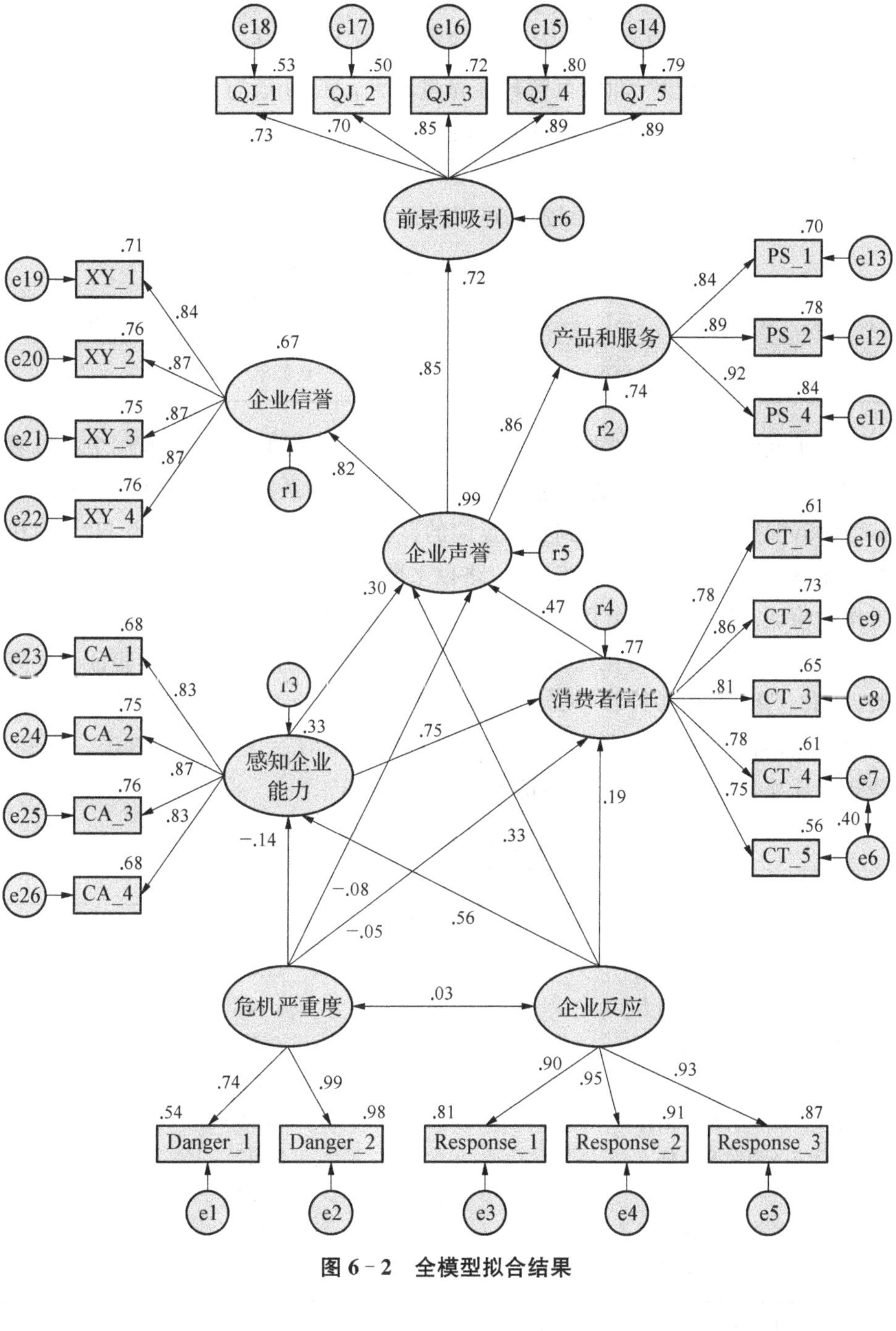

e18
e17
e16
e15
e14
.53
.50
.72
.80
.79
QJ_1
QJ_2
QJ_3
QJ_4
QJ_5
.73
.70
.85
.89
.89
前景和吸引
r6
.72
.71
XY_1
e19
.84
.76
XY_2
e20
.87
.67
企业信誉
.75
XY_3
e21
.87
.87
.76
XY_4
e22
r1
.82
.85
.70
PS_1
e13
.84
产品和服务
.89
.78
PS_2
e12
.92
.84
PS_4
e11
.74
r2
.86
.99
企业声誉
r5
.61
CT_1
e10
.78
.73
CT_2
e9
.86
.30
.47
r4
.77
消费者信任
.81
.65
CT_3
e8
.78
.61
CT_4
e7
.75
.40
.56
CT_5
e6
.68
CA_1
e23
.83
r3
.33
.75
CA_2
e24
.87
感知企业能力
.75
.76
CA_3
e25
.83
.68
CA_4
e26
−.14
.19
.33
−.08
−.05
.56
危机严重度
.03
企业反应
.74
.99
.90
.95
.93
.54
.98
.81
.91
.87
Danger_1
Danger_2
Response_1
Response_2
Response_3
e1
e2
e3
e4
e5

图 6－2　全模型拟合结果

结果如表 6-26 所示。模型的卡方值为 567.452，自由度为 285，卡方自由度之比为 1.991，且 NFI、IFI、CFI 均大于 0.9，RMSEA 为 0.059，满足适配标准。GFI 和 AGFI 大于 0.8，没有达到 0.90 的适配标准，但由于 GFI 与回归分析中的决定系数 R^2 类似，当 R^2 值越大时，可解释变异量越大，AGFI 值与 GFI 值呈正相关关系。模型的 AGFI 值受到模型自由度很大的影响，而本模型中的自由度为 285，导致指标数值不高。通过已有对各变量的信效度检验以及全模型中的适配指标来看，全模型的整体拟合效果较好，可以进行下一步的假设检验。

表 6-26　全模型各指标拟合结果

指　标	CMIN/DF	GFI	AGFI	NFI	IFI	CFI	RMSEA
	1.991	0.855	0.822	0.918	0.958	0.958	0.059

本研究使用极大似然估计法对模型中的路径进行拟合，从表 6-27 可以看出，企业反应→感知企业能力这条路径关系中，路径系数 $r=0.564$，$T=9.743$，$p<0.05$，即感知企业能力受到企业反应的显著影响，验证了研究假设 H2。危机严重度→感知企业能力这条路径中，路径系数没有达到显著水平，研究假设 H1 未得到验证。感知企业能力→消费者信任这条路径中，路径系数 $r=0.751$，$T=10.821$，$p<0.05$，由此可见，感知企业能力会显著影响消费者信任，验证了研究假设 H3。由 $r=0.301$，$T=3.923$，$p<0.05$ 可知，企业声誉受到感知企业能力的显著影响，研究假设 H4 得到验证。根据 $r=0.469$，$T=5.310$，$p<0.05$，得到消费者信任显著影响企业声誉，验证了研究假设 H5。

表 6-27　全模型结构方程模型路径系数与 T 值

路径关系	假设检验		
	路径系数	T 值	显著性
危机严重度→感知企业能力	-0.138	-1.855	0.064
企业反应→感知企业能力	0.564	9.743	***
感知企业能力→消费者信任	0.751	10.821	***
感知企业能力→企业声誉	0.301	3.923	***
危机严重度→消费者信任	-0.047	-1.195	0.232
企业反应→消费者信任	0.188	3.717	***
危机严重度→企业声誉	-0.081	-2.515	0.012
企业反应→企业声誉	0.334	7.402	***
消费者信任→企业声誉	0.469	5.310	***

注：*** 表示 $p<0.001$，** 表示 $p<0.01$，* 表示 $p<0.05$

（二）感知企业能力的中介效应

对于感知企业能力中介效应的检验，采用 Sobel 检验来验证感知企业能力在危机严重度、企业反应和消费者信任以及企业声誉之间的中介作用（杨洋、崔洋为，2014）。

检验分为两个步骤，第一步为建立全模型，即同时估计危机严重度和企业反应到感知企业能力、消费者信任、企业声誉的路径，以及感知企业能力到消费者信任、企业声誉的路径。从表 6-27 的全模型路径系数中可以发现，危机严重度对感知企业能力的路径系数不显著。由 $r=0.564, T=9.743, p<0.05$ 可知，企业反应对感知企业能力有显著影响；危机严重度对消费者信任没有显著影响，而企业反应（$r=0.188, T=3.717, p<0.05$）则对消费者信任的影响显著；危机严重度对企业声誉的影响达到 0.05 的显著水平（$r=-0.081, T=-2.515, p<0.05$），企业反应（$r=0.334, T=7.402, p<0.05$）对企业声誉有显著影响；感知企业能力（$r=0.751, T=10.821, p<0.05$）对消费者信任有显著影响，感知企业能力（$r=0.301, T=3.923, p<0.05$）对企业声誉有显著影响。

第二步进行 Sobel 统计量和显著性水平的检验。如表 6-28 所示，由 $z=7.22, p=0.000$ 可知，在企业反应和消费者信任之间感知企业能力起到了中介作用，验证了研究假设 H6b。由 $z=3.67, p=0.000$ 可知，感知企业能力在企业反应和企业声誉之间起中介作用，由此验证研究假设 H7b。由于感知企业能力在危机严重度和消费者信任之间没有起到显著的中介作用，所以研究假设 H6a 未得到验证。感知企业能力在危机严重度和企业声誉之间的中介作用不显著，研究假设 H7a 未得到验证。

表 6-28 Sobel 检验：感知企业能力的中介作用

自变量	中介变量	因变量	Sobel 检验		假设检验	
			Sobel 统计量	P 值	研究假设	是否验证
危机严重度	感知企业能力	消费者信任	−1.82	0.0688394	H6a	否
危机严重度	感知企业能力	企业声誉	−1.67	0.09428976	H7a	否
企业反应	感知企业能力	消费者信任	7.22***	0.00000000	H6b	是
企业反应	感知企业能力	企业声誉	3.67***	0.00024448	H7b	是

注：*** 表示 $p<0.001$，** 表示 $p<0.01$，* 表示 $p<0.05$

由以上分析可知，感知企业能力在企业反应和消费者信任以及企业声誉之间起到了中介作用，感知企业能力在危机严重度和企业声誉之间的中介作用不显著,即中介作用未得到证实。为了进一步验证感知企业能力在企业反应和消费者信任、企业声誉之间起到完全中介还是部分中介的作用,采用 Baron 和 Kenny(1986)对于中介作用的检验方法做进一步分析。

Baron 和 Kenny(1986)认为,对中介作用进行检验时,可以通过建立三个回归方程的方式。第一个方程作自变量对因变量的回归分析,得到回归系数 a;第二个方程作自变量对中介变量的回归分析,得到回归系数 b;第三个方程作自变量和中介变量对因变量的回归分析,得到自变量与因变量的回归系数 $a1$ 和中介变量与因变量的回归系数 c。如果回归系数 a、b、c 均达到显著,则说明中介作用得到支持。与此同时,如果自变量与因变量的回归系数因中介变量的加入而变得不显著,则表示完全中介;如果仍然显著,但回归系数明显小于未加入中介变量之前的回归系数,即 $a1<a$,则表示部分中介。据此原则,对感知企业能力在企业反应和消费者信任、企业声誉之间的中介作用是部分中介还是完全中介,建立三个回归方程进行检验。

对于第一个方程,即自变量和因变量的回归分析,构建结构方程模型,其中,危机严重度和企业反应为自变量,消费者信任和企业声誉为因变量。结构方程模型拟合结果显示:$\chi^2=436.541$,$df=199$,$\chi^2/df=2.194$,GFI$=0.865$,NFI$=0.924$,IFI$=0.957$,TLI$=0.950$,CFI$=0.957$,RMSEA$=0.064$。因此,我们认为结构方程模型拟合优度良好。具体的路径系数如下表 6-29 所示:

表 6-29　结构方程模型路径系数与 T 值:自变量—因变量

路径关系	假设检验		
	路径系数	T 值	显著性
企业反应→消费者信任	0.616	10.248	***
企业反应→企业声誉	0.356	7.012	***

注:*** 表示 $p<0.001$,** 表示 $p<0.01$,* 表示 $p<0.05$

从表 6-29 可以看出,企业反应($r=0.616$,$T=10.248$,$p<0.05$)对消费者信任有显著影响,同时,企业反应($r=0.356$,$T=7.012$,$p<0.05$)对企业声誉有显著影响,即 $a_{消费者信任}$、$a_{企业声誉}$ 显著。

对于第二个方程,也就是自变量对中介变量的回归分析(见表 6-27),企业反应($r=0.564$,$T=9.743$,$p<0.05$)对感知企业能力具有显著影响,即 $b_{企业反应-感知企业能力}$ 显著。对于第三个方程,也就是自变量和中介变量对因变量的回归分析,感知企业能力($r=0.751$,$T=10.821$,$p<0.05$)对消费者信任有显著影响,感知企业能力($r=0.301$,$T=3.923$,$p<0.05$)对企业声誉有显著影响,即

$c_{消费者信任}$、$c_{企业声誉}$ 显著。企业反应($r=0.188$,$T=3.717$,$p<0.05$)对消费者信任有显著影响,企业反应($r=0.334$,$T=7.402$,$p<0.05$)对企业声誉有显著影响,即 $a_{1消费者信任}$、$a_{1企业声誉}$ 显著。而且从数值大小来看,$a_{1消费者信任}=0.188$ 明显小于 $a_{消费者信任}=0.616$,即感知企业能力在企业反应和消费者信任之间起部分中介的作用。而 $a_{1企业声誉}=0.334$ 也明显小于 $a_{企业声誉}=0.356$,因此,感知企业能力在企业反应和声誉之间起部分中介作用。

(三)企业社会责任的调节作用

为了保持一致的研究方法,还是用结构方程模型对企业社会责任的调节作用进行检验。具体方法为将所有数据分为高 CSR 和低 CSR 两个样本组,分别以危机严重度、企业反应为自变量,以感知企业能力为因变量,建立结构方程模型,结果见表 6-30。

从表 6-30 可以看出拟合结果及路径系数,两个样本组中自变量与感知企业能力之间的路径系数不同,但自变量与感知企业能力都存在显著影响,企业社会责任是否起到调节作用,仍需要通过结构方程模型的多样本分析来进行验证。多样本的 SEM 分析检验在于评估一个适配于某一样本群体的模型,是否也适配于其他不同样本的群体,即评估研究者所提的理论模型在不同样本群体间是否相等或参数具有不变性。如果多样本的 SEM 分析检验结果表明假设模型是合适且可以被接受的,表示此间断变量对研究者所提的假设模型具有调节作用(吴明隆,2009)。本研究通过结构方程多样本模型,分析比较危机严重度和企业反应对感知企业能力的影响在高 CSR 样本和低 CSR 样本之间,是否存在显著差异。

表 6-30 结构方程路径系数与 T 值:高 CSR 和低 CSR 样本

路径关系	路径名称	高 CSR 样本		低 CSR 样本	
		路径系数	T 值	路径系数	T 值
危机严重度→感知企业能力	λ_1	−0.293***	−3.393	−0.255***	−4.020
企业反应→感知企业能力	λ_2	0.668***	6.127	0.812***	9.190
	χ^2	32.151		20.171	
	Df	24		24	
	RMSEA	0.048		0.000	
拟合指数	NFI	0.959		0.980	
	IFI	0.989		1.000	
	GFI	0.954		0.968	
	AGFI	0.914		0.939	

注:*** 表示 $p<0.001$,** 表示 $p<0.01$,* 表示 $p<0.05$

　　将全部数据分为高 CSR 组和低 CSR 组两个数据文件,利用 AMOS21.0 软件,按照多样本分析程序得出约束模型和非约束模型。其中,约束模型即设定两个样本组模型中的某个参数相等,然后通过对比约束模型和非约束模型的 $\Delta\chi^2/\Delta df$ 的大小来检验模型参数在两个组样本间是否相同。学者金立印(2007)认为,当检验 p 值显著时,则约束模型和非约束模型差异性显著,分组变量具有调节作用。

　　本研究的约束模型设置为路径系数相等,即企业反应、危机严重度对感知企业能力的路径系数在高 CSR 组和低 CSR 组相同。最后得出三个模型参数(一个非约束模型、两个约束模型),具体见表 6-31。通过 $\Delta\chi^2/\Delta df$ 可以看出,设定 λ_1 相等,即危机严重度→感知企业能力路径系数在高 CSR 和低 CSR 样本中相等的约束模型与非约束模型没有存在显著差异;而设定 λ_2 相等,即企业反应→感知企业能力路径系数在高 CSR 和低 CSR 样本中相等的约束模型与非约束模型存在显著差异。通过高 CSR 组和低 CSR 组 λ_2 大小,可以看出低 CSR 组中企业反应对感知企业能力的影响大于高 CSR 组中企业反应对感知企业能力的影响。因此,企业社会责任在企业反应和感知企业能力之间具有调节作用,而由于危机严重度对感知企业能力的影响在高 CSR 组和低 CSR 组中没有显著差异,因此,企业社会责任在危机严重度和感知企业能力之间不具有调节作用。即研究假设 H8a 不成立,研究假设 H8b 成立。

表 6-31　多样本比较:高 CSR 和低 CSR 样本结构方程模型

拟合指标			χ^2	Df	$\Delta\chi^2/\Delta df$	RMSEA	CFI	GFI
非约束模型			77.487	66		0.025	0.993	0.943
约束模型	危机严重度→感知企业能力	λ_1恒等	77.967	67	0.479	0.024	0.994	0.943
	企业反应→感知企业能力	λ_2恒等	88.139	67	10.652***	0.033	0.988	0.937

注:*** 表示 $p<0.001$,** 表示 $p<0.01$,* 表示 $p<0.05$

(四)企业社会责任对企业反应和感知企业能力的影响

　　本研究将样本分为 8 组,对假设 H9a 到 H9i 进行验证,8 个组别分别为"坚决否认—低 CSR"(No.11)、"坚决否认—高 CSR"(No.12);"主动召回—低 CSR"(No.21)、"主动召回—高 CSR"(No.22);"强制召回—低 CSR"(No.31)、"强制召回—高 CSR"(No.32);"积极承担—低 CSR"(No.41)、"积极承担—高 CSR"

(No.42)。为了检验各组均数间的差距显著性,本研究以组别为自变量,感知企业能力为因变量,对其进行均数间多重比较的方差分析。由表 6-32 及表6-33可知,当企业反应采取坚决否认时,积极的社会责任的感知企业能力比消极社会责任的感知企业能力高 1.82426($p<0.05$);当企业采取主动召回策略,积极的社会责任感知企业能力比消极社会责任的感知企业能力高 1.25700($p<0.05$);当企业反应采取强制召回时,积极企业社会责任的感知企业能力比消极企业社会责任的感知企业能力高 1.18340($p<0.05$);当企业反应采取积极承担责任时,积极企业社会责任的感知企业能力比消极企业社会责任的感知企业能力高 1.15692($p<0.05$)。因此,无论企业采取何种方式的反应策略,积极的企业社会责任组的感知企业能力均值都高于消极企业社会责任组的感知能力均值,由此验证了假设 H9a(见表 6-32)。

表 6-32　相同企业反应情境下的感知企业能力均值的多重比较

(I)分组	(J)分组	均差(I—J)	标准误	Sig.	95%置信区间	
					下限	上限
No.11	No.12	−1.82426*	0.09135	0.000	−2.1208	−1.5277
No.21	No.22	−1.25700*	0.09201	0.000	−1.5557	−0.9583
No.31	No.32	−1.18340*	0.12314	0.000	−1.5856	−0.7812
No.41	No.42	−1.15692*	0.10225	0.000	−1.4880	−0.8258

注:*** 表示 $p<0.001$,** 表示 $p<0.01$,* 表示 $p<0.05$

表 6-33　组别间的感知企业能力均数描述统计

	数量	均值	标准差	标准误	最小值	最大值
No.11	30	1.4751	0.34392	0.06279	1.00	2.00
No.12	39	3.2994	0.41433	0.06635	2.25	4.00
No.21	34	2.3536	0.40920	0.07018	1.50	3.00
No.22	38	3.6106	0.36680	0.05950	3.00	4.75
No.31	36	1.9432	0.63256	0.10543	1.00	3.00
No.32	39	3.1266	0.39731	0.06362	2.25	4.00
No.41	38	3.0793	0.46220	0.07498	2.25	4.50
No.42	35	4.2362	0.41127	0.06952	3.25	5.00
Total	289	2.9320	0.92976	0.05469	1.00	5.00

图 6-3 表示不同企业社会责任水平下,企业反应对感知企业能力的影响。从图 6-3 得知,不管企业采取哪种反应策略,就感知能力均值而言,积极的企业

社会责任组的值均大于消极企业社会责任组,这同样说明企业社会责任在企业反应和危机严重度之间存在调节作用。

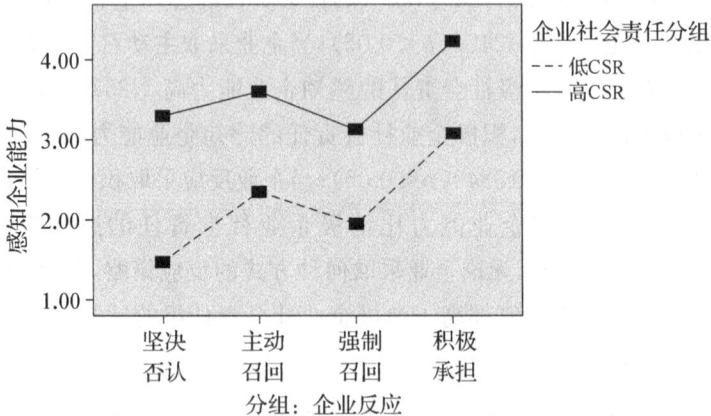

图 6 - 3　不同企业社会责任水平下,企业反应对感知企业能力的影响

由于假设 H9b 到 H9e 涉及积极社会责任情境,不同企业反应方式的感知企业能力的比较,即对 No.12、No.22、No.32、No.42 组之间进行多重比较(见表 6 - 34)。

(1) No.12 组和 No.32 组。$M_{No.12}=3.2994$,$M_{No.32}=3.1266$,$p=0.057$,未达到 $p=0.05$ 的显著水平,即在积极的企业社会责任水平下,企业采取强制召回策略或坚决否认策略,感知企业能力并无显著差异,因此,假设 H9b 不成立。

(2) No.22 组和 No.32 组。$M_{No.22}=3.6106$,$M_{No.32}=3.1266$,均差为 0.48399,$p=0.000$,即在积极的企业社会责任水平下,企业采取主动召回策略比采取强制召回策略的感知企业能力要显著提高,因此,验证了假设 H9c。

(3) No.42 组和 No.22 组。$M_{No.42}=4.2362$,$M_{No.22}=3.6106$,均差为 0.62562,$p=0.000$,即在积极的企业社会责任水平下,企业采取积极承担责任策略要比采取主动召回策略所带来的感知企业能力显著提高,因此,验证了假设 H9d。

(4) No.42 组和 No.12 组。$M_{No.42}=4.2362$,$M_{No.12}=3.2994$,均差为 0.93685,$p=0.000$,即在积极的企业社会责任水平下,企业采取积极承担责任策略比采取坚决否认策略带来的感知企业能力要显著提高,因此,验证了假设 H9e。

对于假设 H9f 到 H9i 的验证则涉及消极企业社会责任情境,不同企业反应之间的感知企业能力的比较,即对 No.11、No.21、No.31、No.41 组进行组间多重比较。从表 6-35 可以看出，除 No.21 组和 No.31 组之间的感知企业能力均值没有达到显著水平之外，其他所有组别之间的感知企业能力均值都存在显著性差异。

表 6-34　积极企业社会责任情境下的感知企业能力均值的多重比较

(I)分组	(J)分组	均差(I—J)	标准误	Sig.
No.12	No.22	−0.31122*	0.09065	0.001
	No.32	0.17276	0.09006	0.057
	No.42	−0.93685*	0.09260	0.000
No.22	No.12	0.31122*	0.09065	0.001
	No.32	0.48399*	0.09065	0.000
	No.42	−0.62562*	0.09317	0.000
No.32	No.12	−0.17276	0.09006	0.057
	No.22	−0.48399*	0.09065	0.000
	No.42	−1.10961*	0.09260	0.000
No.42	No.12	0.93685*	0.09260	0.000
	No.22	0.62562*	0.09317	0.000
	No.32	1.10961*	0.09260	0.000

注：*** 表示 $p < 0.001$，** 表示 $p < 0.01$，* 表示 $p < 0.05$

表 6-35　消极企业社会责任情境下的感知企业能力均值的多重比较

(I)分组	(J)分组	均差(I—J)	标准误	Sig.
No.11	No.21	−0.87848*	0.09417	0.000
	No.31	−0.46809*	0.12271	0.002
	No.41	−1.60418*	0.09780	0.000
No.21	No.11	0.87848*	0.09417	0.000
	No.31	0.41039*	0.12665	0.012
	No.41	−0.72570*	0.10270	0.000
No.31	No.11	0.46809*	0.12271	0.002
	No.21	−0.41039*	0.12665	0.012
	No.41	−1.13609*	0.12937	0.000
No.41	No.11	1.60418*	0.09780	0.000
	No.21	0.72570*	0.10270	0.000
	No.31	1.13609*	0.12937	0.000

注：*** 表示 $p < 0.001$，** 表示 $p < 0.01$，* 表示 $p < 0.05$

（1）No.11 组和 No.31 组。$M_{No.11}=1.4751$，$M_{No.31}=1.9432$，均差为 0.46809，$p=0.002$，可以得出在消极企业社会责任水平下，企业采取强制召回时的感知企业能力要显著高于企业采取坚决否认时的感知企业能力，因此，假设 H9f 得到验证。

（2）No.21 组和 No.31 组。$M_{No.21}=2.3536$，$M_{No.31}=1.9432$，均差为 0.41039，$p=0.012$，可以得出在消极企业社会责任水平下，企业采取主动召回时的感知企业能力要显著高于企业采取强制召回时的感知企业能力，因此，假设 H9g 得到验证。

（3）No.41 组和 No.21 组。$M_{No.41}=3.0793$，$M_{No.21}=2.3536$，均差为 0.72570，$p=0.000$，可以得出在消极企业社会责任水平下，企业采取积极承担责任时的感知企业能力要显著高于企业采取主动召回时的感知企业能力，因此，假设 H9h 得到验证。

（4）No.41 组和 No.11 组。$M_{No.41}=3.0793$，$M_{No.11}=1.4751$，均差为 1.60418，$p=0.000$，可以得出在消极企业社会责任水平下，企业采取积极承担责任时的感知企业能力要显著高于企业采取坚决否认时的感知企业能力，因此，假设 H9i 得到验证。

第五节　研究结论

在对文献研究资料的分析与整理的基础上，我们提出了理论分析框架，并根据整体框架进而提出相应的研究假设，并采用结构方程模型分析的方法对其进行了验证，得到了相应的检验结果。相关假设的验证结果见表 6-36。

表 6-36　研究假设验证结果

序　号	研究假设	结　果
H1	危机的严重度对感知企业能力呈负相关关系，危机越严重，感知企业能力越差	不成立
H2	企业反应对感知企业能力呈正相关关系，企业反应代表了企业接受危机意愿的强烈程度，接受意愿越强，感知企业能力越强	成立
H3	感知企业能力对消费者信任呈正相关关系，感知企业能力越强，消费者信任越高	成立
H4	感知企业能力对企业声誉呈正相关关系，感知企业能力越强，企业声誉就越好	成立
H5	消费者信任对企业声誉呈正相关关系，消费者信任越高，企业声誉就越好	成立

续　表

序　号	研究假设	结　果
H9a	与消极的社会责任水平相比,若企业采取积极的社会责任行为,同样的企业反应方式会产生更高水平的感知企业能力	成立
H9b	在积极的企业社会责任水平下,与企业坚决否认的反应方式相比,若企业采取强制召回的反应方式,则会带来更高的感知企业能力	不成立
H9c	在积极的企业社会责任水平下,与企业强制召回的反应方式相比,若企业采取主动召回的反应方式,则会带来更高的感知企业能力	成立
H9d	在积极的企业社会责任水平下,与企业主动召回的反应方式相比,若企业采取积极承担责任的反应方式,则会带来更高的感知企业能力	成立
H9e	在积极的企业社会责任水平下,与企业坚决否认的反应方式相比,若企业采取积极承担责任的反应方式,则会带来更高的感知企业能力	成立
H9f	在消极的企业社会责任水平下,与企业坚决否认的反应方式相比,若企业采取强制召回的反应方式,则会带来更高的感知企业能力	成立
H9g	在消极的企业社会责任水平下,与企业强制召回的反应方式相比,若企业采取主动召回的反应方式,则会带来更高的感知企业能力	成立
H9h	在消极的企业社会责任水平下,与企业主动召回的反应方式相比,若企业采取积极承担责任的反应方式,则会带来更高的感知企业能力	成立
H9i	在消极的企业社会责任水平下,与企业坚决否认的反应方式相比,若企业采取积极承担责任的反应方式,则会带来更高的感知企业能力	成立

由前面分析可知,感知企业能力具有中介作用,表 6 - 37 总结了其在自变量(企业反应和危机严重度)对消费者信任和企业声誉之间影响过程的中介作用。

表 6 - 37　感知企业能力的中介作用

中介变量	影响关系	中介效应
感知企业能力	危机严重度对消费者信任	无中介(H6a 不成立)
	危机严重度对企业声誉	无中介(H7a 不成立)
	企业反应对消费者信任	部分中介(H6b 成立)
	企业反应对企业声誉	部分中介(H7b 成立)

　　由前面分析可知,企业社会责任具有调节作用,表6-38总结了企业社会责任对危机严重度和感知企业能力以及企业反应和感知企业能力之间的调节作用。

表6-38　企业社会责任的调节作用

调节变量	影响关系	调节效应
企业社会责任	危机严重度对感知企业能力	不存在(H8a不成立)
	企业反应对感知企业能力	存在(H8b成立)

　　(1)企业反应对感知企业能力有显著影响。这个结论给企业高层管理者以警示,在管理企业的过程中要用长远、动态和联系的目光来看待组织。这就要求管理者既要关注组织的内部能力的提升,又要关注企业动态能力的提升。企业不是一个单独的个体,它时刻与社会相联系。从学术视角来看,危机严重度不会显著影响感知企业能力,在危机严重度和消费者信任以及企业声誉之间,感知企业能力也并没有起到中介作用。相反,危机严重度对消费者信任并没有起到显著影响。Vassilikopoulou(2009)通过实证研究发现危机的严重度与对消费者的态度和反应之间不存在显著关系,本研究得出的其中一个结论与Vassilikopoulou结论相同,但危机严重度会显著影响企业声誉,这一结论与国内学者段金博的研究发现的严重度会直接影响企业声誉的结论一致。

　　(2)通过对企业社会责任调节作用的分析,在危机严重度和感知企业能力之间,企业社会责任并不存在调节关系。企业社会责任对企业反应和感知企业能力之间存在明显的调节作用。虽然目前国内外对企业社会责任和感知企业能力的研究较多,但是将企业社会责任当作调节变量研究感知企业能力关系的影响较少。前文已经证实企业社会责任的高低对危机严重度和感知企业能力之间关系并没有显著影响。感知企业能力与消费者行为的态度联系密切。作为消费者的主观感受,感知企业能力是对企业专业能力、营销能力以及研发能力的主观感受。研究表明,由于危机严重度与消费者态度之间不存在太大影响,因此,企业社会责任的高低对危机严重度和感知企业能力没有显著影响。根据企业社会责任对企业反应和感知企业能力的调节作用来看,面对产品危机困境,与消极企业社会责任下的感知企业能力相比,不管企业怎样应对,积极的企业社会责任下的感知企业能力都较高。国内学者方正(2009)利用实证研究证实了企业声誉对危机类型和品牌资产的调节作用。李海廷(2013)也通过实证分析证实了企业社会责任对企业反应和消费者信任有调节作用。本书证实企业社会责任对企业反应和感知企业能力之间存在调节作用,旨在加强企业的社会责任意识,只有提高社会责任意识,管理者才能在组织管理时更加注重社会责任的作用。即使发生产品伤害危机,相比逃避社会责任的企业,那些积极承担并实现社会责任的企业更受到消费者的理解与认可,不管采取什么危机应对策略,这些企业均能得到较高的感知企业能力。

(3) 通过组间均值多重比较,对在两种企业社会责任水平下,不同企业反应策略对感知企业能力的影响进行了分析。与 Bradford 和 Garrett(1995)的研究结论相一致,我们研究发现,当在积极的社会责任水平条件下产生危机时,强制召回策略和坚决否认策略反应应对效果均不是良好的,感知企业能力在这两种策略的影响下没有显著差异。对企业来说,不管社会责任水平消极还是积极,积极承担责任策略是最佳的一种应对方式,它所带来的感知企业能力也是最好的。当在积极的社会责任水平条件下产生危机时,强制召回策略要显著优于坚决否认策略,这与积极社会责任水平下的研究结果不同。与 Siomkos(1989)的研究发现相同,我们认为面对危机时,不管社会责任水平消极还是积极,企业采取积极承担责任和主动召回策略都要优于企业采取坚决否认和强制召回策略。

(4) 经过研究发现,面对发生危机产生的后果,企业反应是指企业对产生的后果所承担责任的意愿,通过感知企业能力为中介作用,对消费者信任和企业声誉产生影响。当危机发生后,企业的经济效益和声誉均会受到损害,这是因为危机严重度会显著影响企业声誉。也就是说,建立有效的危机应对预防机制对企业来说十分重要。通过感知企业能力,企业反应对消费者信任和企业声誉具有积极正向的影响,此时,危机管理的关键问题就是企业怎样正确地选择应对方式。本研究表明,企业增加社会责任意识,并积极履行社会责任可以降低危机风险。此外,企业积极承担责任的应对策略会使得危机产生的损失最小化,这与企业的社会责任状态是消极还是积极无关。

第七章　商业伦理教育对企业社会责任取向的影响研究

第一节　提出问题

经济社会的快速发展使得市场竞争愈发激烈,各种违背商业伦理的不道德行为和丑闻事件屡见不鲜。从宏观层面来看,不道德的行为会破坏正常运行的商业体系,从而造成经济紊乱及资源配置效率降低;从微观层面来看,公司的不道德行为也会影响其长期发展。符合伦理道德的行为能维持社会经济稳定并促进企业经营良性发展。

人为根本,伦理问题的核心也是人(George,2002)。无论是对制度进行伦理分析还是对组织进行伦理分析,最终都会落到实行该项措施的人身上。人,才是影响企业伦理的核心要素。因此,在考虑如何提高企业的伦理道德水平这一问题时,从事商业活动个人的伦理道德素质是关键所在。在中国,每年的"315"都会引起社会的广泛关注,因为央视"315"晚会会披露大量造假、欺骗消费者的商家和企业。我们在担忧产品质量状况的同时,更要考虑到这背后的商业伦理缺失问题。如何改变市场经济混乱的状况?需要从根本上进行管理,首先自然是需要塑造从事商业活动人员的正直、诚信品质,而财经类高校作为商业人才的教育平台自然责无旁贷。

虽然社会和企业都迫切需要具有商业伦理与道德的商业人才,并据此对财经高校提出了商业人才培养的明确要求,但完善培养商业人才的教育体系仍面临重重困难。首先,商业伦理教育还没有引起教育提供者的足够重视;其次,学生对商业伦理的关注程度也处于较低水平。当下,中国对商业伦理的研究甚少,商业伦理对学生社会责任的影响相关研究也较少。此外,对于高校大学生的商业伦理教育,中国至今还没有出台标准的教学模式、明确的教学内容和教学形式。根据对国内主流财经类高校商业伦理教学状况的初步调查可以发现,中国的商业伦理教育还处于初始阶段,主要表现为以下三个方面:一是商业伦理道德教育类课程普及程度不高。绝大多数财经类高校一般会开设商业伦理相关的选修课,并未纳入必修类课程。二是各高校之间对商业伦理重视程度不一。国内排名靠前的高校一般会开设商业伦理相关的必修课,有的甚至会开设 10 门以上的课程。三是国内高校的商业伦理课以讲授为主,很少结合实践进行授课,案例教学覆盖程度也比较低。这些问题造成了学生在实际工作中当遇到商业伦理问题时,缺乏解决问题的实际技能,进而导致商业伦理课程教育效果不佳。

本章主要以中国财经类高校的商业伦理及企业社会责任相关教育为例,通过分析伦理教育和企业社会责任教育的相关课程来比较此类教育对大学生商业伦理认知及企业社会责任取向的影响。此外,本章试图通过实证研究国内财经院校大学生商业伦理教育现状,以推动相关教育的发展,为社会培养更多有道德的商业人才,从而推动企业管理者社会责任水平的整体提升(孙亚军,2014)。

第二节　理论模型和假设

一、理论模型

本研究主要通过构建包含个体成熟度与道德成熟度的概念模型来进行阐述。首先,需要对个体成熟的概念进行说明。根据 Clark(1966)的研究,个体成熟度中的年龄、工作经验会对道德成熟度有影响。其他相关研究认为性别、学历以及商业伦理教育程度均会对道德成熟度产生影响。据此,本章将个体成熟度分为工作经验、年龄、性别、学历及商业伦理教育程度五个维度。此外,本章根据修订后的威安邦商业伦理教育量表(包括教育目的、教育形式及教育成果)进行问卷调查,并根据其结果得出了商业伦理的教育程度。其次,本章需对道德成熟度进行衡量。我们认为道德成熟度主要通过个体对企业社会责任的重视程度来体现。我们根据 Aupperle(1982)开发的目前最成熟、最科学的企业社会责任取向量表,包括经济责任取向、法律责任取向、道德责任取向和慈善责任取向,通过这四个维度来衡量道德成熟度。

本章的理论框架如图 7-1 所示。

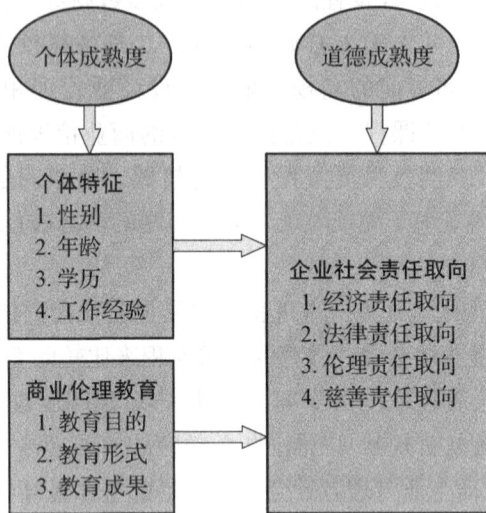

图 7-1　本章的理论框架模型

二、商业伦理教育与社会责任取向

根据以往的一些相关研究表明,道德培训和道德成熟度之间呈现正相关关系。Kennedy(2003)的研究表明接受过更多道德培训的领导人,会比未接受道德培训的领导人表现出更高的道德成熟度。Valentine(2009)提出随着道德培养时间的增加,销售和营销专业人士的知觉能力也会提升。增强道德意识能够对销售部的其他同事产生积极的影响,所以,具有道德感的公司也会建议公司的领导者积极参与各种道德培训。同样,提供道德培训、关注工作中出现的伦理问题的公司,能够提升员工的道德意识,进而影响组织行为。Frisque 和 Kolb (2008)通过对部分员工进行伦理培训,发现培训后员工在态度、行为以及价值观方面都受到了积极的影响。Burke 和 Carlson(1998)的研究中,通过分别在学期的开始和结束观察 67 名学生接受道德教育前后变化,发现道德教育确实会对学生产生积极影响。Borkowski 和 Ugras(1998)的研究也提出,在儿童时期,一个人的道德人格会根据外界产生变化和发展。因此,道德教育对于指导学生行为和伦理道德是至关重要的。Jones(2009)认为,学生的道德判断可以通过商业伦理相关课程的短期培训来改进。Weber(1992)和 Glenn(1992)也认为伦理课程能够对学生产生积极影响。Weber(1992)在研究中也提到,接触伦理课程后的学生,在道德意识和道德推理技能方面都有了明显改善。无论这种改善是否仅在短期内产生作用,伦理教育能够提升学生的道德认知和道德推理,这一点是经过诸多学者论证的(Gautschi 和 Jones,1998;Glenn,1992)。这也符合 Bishop (1992)的发现,即个人价值并不是刚性或永久性的,而是一个处于不断变化和发展的实体。

与此同时,也有很多研究表明,商业伦理相关课程与学生态度、道德之间并没有正相关关系,或者说商业道德课程对个人的道德行为与看法并没有积极的影响(Wynd,Mager,1989)。也有证据表明,商业伦理课程并不会对学生未来的职业生活产生影响(Pamental,1989)。Duizend 和 Mc Cann(1997)研究发现,学生的伦理意识在伦理课程后并没有任何变化,他们认为,正式的道德教育未必会对学生的伦理意识产生积极影响。Peppas 和 Diskin(2001)根据对参与道德课程的学生在商业道德态度行为的研究,发现接受道德课程的学生与未接受的学生并没有显著不同。据此,Kraft 和 Singhapakdi(1991)提出,商业道德课程对于个人整体职业道德培训并没有太大的意义。Davis 和 Welton(1991)认为,正式的道德培训未必是塑造学生道德认知的影响因素,学生所接触的大学环境反而能够对学生道德意识产生积极影响。由此,产生了一个新的问题——道德是否可教?一些学者认为,道德不可教(Byrne,2002),道德应该是在商业环境的潜移默化中学习的(Reiman,1997)。Hosmer(1999)认为学生在进入学院学习之前,其道德价值观和道德观念就已经比较稳定。Levin(1989)和 Bishop(1992)也同样认为,道德是个体在生命早期就已学会,在进入大学时,个体就已经有了道德或不道德的意识并表现出对应的行为。与之相对的是,也有人认为道德是可教的。Allayne 与 Pizzolatto(1996)的研究表明,一些大学中的教师和学生,认为道德是可以在学校中进行教授,即使道德问题并没有得到本科教育的特别强调。

三、个体成熟度对道德成熟度的影响

Clark(1966)的研究表明,个人伦理道德价值观及行为会随着个体成熟度的提高而相应提高,而且这种提升能够从儿童时期持续到 20—30 岁。也有诸多研究证明,个人道德行为会受到个体工作经验、年龄、性别、学历、商业伦理教育程度等多项因素影响。

(一)工作经验

个体成熟度会受到工作经验的影响。商人和女性随着获得经验的丰富,会做出更加成熟的决策。然而,成熟的决策并不意味着道德或不道德,考察他们所作决策的道德与否是研究人员想要解决的问题。一些学者认为,经验会对个人的道德观念产生积极的影响。Kohlberg(1981)认为,个体经验的增加会促使其道德价值观和道德原则向着更好、更完善的方向发展。Kraft 及 Singhapakdi(1991)认为,经理能够根据其接触到的各式道德问题以及在处理过程中获得经验,并对不道德行为的负面影响比较敏感。因此,我们认为高水平的管理者在面对经验管理问题时,往往会选择更加道德的行为。Zgheib(2005)的研究也证明,学习过商业伦理课程的专业学生比非专业学生更会应用道德原则。此外,也有研究表明,工作经验虽然与道德意识成正相关关系,但这并不是通过传授形成,而是通过工作经验学习塑造的(Lane 和 Schaupp,1989)。Cron(1984)表示,个体在面对伦理问题的不同态度,是由个人职业生涯阶段的不同导致的,道德判断受到工作经验影响。

对于工作经验对道德成熟度的影响,学者仍有不同意见。Cannon(2008)认为,这种关系的界定并没有良好的文献供参考,她认为工作经验是不能预测个体道德发展的。换句话说,职位的排名并不一定会对道德成熟度产生积极影响。

（二）年龄

Clark(1966)认为个人的伦理道德价值观和道德行为会随着年龄的增长而提高。Walker 和 Hennig(2008)通过对美国各年龄段人们的研究发现,人们会随着年龄的增长而在更高层次上进行伦理思考。有关对大学生和企业家的比较研究也得到类似的结论。

（三）性别

一般认为,女性会比男性更富有道德感,但研究结果仍有异议。Beltramini等人(1984)的研究表明,女大学生比男大学生更关注伦理问题;Akaah(1989)证实,市场营销专业人员中,女性比男性表现出更高的伦理水平;Bernardi 和Arnold(1997)在研究五大会计事务所时也发现,女性管理者比男性同行拥有更高水平的道德观念;Onyebuchi(2011)也提出,女生比男生在行为准则上更合乎道德。因此,女性的道德成熟度似乎天生就比男性要高。

然而,也有一些研究表明在道德认知上,男性、女性并没有明显的差异。Shaub(1994)的研究表明,女性与男性道德发展分数基本处于同一位置。Radtke(2000)在一项对美国 51 名职业会计师的调查中显示,虽然在特定问题上男女会计师的反应有所不同,但整体上女性与男性在道德重要性方面并没有表现出太大的差异。

（四）学历

以往的研究表明,教育对个人和专业均有很大的影响,并且教育是一个学习的过程,往往能对社会产生一定的贡献。据此,一些学者认为受教育的程度会对道德成熟度产生积极影响(Freeman,2006;Kennedy,2003)。Freeman(2006)的研究也表明不同层次的人群中,教育和道德成熟度之间均呈现正相关关系。Kennedy(2003)则根据对银行、保险公司、电话公司和军事指挥领导人的调研发现,不同教育水平的个体在道德判断上有不同的表现。因此,我们认为,学历能够对伦理教育产生影响。

四、研究假设

（一）企业社会责任取向与个体特征的关系

在前文已说明,个体特征与企业社会责任取向是相关的。Clark(1966)认为,个人的伦理道德价值观和道德行为会随着个体成熟度的提升而提高。

工作经验与企业社会责任存在什么关系? Cron(1984)认为,工作经验会对个人的道德判断产生影响。

性别与企业社会责任存在什么关系? Beltramini 等人(1984)的研究表明,女大学生比男大学生更加重视商业伦理相关问题。Akaah(1989)表示,在市场营销专业人群中,女性比男性有更高的伦理判断水平。Bernardi 和 Arnold(1997)对于五大会计事务所的研究发现,女性管理者的道德水平相比男性更高。Onyebuchi(2011)也发现女性比男性在道德水平上表现更好。Shaub(1994)则发现,男性与女性管理人员在道德发展的分数上并没有太大差异。

学历与企业社会责任存在什么关系? 本章认为,教育程度会对道德成熟度产生正向影响。Kennedy(2003)在对一些职业的研究中发现,教育水平会对道德判断产生积极影响。此外,他还说明了领导人接受的道德培训越多,其道德成熟度也会越高。Freeman(2006)也表示,不同层次的人群由于教育的不同,道德成熟度也不同,两者之间呈正相关关系。

伦理教育和企业社会责任存在什么关系? Valentime(2009)发现,随着道德培养时间的增加,销售及营销人员的知觉能力也会随之提升。因此,具有道德感的公司会建议管理者尽可能参与一些道德培训。Frisque 和 Kolb(2008)也发现,与未接受培训的员工相比,经历过 90 天伦理培训的员工在态度、行为、价值观等方面都受到了积极影响。Jones(2009)认为,商业伦理水平是能够通过短期培训得以提升的。

基于上述说明,本章认为,个体特征可能对其社会责任取向产生影响。因此,本章提出以下假设:

假设 1:企业社会责任取向会因为个体特征的不同而存在差异。

H1-1:企业社会责任取向会因为工作经验的不同而存在差异。

H1-2:企业社会责任取向会因为年龄的不同而存在差异。

H1-3:企业社会责任取向会因为性别的不同而存在差异。

H1-4:企业社会责任取向会因为学历的不同而存在差异。

H1-5:接受过商业伦理相关课程培训的人往往比未接受相关培训的人表现出更高的企业社会责任水平。

(二)企业社会责任取向与商业伦理教育的关系

商业伦理教育是否与企业社会责任取向存在关系?存在何种关系?这也是学术界一直在讨论的问题。Feldman 和 Thompson(1990)根据一项研究表示,无论是否接受过商业伦理教育,学生们的企业社会责任取向并没有表现出不同。Wynd 和 Mager(1989)的研究也论证了在接受商业伦理相关教育前后,学生的企业社会责任取向并没有较大不同。与此相反,陈迪英(2006)的研究表明,对于领导者来说,接受过伦理学教育比未接受过的表现出更高的慈善责任取向。Desplaces 等(2007)也提出学生的伦理道德水平与在商业伦理课程的研究中是否讨论过的经历相关。晁罡等(2008)也认为,接受过伦理课程相关教育的学生在伦理责任上比未接受教育的学生表现出更高的水平。

因此,本章根据以上阐述提出以下假设:

假设 2:个体商业伦理教育水平会对经济责任取向产生积极影响。

假设 3:个体商业伦理教育水平会对法律责任取向产生积极影响。

假设 4:个体商业伦理教育水平会对伦理责任取向产生积极影响。

假设 5:个体商业伦理教育水平会对慈善责任取向产生积极影响。

第三节　数据收集与分析方法

一、研究对象

本章的调研对象为进入国内财经类高校接受高等教育的学生,包括毕业生和在校学生。样本选择的学生既有接受过商业伦理课程的学生,也有未接受过相关课程的学生。调查高校为中南财经政法大学、上海财经大学、南京财经大学和浙江工商大学。问卷通过网上与实地两种方式进行发放,能够较真实地反映被调查者的状况。

二、问卷设计

根据研究框架并借鉴相关文献,根据专家的意见设计了一份初始问卷,在经过多方讨论进行修改完善后,最终设计了关于财经类高校学生商业伦理课程教育及企业社会责任取向的调研问卷(见附录5)。

问卷主要由三部分构成:第一部分为被调查者基本信息,包括年龄、性别、工作经历及学历等;第二部分是财经类高校商业伦理课程相关问题;第三部分为企业社会责任相关问题。其中,第二部分问题根据戚安邦修订后的商业伦理教育量表按照本章需求进行改写设计而成,第三部分问题是根据 Aupperle 量表按需设计问题。这两个部分问题均为李克特 5 级量表,由 1 到 5 分别为"完全不认同""比较不认同""一般""比较认同""完全认同",被调查者可根据实际情况进行打分填写。

三、数据收集

本章的问卷主要通过网络及实地进行发放,网络问卷通过网络链接发送给同学及朋友进行填写,实地问卷则针对南京财经大学在校生进行发放。样本对象主要为中南财经政法大学、上海财经大学、南京财经大学及浙江工商大学四所学校的在校生及毕业生。

通过两种方法共回收调查问卷 150 份。其中,部分问卷答题时间过短,或是连续十个以上答案重复的问卷均被剔除。此次收回有效问卷为 122 份,问卷有效率为 81.3%。

由于时间有限,本章有效问卷数量较少,实地发放问卷也通过一对一访谈方式尽可能丰富问卷内容。

四、分析方法

本研究主要通过问卷调查方式收集数据,在利用 Excel 整理好数据后用 SPSS17.0 软件对数据进行分析。

第四节 实证分析结果

一、样本的描述性统计分析

本次问卷的调研对象为四所财经类高校的在校生及毕业生,囊括了学过商业伦理课程及未学过商业伦理课程的学生。本次调研共收到 122 份有效问卷,其中,77 份为男性填写,占调查样本 63.1%;女性为 45 份,占调查样本的 36.9%(如表 7-1 所示)。

表 7-1 调查样本所在学校的分布情况

调查学校	样本数(人)	比例(%)
南京财经大学	64	52.5
上海财经大学	23	18.9
中南财经政法大学	26	21.3
浙江工商大学	9	7.3

数据来源:根据作者 2014 年问卷调查数据整理。

本次问卷的描述性统计分析如表 7-2 所示。从年龄上来看,25 岁以下的人数为 62,占总调查样本的 50.8%。从学历来看,本科及以下人数为 84 人,占比为 68.9%;硕士及以上学历人数为 38,占比为 31.1%。从工作经验来看,没有任何工作经验的人数为 59,占总样本的 48.4%。从是否接受过伦理课程来看,调研对象中有 76 人接受过伦理课程教育，占比为 62.3％。

表 7-2　被试者个体特征表

变　量		样本量	百分比(％)
性别	男	77	63.1
	女	45	36.9
年龄	25 岁以下	62	50.8
	25 岁以上	60	49.2
学历	本科及以下	84	68.9
	硕士及以上	38	31.1
工作经验	无	59	48.4
	有	63	51.6
伦理课程	是	76	62.3
	否	46	37.7

数据来源：根据作者 2014 年问卷调查数据整理。

二、效度和信度分析

(一)商业伦理教育量表因子分析

我们对收集到的数据进行因子分析。首先，商业伦理教育量表的 KMO 为 0.678，Bartlett 球形检验显著性概率为 0.000，表明适合做因子分析。随后，对商业伦理教育量表用 Promax 旋转法进行因子分析，其结果如表 7-3 所示。结果显示商业伦理量表的 11 个指标根据对应的最大因子载荷可以被分成三类，各指标的因子载荷也在表 7-3 中所示。根据表 7-3，三个类别可以对量表问题进行解释，并且三个类别有一定的内在联系，根据上文的假设，对三个类别进行命名，分别为教育目的、教育形式和教育结果，并对这三个变量进行信度检验。

商业伦理量表中 11 个指标三个类别的信度检验结果如表 7-4 所示，各因子的信度均在 0.6 以上，说明各因子内部一致性较高。

表 7 - 3　商业伦理教育变量的因子分析结果

指　标	因子载荷		
	1	2	3
主要以课堂讲授方式进行理论学习	**.828**	.226	−.008
主要以案例讨论方式进行案例学习	**.794**	−.049	.067
主要以角色扮演方式进行情境处理	**.762**	−.137	.228
主要以三种方式相结合的方式进行教学	**.738**	.308	.087
学习商业伦理课程是为了更深刻地理解公司与社会的关系	−.054	**.829**	.193
学习商业伦理课程是为了塑造了正直、诚实的品格	−.030	**.757**	.193
学习商业伦理课程是为了了解商业伦理规范	.327	**.654**	−.089
学习商业伦理课程是为了增强处理伦理抉择问题的能力	.491	**.537**	.109
学习商业伦理课程是为了塑造商业伦理价值观	.042	**.502**	−.319
通过商业伦理课程的学习,让我认识到商业伦理教育的重要性	.243	.062	**.785**
通过商业伦理课程的学习,让我对本专业职业道德规范更加了解	.362	.267	**.685**

表 7 - 4　商业伦理教育各维度信度分析结果

因子名称	信　度
教育目的	0.705
教育形式	0.818
教育成果	0.668

（二）企业社会责任取向量表因子分析

本章对企业社会责任量表中的问题项进行因子分析。首先,该量表内问题的 KMO 值为 0.813,Bartlett 球形检验结果为 0.000,结果表明该量表适合进行因子分析。同样利用 Promax 旋转法对量表内各指标进行因子分析。为了不改变累计方差,对各因子的方差贡献率先进行了重新分配,以此使得因子解释性更强,结果如表 7 - 5 所示。

从表 7 - 5 可以看出,企业社会责任量表中包含了 11 个指标,在进行 Promax 处理后可分为四类,各指标归属按照最大载荷处理,并据此划分了四类因子。根据上文假设,本章对该四类因子进行重命名,分别为经济责任取向、法律责任取向、慈善责任取向和伦理责任取向,根据这四个变量进行信度检验。

表 7 - 6 所示为企业社会责任量表的四个变量的信度检测结果,从表中可以看出,各个变量的信度均大于 0.6,这意味着各变量的内部一致性是比较高的。

表 7 - 5　企业社会责任取向变量的因子分析结果

指　标	因子载荷			
	1	2	3	4
企业追求增加每股收益的机会	**.839**	−.050	−.028	−.095
稳定的收益率是衡量企业绩效的有用指标	**.803**	−.013	.025	.242
企业尽可能有效地配置企业的资源	**.736**	.131	.277	.297
企业满足公司股东的期望	**.681**	.034	−.342	−.016
企业满足政府与法律的期望	.037	**.824**	.151	.051
企业提供至少达到法律最低要求的产品和服务	.138	**.780**	.113	.055
企业遵守"禁止歧视妇女和弱势族群"方面的法律、法规	−.090	**.752**	.242	.234
企业经常探索能够提高城市和社区生活的新机会、新计划	.118	.261	**.776**	.075
企业满足社会的博爱和慈善的期望	.039	.260	**.762**	.212
慈善行为是衡量企业绩效的有用指标	.361	.038	**.601**	.154
企业满足社会风俗与道德规范的期望	.004	−.027	.254	**.800**
企业防止为达到企业目的而损害社会规范	.167	.188	.090	**.758**
企业避免为达到自身目标而损害社会伦理规范	.393	.238	.001	**.655**

表 7 - 6　企业社会责任取向各维度信度分析结果

因子名称	信　度
经济责任取向	0.876
法律责任取向	0.751
伦理责任取向	0.715
慈善责任取向	0.693

三、相关性分析

本节主要对商业伦理教育与企业社会责任取向之间的关系进行相关性分析。根据前文,本次研究将商业伦理量表及企业社会责任量表中的22个问题划分为7个因子,进行相关性分析,分析结果如表7-7所示。从表7-7可以看出,各个维度之间的显著性均小于0.05,意味着各维度之间两两相关;从相关系数来看,越接近1意味着相关性越强。因此,商业伦理教育与社会责任取向存在正相关关系。

表7-7　商业伦理教育与企业社会责任取向相关系数

		教育形式	教育目的	教育成果	经济责任取向	法律责任取向	慈善责任取向	法律责任取向
商业伦理教育	教育形式	1						
	教育目的	.341*	1					
	教育成果	.428**	.269*	1				
企业社会责任取向	经济责任取向	.562**	.392**	.302*	1			
	法律责任取向	.623**	.400**	.223*	.157*	1		
	慈善责任取向	.373*	.132*	.247*	.415**	.321**	1	
	法律责任取向	.264*	.110*	.232*	.276**	.464**	.376**	1

注:* 在0.05水平(双侧)上显著相关,** 在0.01水平(双侧)上显著相关。

四、方差分析

（一）工作经验的单因素方差分析

经过相关性检测后,本章需要对企业社会责任取向利用工作经验进行单因素分析,结果如表7-8所示。从表7-8中可以看出,工作经验的有无对企业社会责任取向的四个维度均产生了影响,因为不同类别的被试者在这四个维度的伦理取向上有显著的差异。从伦理责任取向的结果来看,没有工作经验的被试者在这个维度的均值为 3.5678,而有过工作经验的被试者的均值为 3.2540,也就是说,不同工作经验的被试者在企业社会责任取向上表现不同,假设 H1-1 得到了验证。

表 7-8　工作经验对企业社会责任取向影响的单因素方差分析

	显著性 sig.	平均值	
		无	有
经济责任取向	0.171	3.3002	3.4966
法律责任取向	0.526	2.9718	3.0582
伦理责任取向	0.026*	3.5678	3.2540
慈善责任取向	0.999	3.5819	3.5819

注:$P^* < 0.05$。

（二）年龄的单因素方差分析

在进行过工作经验的单因素检测后,本章需要对企业社会责任取向利用年龄进行单因素分析,结果如表 7-9 所示。从表中 7-9 可以看出,年龄的差异对企业社会责任取向的四个维度也会产生一定影响。从经济责任取向的结果来看,25 岁以上的被试者在这个维度的均值为 3.5595,而 25 岁以下的被试者的均值为 3.2488,也就是说,不同年龄的被试者在企业社会责任取向上表现不同,假设 H1-2 得到了验证。

表 7-9　年龄对企业社会责任取向影响的单因素方差分析

	显著性 sig.	平均值	
		25 岁以下	25 岁以上
经济责任取向	0.029*	3.2488	3.5595
法律责任取向	0.869	3.0054	3.0278
伦理责任取向	0.357	3.6398	3.5222
慈善责任取向	0.620	3.3710	3.4417

注:$P^* < 0.05$。

（三）性别的单因素方差分析

本章接着以性别为单因素对企业社会责任取向进行分析。表 7-10 为分析的结果,从中可以看出性别的不同会对企业社会责任取向产生一定影响。从法律责任取向上来看,男性被试者的均值为 3.0278,而女性被试者的均值为 3.0054,因此,男性被试者法律责任水平高于女性被试者。不同性别的被试者在企业社会责任的法律取向上表现出显著差异。通过均值比较,男性的法律责任取向水平为 3.0278,女性的法律责任取向水平为 3.0054,说明男性的法律责任取向水平高于女性的被试者。也就是说,男人和女人的企业社会责任取向是有差异的,假设 H1-3 得到了验证。

表 7-10　性别对企业社会责任取向影响的单因素方差分析

	显著性 sig.	平均值	
		女	男
经济责任取向	0.674	3.2488	3.5595
法律责任取向	0.002*	3.0054	3.0278
伦理责任取向	0.370	3.3710	3.4417
慈善责任取向	0.569	3.6398	3.5222

注:$P^* < 0.05$

（四）学历的单因素方差分析

以学历作为单因素对企业社会责任取向进行分析,结果如表7-11所示。从显著性 sig 值来看,学历并未对企业社会责任取向的四个维度产生明显的影响,也就是说,学历并不是影响企业社会责任取向的因素,假设 H1-4 并没有得到验证。

表 7-11　学历对企业社会责任取向影响的单因素方差分析

	显著性 sig.	平均值	
		男本科及以下	硕士及以上
经济责任取向	0.703	3.4201	3.3609
法律责任取向	0.871	3.0238	3.000
伦理责任取向	0.901	3.3333	3.5658
慈善责任取向	0.129	3.5873	3.5702

注:$P^* < 0.05$

（五）伦理教育背景的单因素方差分析

本章以是否接受过伦理教育为单因素对企业社会责任进行分析,结果如表

7-12所示。从表7-12中可以看出,根据是否接受过商业伦理教育,被试者在经济责任取向、伦理责任取向及慈善责任取向均有明显差异。从经济责任取向来看,未接受过商业伦理教育的被试者均值为3.2895,而接受过教育的被试者均值为3.5870;从伦理责任取向来看,未接受过商业伦理教育的被试者均值为3.2763,而接受过教育的被试者均值为3.6196;从慈善责任取向来看,未接受过商业伦理教育的被试者均值为3.4737,而接受过教育的被试者均值为3.7609。因此,接受过商业伦理教育课程的人比未接受过的人在企业社会责任取向上表现有所差异,假设H1-5得到了验证。

表7-12 伦理教育背景对企业社会责任取向影响的单因素方差分析

	显著性 sig.	平均值	
		否	是
经济责任取向	0.043*	3.2895	3.5870
法律责任取向	0.255	2.9561	3.1159
伦理责任取向	0.018*	3.2763	3.6196
慈善责任取向	0.028*	3.4737	3.7609

注:$P^* < 0.05$

五、回归分析

在进行单因素分析后,我们进一步就商业伦理教育对企业社会责任取向的四个维度的影响进行回归分析。在回归分析之前,我们先进行 Durbin-Watson 检验和多重共线性检验。Durbin-Watson 检验结果在 1.5—2.5 区间内,则说明残差与自变量两者之间是相互独立的,回归模型得到的结果也是可靠的。多重共线性检验中的 VIF 结果在 0—10 区间内时,意味着回归模型中的各变量并不存在多重共线性问题。本研究的这两项检验结果均符合以上条件,据此,可根据回归模型进行解释。

(一)商业伦理教育对经济责任取向回归分析

我们首先对商业伦理教育与经济责任取向进行回归分析,结果如表7-13所示。从表7-13可以看出,商业伦理教育的三个维度,教育成果、教育目的及教育形式的 t 值显著性均小于 0.05,对应的 t 值则均大于2。因此,商业伦理教育的三个变量对经济责任取向都具有显著的正向影响。因此,假设2得到了验证。

表 7 - 13　商业伦理教育对经济责任取向的回归系数

预测变量	非标准化系数		标准化系数	t 统计值	显著性	共线性统计量	
	B	标准误差	β			容差	VIF
常量	0.357	0.928		0.385	0.702		
工作经验	0.203	0.231	0.144	0.877	0.386	0.552	1.811
年龄	0.016	0.011	0.011	0.087	0.931	0.857	1.167
性别	0.254	0.195	0.177	1.304	0.200	0.808	1.237
学历	−0.019	0.246	−0.013	−0.075	0.940	0.520	1.924
教育成果	0.045	0.157	0.044	2.400	0.021***	0.552	1.762
教育目的	0.217	0.177	0.166	2.602	0.013***	0.522	1.904
教育形式	0.543	0.151	0.540	4.943	0.000***	0.520	1.911

***:1%统计水平显著。

（二）商业伦理教育对法律责任取向回归分析

随后我们对商业伦理教育与法律责任取向进行回归分析,其结果如表 7 - 14 所示。从表 7 - 14 可以看出,性别、学历及教育目的三个变量对于法律责任取向的 t 值显著性均小于 0.05,对应的 t 值均大于 2。因此,我们认为性别、学历及教育目的三个变量对法律责任取向是有显著的影响。据此,假设 3 部分得到了验证。

表 7 - 14　商业伦理教育对法律责任取向的回归系数

预测变量	非标准化系数		标准化系数	t 统计值	显著性	共线性统计量	
	B	标准误差	β			容差	VIF
常量	0.143	0.949		0.151	0.881		
工作经验	0.505	0.237	0.354	2.132	0.039***	0.552	1.811
年龄	−0.279	0.187	−0.196	−1.493	0.144	0.882	1.133
性别	0.525	0.200	0.361	2.629	0.012***	0.568	1.237
学历	0.538	0.237	0.366	2.275	0.028***	0.588	1.924
教育成果	−0.035	0.142	−0.034	−0.250	0.804	0.804	1.243
教育目的	0.495	0.172	0.375	2.875	0.007***	0.552	1.904

（三）商业伦理教育对伦理责任取向回归分析

随后我们将商业伦理作为自变量对伦理责任取向进行了回归分析,其结果如表 7 - 15 所示。从表 7 - 15 可以看出,工作经验、年龄、性别、教育目的、教育形式及教育成果六个变量的 t 值显著性均大于 0.05。因此，这些变量对伦理责任取向并没有显著的影响。从表 7-15 可以看出，只有学历对伦理教育具有显著影响。因此，假设 4 部分得到证实。

表 7-15　商业伦理教育对伦理责任取向的回归系数

预测变量	非标准化系数		标准化系数	t 统计值	显著性	共线性统计量	
	B	标准误差	β			容差	VIF
常量	0.699	1.227		0.570	0.572	0.699	1.227
工作经验	0.058	0.258	0.036	0.224	0.824	0.058	0.258
年龄	0.138	0.245	0.089	0.564	0.576	0.138	0.245
性别	0.363	0.306	0.233	1.186	0.243	0.363	0.306
学历	0.592	0.325	0.369	1.820	0.077*	0.592	0.325
教育成果	0.142	0.208	0.128	0.686	0.497	0.142	0.208
教育目的	0.297	0.234	0.206	1.270	0.212	0.297	0.234
教育形式	-0.052	0.207	-0.046	-0.252	0.803	-0.052	0.207

* :10%统计水平显著。

（四）商业伦理教育对慈善责任取向回归分析

最后，我们分析了商业伦理各维度变量对慈善责任取向的影响，结果如表 7-16 所示。从表中可以看出，教育成果变量对慈善责任取向具有显著影响。而其他各变量的 t 值显著性大于 0.05，对应的 t 值小于 2，未对慈善责任取向产生显著的影响。综上所述，假设 5 部分得到证实。

表 7-16　商业伦理教育对慈善责任取向的回归系数

预测变量	非标准化系数		标准化系数	t 统计值	显著性	共线性统计量	
	B	标准误差	β			容差	VIF
常量	2.294	1.278		1.795	0.081	2.294	1.278
工作经验	-0.080	0.268	-0.048	-0.297	0.768	-0.080	0.268
年龄	-0.365	0.255	-0.226	-1.432	0.160	-0.365	0.255
性别	0.204	0.318	0.126	0.642	0.525	0.204	0.318
学历	0.240	0.339	0.144	0.710	0.482	0.240	0.339
教育成果	0.379	0.216	0.327	1.753	0.088*	0.379	0.216
教育目的	0.097	0.244	0.064	0.397	0.694	0.097	0.244
教育形式	-0.064	0.216	-0.055	-0.296	0.769	-0.064	0.216

* :10%统计水平显著。

第五节　研究结论与政策建议

本研究以财经类高校在校生及毕业生为调研对象,构建个人成熟度和道德成熟度关系模型,来探究商业伦理教育是否会对企业社会责任取向产生影响。本次研究首先根据探究的问题提出了假设,并对此进行了实证检验。根据前文的研究结果,我们认为商业伦理教育能够对经济及法律责任取向产生影响,并未对伦理及慈善责任取向产生影响。此外,本章也证实了个人工作经验、年龄、性别及教育背景也会对个体企业社会责任取向产生积极影响,具体假设检验结果如表 7 - 17 所示。

表 7 - 17　假设检验结果

假　设	假设内容	结　论
H1	企业社会责任取向会因为个体特征的不同而存在差异	支持
H1 - 1	不同工作经验的人,其企业社会责任取向存在差异	部分支持
H1 - 2	不同年龄的人,其企业社会责任取向存在差异	部分支持
H1 - 3	不同性别的人,其企业社会责任取向存在差异	部分支持
H1 - 4	不同学历的人,其企业社会责任取向存在差异	部分支持
H1 - 5	学习过商业伦理学的人与未学过商业伦理学的人相比具有更高的企业社会责任取向水平	部分支持
H2	个人商业伦理教育水平与经济责任取向正相关	支持
H3	个人商业伦理教育水平与法律责任取向正相关	部分支持
H4	个人商业伦理教育水平与伦理责任取向正相关	部分支持
H5	个人商业伦理教育水平与慈善责任取向正相关	部分支持

一、研究结论

(一)根据工作经验、年龄和性别的不同,个体特征对企业社会责任取向具有显著差异

工作经验的有无对被试者的伦理责任取向是有差异的,无工作经验的被试

者比有工作经验的伦理责任水平更高；25 岁以上的被试者比 25 岁以下的被试者经济责任水平更高；男性比女性在法律责任表现出的水平更高；有伦理教育背景的被试者比没有相关教育的被试者在经济、伦理及慈善责任上表现更高的水平；而不同学历的被试者并未在企业社会责任取向上表现出太大不同。因此，总体来说，个体的社会责任取向会受到其工作经验、年龄和性别的不同产生差异化影响。

（二）商业伦理教育与企业社会责任中的经济责任及法律责任取向有正相关关系

商业伦理教育的有无对经济责任是有影响的，其中，商业伦理教育的三个变量——教育目的、教育形式及教育成果均对经济责任取向产生了积极影响。但是，个体特征并未对经济责任产生较大影响。从对法律责任取向产生影响的因素来看，商业伦理教育、性别、学历均对法律责任产生积极影响，而工作经验与年龄并未对法律责任产生较大影响。此外，商业伦理教育的三个变量与个体特征均未对伦理及慈善责任取向产生明显的影响。

二、政策建议

目前，公众对企业社会责任的关注度越来越高，政府、高校及企业也应注意商业伦理教育培养以提高企业社会责任。国内商业伦理相关教育的普及现状更提醒着各界应关注相关教育。据此，我们提出了如下建议：

（一）完善法律制度、宣扬伦理教育，营造有利的社会环境和良好的道德建设环境

国家应完善商业伦理相关法律法规，通过国家强制力保证企业实现商业伦理的相关标准，能够充分引起社会及企业的关注。然而，法律能够涉及的内容是有限的，也需要社会和企业设置相关规则帮助提高企业社会责任。企业可根据自身的需求，结合国家法律法规设置本企业的规章制度来规范员工的行为，招聘道德水平相对较高的人才。如果企业将道德水平列入招聘人才的条件之一，那么社会及高校会倾向于为企业培养这类人才，也会提高高校学生对这一课程的重视程度，从而有利于提高整个市场内商业人才的道德水准。法律制度与道德制度相结合，能够促使商业伦理更好发展，从而塑造出一个良好的社会环境及道德建设环境。

（二）通过借鉴其他国家商业伦理道德教育的成功经验，并结合中国自身的实际情况，构建符合中国国情的商业伦理道德教育体系

除我国外，许多国家也很注重商业伦理教育，并开设了相关课程。美国哈佛大学全体新生入学的第一门课就是"商业管理的决策与伦理的价值"；乌克兰基辅国际管理学院提出学院的教育目标之一就是商业伦理道德教育，并将课程与案例结合教授；日本将企业伦理与家庭伦理相结合，并通过伦理道德处理企业内外关系。因此，理论需要与实践相结合。这些国家的商业伦理课程通常都不是仅仅为课堂上理论传授，学生除了需要掌握商业伦理相关的理论知识，还需要结合实际案例，通过这种方式实现理论对实践的指导。因此，为了让学生能够更好地掌握商业伦理，应该将中国企业的现实案例与课堂内容相结合，并让学生更早适应和对商业伦理问题进行处理。

高校在明确商业伦理的教育目标后，更要确定合适的教学内容，并制定相关教学成果评价流程。因此，针对中国学生编写合适的商业伦理教材是首先需要解决的问题，该教材应该囊括了商业伦理相关知识，还需要结合中国传统商业伦理道德的精华内容。除了商业伦理专业课程以外，其他课程也应该加入一定的商业伦理内容。最后，除了传统教学方式外，商业伦理相关教育还可以增加案例分析、课堂讨论、角色扮演等多种形式，帮助学生更好掌握商业伦理相关内容。

（三）学校在相关学院内开设商业伦理必修课，并将商业伦理道德教育融入校园文化的建设中

高校对于商业伦理相关课程进行设置时，如果将其设置为必修课，能够提高学生及教师的重视程度。此外，在其他管理课程加入"商业管理伦理""管理哲学"等伦理相关内容，也能使得学生在学习专业课的同时学习商业伦理。只有在学生及教师都重视商业伦理相关教育时，才能够提升高校商业伦理教育水平。

此外，高校要将伦理道德教育纳入学生培养大纲。高校可以通过各种不同的方式将伦理道德融入校园文化，将商业伦理思想渗透到学生的校园生活中，进而使得学生在一个良好的商业伦理教育环境中耳濡目染，有利于提高学生的商业伦理道德水平。高校教师也应在其中发挥以身作则的作用，引导学生向更高的道德水平发展。

第八章　研究结论与相关建议

在企业社会责任运动席卷全球、中国企业社会责任问题日益紧迫的国际和国内大环境下,特别是 2020 年初爆发的新冠疫情(COVID-19)在全球大流行,对全世界的经济活动、社会发展和人民生命财产安全都造成了巨大的损失,带来了广泛而深远的影响。在此大背景下,社会各界对企业在社会经济运行中承担的角色和应有的表现有了更高的要求和更全面的期待。本书从利益相关者的视角出发,遵循"理论分析——实证研究——实践启示"的一般研究思路,全面分析了在不同类型的企业组织之间、不同的利益相关者的视角下,影响企业履行社会责任的关键因素,探究了企业履行社会责任对其绩效的影响及其路径。本章简要总结全书的研究结论,并提出相关政策建议和管理建议。

第一节　主要研究结论

一、企业家的社会责任认知对企业履行社会责任具有显著影响

针对中小企业的研究表明,企业家的社会责任认知对其履行社会责任行为影响显著。根据"态度—行为"理论,一个人的行为会受到其态度的影响,企业对社会责任的履行也会受到管理者对社会责任认识程度的影响。企业实施具体的社会责任行为会受到管理者对社会责任长远的战略型态度或务实的实践型态度的影响。同样,如果管理者可以清晰地认识到履行企业社会责任的积极意义,如有助于改善各利益相关者之间的关系、提升企业形象,那么,企业管理者在管理活动、战略制定过程中就会主动将履行社会责任考虑在内,使企业社会责任的水平得以提升。

二、领导风格对企业履行社会责任具有显著影响

研究发现,变革型领导有助于企业履行社会责任。变革型领导对企业履行员工责任、客户责任、慈善责任、环保责任和社区责任都有显著的正向影响。变革型领导在平时工作过程中会注意自己的道德垂范,企业利益高于个人利益,注重创新。同时,变革型领导热爱自己的工作,且全身心投入工作,对员工起到很好的榜样作用,他们不仅关心员工的工作,还会留意员工的家庭和生活,给予员工极大的帮助。因此,在战略制定中,变革型领导不仅考虑企业的经济绩效,还会从环境保护、社区关系、慈善活动等利益相关者的角度进行战略选择和执行。因此,变革型领导是具有全局观、概念型的领导风格,有利于企业履行社会责任。而具有交易型领导特性的企业则较为关注员工责任。交易型领导关注员工完成工作的效果,当员工达成组织目标时,会对员工进行奖励。同时,当员工出现错误或者偏差时,交易型领导会直接指出并指导员工改正错误。交易型领导密切关注员工的工作,因此,交易型领导有助于企业履行员工责任。

三、企业履行社会责任对企业绩效具有显著影响

针对中小企业、农业企业以及上市公司的研究均表明,企业履行社会责任对其绩效具有显著的影响,但不同的社会企业责任维度对绩效的不同维度的影响并不相同。

有关中小企业的研究发现,企业通过实施社会责任实践,对其经济绩效、社会绩效和环境绩效同时具有显著的正向影响。中小企业管理者可以让外部利益相关者更清楚地感知到企业的责任感和使命感,塑造企业在利益相关者心目中的良好形象。企业实施社会责任行为,会提升消费者的顾客满意度和忠诚度,提升员工的满意度和对公司事务的参与度,提升供应商、政府和社区对企业的信任和长期合作意向,并积极支持企业发展。另外,企业在环境保护方面采取有效措施,不仅有利于保护环境,还能实现对资源的有效利用,而且也能改善企业在社会公众心目中的形象。企业社会责任实践的各个方面相互促进,相互影响,共同对企业的持续发展产生作用。因此,长期而言,中小企业履行社会责任,不仅提升了经济绩效,还提升了社会绩效和环境绩效。

有关农业龙头企业的研究发现企业社会责任的不同维度对经济、社会和环境绩效的影响不完全相同。一是企业履行员工责任有助于提高其环境绩效和社

会绩效。企业关心员工,给员工创造好的工作环境和工作氛围,提高员工的工作积极性和组织归属感,员工因此会积极宣传企业的文化和产品,增强企业社会影响力。员工也会以企业利益为目标,为实现组织目标而更加努力工作,从而提高其环境绩效。二是企业履行客户责任、环保责任和慈善责任均有助于提高其经济绩效。企业诚信对待所有的商业合作伙伴,可以为企业赢得持久的合作关系。企业生产高质量的产品,能获得更多的忠实消费者,从而实现较好的经济效益。同时,企业在生产经营管理过程中注重运用绿色链生产,注重创新和改进生产技术,不仅可以提高生产效率,而且还能更多地减少不必要的浪费。企业对废气、废水等的处理严格按照国家标准来执行,有利于减少环境污染。因此,企业履行环保责任,有利于提高企业环境绩效。此外,企业通过捐款、赞助等公益行为履行慈善责任,可以给企业带来好的企业声誉和品牌影响力,提高企业的社会影响力和消费者的信任度,这些都有助于提高企业的市场影响力,从而使得消费者购买更多的产品,促进企业经济绩效的提高。

有关上市公司的研究发现,企业社会责任对企业经济绩效具有显著的正向影响。企业履行社会责任能够帮助企业与利益相关者保持融洽的合作关系,获得利益相关者的大力支持,这其中包括当地政府的政策扶持、社会投资者的积极投资、企业股东的信任感以及企业员工的忠诚度等,从企业的内外部对企业绩效产生了多方面积极影响。不仅如此,上市公司通过积极履行社会责任可以达到树立良好企业形象并产生较高声誉的效果,进而提升企业的绩效。因此,企业履行社会责任能够提高企业绩效。

四、企业社会责任对上市企业的研发投入具有显著影响

上市公司加强对社会责任方面的投入,可以增强企业的社会吸引力,从而得到更多的利益相关者的支持,增加以社会责任为基础的研发投入,为企业研发创新奠定基础。这其中包括促使外部投资以获得充足的研发投入资金;促进消费者对其产生良好的印象,甚至产生购买行为,进而引导企业进一步加大研发投入;促使企业员工理解并认可企业的价值观念;提升研发相关工作的工作效率,并吸引更多的技术人才,为进一步加大研发投入打下良好的基础;促使政府部门认可其企业贡献,有助于为企业获得更多的研发政策支持及研发补贴。因此,企业社会责任水平较好有助于企业增加研发投入。进一步研究发现,研发投入对企业绩效具有显著的正向影响。因此,研发投入在企业社会责任对经济绩效的影响中具有中介效应。一个企业能否提高自身的竞争优势,很大程度上取决于

企业是否有足够的创新技术来支撑。而一个企业要想在与别的企业竞争中获得创新优势，就必须增加研发投入，领先于市场的产品和服务能够为企业带来持续上升的利润。通过研发投入，可以帮助企业实现生产流程改造、产品更新升级等一系列提升，企业的生产效率就会得到提高，企业的产品不断更新升级，企业的竞争力也就会不断增强，这些都为企业的长远发展创造了有利条件。

五、企业社会责任对员工动机和员工服务创新都有显著影响

有关现代服务业研究发现，企业的内外部企业社会责任对员工服务创新行为有显著影响。一是员工内部动机受到内部和外部企业社会责任的影响，而外部动机则受到外部和公共企业社会责任的影响。根据心理学家赫芝伯格的双因子理论：内在因素（激励因子）与工作满意相关；外在因素（保健因子）与工作不满相关。当企业履行与员工工作满意度相关的责任行为时，这些责任就成了员工行为的激励因子，能够提升员工满意度。当企业履行的责任行为与员工利益没有直接关联时，如对供应商、对社区等责任行为可以提升企业形象，激发员工自豪感，但对员工缺乏直接的激励，从而对员工工作满意度影响不明显。二是企业社会责任对员工服务创新行为具有显著的影响。研究表明，内部企业社会责任和外部企业社会责任对员工服务创新行为是有显著正向影响。现代服务业员工更关注与自身有直接关联的利益对象，当企业履行内部企业社会责任时必然直接关联到自身的利益，其行为也会随之受到影响；当企业履行外部企业社会责任时，相对于制造业员工，现代服务业员工与消费者和供应商等外部利益相关者有更多的接触和交流，其自身有时也扮演着消费者的角色，因此，企业外部责任对员工的行为有一定影响。

研究同时发现，员工的动机对其服务创新行为具有显著影响，且内部动机对员工服务创新行为的影响程度大于外部动机。内部动机是激发员工行为最本质的因素，使得员工以积极的态度应对挑战。外部动机对员工的服务创新行为具有正向影响，现代服务业以"服务"为主体，"服务"的产量是无尽的，创新的源头也是无尽的。现代服务业员工在受到外在的酬赏激励时会更多地激发服务创新行为。员工动机在企业社会责任与员工服务创新行为之间起到一定的中介作用，内、外部动机在内、外部企业社会责任与员工服务创新行为分别起到部分和完全的中介作用。因此，现代服务业企业在履行社会责任的同时应当注意激发员工动机，使员工创新行为得到激励。

六、当发生产品伤害危机时,企业社会责任水平对消费者信任和企业声誉具有不同的影响

研究发现,企业反应对感知企业能力具有显著的影响,进而对消费者信任和企业声誉具有显著影响。当企业发生产品伤害危机时,不仅经济上受到损失,企业声誉也会受到影响。同时,危机严重度会显著影响企业声誉。因此,企业需要制定一个应对危机的有效方案来对危机进行预防或者及时干预。而企业面对产品伤害危机的反应,则会通过感知企业能力对消费者信任和企业声誉产生影响。

研究进一步发现,企业社会责任对危机严重度和感知企业能力之间并不存在调节关系,而在企业反应和感知企业能力之间存在明显的调节作用。无论企业对危机情境采取何种的反应方式,积极的企业社会责任下的感知企业能力都高于消极企业社会责任下的感知企业能力。因此,企业的管理者在管理过程中要更加注重企业社会责任的作用,只有积极履行社会责任,其在危机发生时无论做出何种反应方式均能得到较高的感知企业能力,从而有助于企业重建消费者信任,进而减少对企业声誉的影响。

在企业反应的选择上,企业无论采取积极还是消极的企业社会责任策略,积极承担责任都是最优选择,都能带来较好的感知企业能力。而在积极企业社会责任条件下,企业采取坚决否认策略和采取强制召回策略则并没有表现出显著的企业感知能力的差异。总之,当产品伤害危机发生时,无论企业处于何种社会责任状态,积极承担责任的应对策略都是最优策略。它会帮助企业将损失最小化,这也是降低危机风险的一种策略方法。

七、商业伦理教育和个体特征对企业社会责任取向的不同维度的影响不同

研究发现商业伦理教育和个体特征对企业社会责任取向的四个维度的影响是不一致的。首先,商业伦理教育对企业社会责任取向的不同维度的影响不同。研究发现,商业伦理教育对经济责任及法律责任取向有显著正向影响。商业伦理教育的三个变量——教育目的、教育形式及教育成果均对经济责任取向具有显著的正向影响。商业伦理的教育目的对法律责任具有显著的正向影响。教育成果对慈善责任取向具有显著的正向影响。其次,个人特征对企业社会责任取向的不同维度的影响也有差异。员工的工作经验对其社会责任取向具有显著影

响,无工作经验的被试者比有工作经验者的伦理责任水平更高;年龄对其社会责任取向有显著差异,25 岁以上的被试者比 25 岁以下的被试者经济责任水平更高;性别对其社会责任取向有显著影响,男性比女性在法律责任表现出的水平更高;教育经历对其社会责任取向有显著影响,有伦理教育背景的被试者比没有相关教育的被试者在经济、伦理及慈善责任上表现出更高的水平。因此,总体来说,个体的社会责任教育对其社会责任取向具有较为一致的影响,而个体的社会责任取向会因其工作经验、年龄和性别的不同带来差异化影响。

第二节　政策建议

企业社会责任问题不仅仅是企业的问题,更是整个社会的问题。这个认识对改善和解决企业社会责任问题至关重要。政府是我国社会中影响力最强的社会机构,其出台的政策将对企业履行社会责任行为具有关键性影响。因此,从政府的角度出发,要完善市场经济秩序,构建和谐社会,需要建立和完善法律法规,强化约束和监督机制,出台激励企业履行社会责任的举措。只有综合施策,才能起到效果。

本书从不同利益相关者视角得出的研究结论,可以从不同层面为政府制定政策提供指导建议。

一、完善企业社会责任方面的法律法规,营造良好的道德建设环境

政府作为市场经济行为的监督者和管理者,应当积极制定相关法律法规,完善企业履行社会责任的制度环境。一方面,政府要结合我国的国情和行业特点,制定适用于不同行业的企业社会责任指导政策,鼓励企业履行社会责任,鼓励企业加大社会责任领域创新的投入。各级地方政府及基层管理单位要严格落实国家政策号召,明确企业履行社会责任的必要性及考核制度,根据企业履行社会责任程度的差异给予企业奖惩。同时,建立相应的申诉机制,当企业遭受不公平待遇时,可以提起申诉,保证自身合法权益。另一方面,要建设良好的道德环境。政府要鼓励企业在人才招聘中将企业社会责任认知和道德水平纳入考核范围。要鼓励高校更加注重学生道德的培养,从而提高学生的企业社会责任和道德水平。构建完善的法律制度与道德制度环境,能够促使企业更好地履行企业社会

责任,从而更好地适应现代社会的发展,有助于企业在激烈的竞争环境中逆势而行,持续发展。

二、营造良好的社会氛围,增强利益相关者的社会责任意识

对企业社会责任的认知和履行,企业与其利益相关者之间可以互相促进、互相影响。利益相关者社会责任意识的增强有利于企业更好地履行社会责任行为。有较高社会责任意识的消费者,就不会购买不承担社会责任的企业所生产的产品;有较高社会责任认知的员工,就会产生强烈的责任动机,从而激发员工的创新行为;有较高社会责任意识的利益相关者,就会对上下游客户的社会责任意识和行为提出要求。因此,增强企业利益相关者的社会责任意识,就会从外部和内部同时给企业带来压力,从而倒逼企业必须增强对企业社会责任的认识,提高其履行社会责任的行为。

三、加强政府的引导与分类指导

在企业社会责任规范化、有序化的推进方面,政府承担着非常重要的角色,并发挥着主导作用。一方面,政府应积极引导和监督企业承担社会责任,要通过构建完善的正向激励机制和负向约束机制,引导企业自觉履行社会责任,从而提高全社会的社会责任水平。政府可以加大对较好履行企业社会责任的相关企业的财政和金融支持,或者实施部分税收减免,对积极保护环境的企业提供各种奖励等。另一方面,政府要根据不同规模和不同类型的企业,制定不同的引导措施。国外学者的研究表明,目前的企业社会责任理论构建完全是以大型企业为基础的(Jenkins,2004;European Commission,2002)。中小企业的社会责任问题与大型企业完全不同。因此,对规模较大的企业和上市公司,除了鼓励其承担一般的社会责任以外,还应采取适当措施引导他们参与更高层次的社会责任,比如在区域发展战略、国家发展战略等层面承担相应的社会责任。对中小型企业、农业企业和现代服务业企业,应鼓励其结合自身业务的特点承担社会责任,实现持续发展。也可借助行业协会的力量,在重点行业推进企业社会责任行业标准的制定与实施(黄群慧等,2017)。

四、加强企业社会责任履行的披露和监督

　　制度能否实施不仅取决于政策的制定是否完善合理,还取决于是否有足够的监管措施。政府部门在制定好相应的企业社会责任履行要求后,要建立相应的企业社会责任履行披露和监管制度,保证企业社会责任的履行落到实处。首先,借鉴发达国家经验,并结合我国实际,制定系统、科学、合理的企业社会责任评价体系,形成企业社会责任客观评价的统一标准。其次,强制要求企业建立企业社会责任报告制度,将企业的社会责任履行情况定期以报告形式公开披露,不仅有助于政府部门对企业社会责任的履行进行评判,更有助于各企业利益相关者对企业履行社会责任进行监督。中国社会科学研究院钟宏武等(2018)在这方面已经做了大量的研究,提出了中国企业社会责任报告指南基础框架(CASS-CSR4.0)。政府要引导企业借鉴企业社会责任报告的框架体系,全面实施企业社会责任年度报告制度,并对企业社会责任报告的科学性、系统性、完整性、及时性等要求进行监督。

五、政府要支持和鼓励高校实施社会责任教育以提高企业家和公民的社会责任水平

　　加强商业伦理教育的目的是要让我国的每一个企业家和每一位公民都认识到:一方面,企业的发展取决于企业所处的综合社会契约,从而决定了企业的社会责任是不可回避的;另一方面,社会倡导企业承担社会责任是希望企业转变观念,调整企业行为,找到一条既不会损害其他利益相关者的利益,同时又可以提高企业自身持续竞争优势的适合自己的发展路径。一是要构建符合中国国情的商业伦理道德教育体系。政府要支持和鼓励高校借鉴其他国家商业伦理道德教育的成功经验,将商业伦理教育纳入人才培养的全过程。高校要制定合适的教学内容,针对中国学生出版合适的商业伦理教材。同时,要创新商业伦理课程的教学形式,要增加案例分析、课堂讨论、角色扮演等多种形式,帮助学生更好掌握商业伦理相关内容。二是高校要将商业伦理道德教育融入校园文化建设中。要借鉴课程思政的理念,高校除了开设商业伦理专业课程以外,还要将"商业管理伦理""管理哲学"等伦理相关内容融入各专业的专业课程之中,使学生在学习专业课的同时强化商业伦理的理念。此外,高校还可以将商业伦理通过各种不同的方式融入校园文化,将商业伦理思想渗透进学生的校园生活,让每个学生在一

个良好的商业伦理教育环境中耳濡目染,提高学生的商业伦理道德水平。高校教师在这个环境中也应起到以身作则的作用,引导学生向更高的道德水平发展。三是要加强公众的社会责任教育。政府和社会要建立良好的社会责任舆论宣传机制,要面向不同的社会主体开展有针对性的社会责任宣传。例如,对消费者可以加强绿色消费模式的引导,而对投资者灌输社会责任投资理念(绿色投资)等。

第三节　管理建议

现代市场经济是集法治、伦理与可持续发展为一体的经济。发达的市场经济必须有先进的商业伦理作为支撑,必须依靠所有企业对社会责任的一致行动作为基础,才能保证市场经济有秩序、有活力,才能构建真正的和谐社会。

在企业层面,针对不同类型和不同规模的企业应当如何承担社会责任,本书提出如下建议:

1. **对中小企业而言,要将企业社会责任理念融入企业发展战略。**中小企业履行社会责任显著影响企业的绩效。相比于国有企业和民营企业,中国的中小企业履行社会责任的水平整体较低(郑海东,2012)。因此,中小企业更应该做好顶层设计,在企业发展战略中融入社会责任的相关理念,使企业管理者对社会责任的概念、内容、态度和行为等方面都有清晰和深刻的认识。企业管理层认识到企业承担社会责任在战略层面的重要作用,有利于提高其对履行社会责任的意识,并利于实践,从而实现企业的长期可持续发展。中小企业管理者可以通过接受全方位培训,积极提升对社会责任的认知水平。

2. **对农业企业而言,一方面,要加大力度履行社会责任。**企业履行社会责任不仅促进了经济绩效的提高,也有利于提升企业的社会形象和品牌价值,带来长久的增值效果。农业企业相对于其他行业而言,更加依赖自然环境。因此,通过对农业企业的管理者进行培训等增强企业管理者的企业社会责任意识,从而促进企业社会责任的践行,进一步提高企业绩效。**另一方面,要引入高学历和具有海外经验的变革型特质的管理人才。**高层管理者是影响企业社会责任行为表现的重要因素。企业内部高层管理者的文化水平和对企业社会责任的态度都显著影响企业履行社会责任的行为。由于中国农业企业管理者的文化程度相对较低,且绝大多数的管理者没有海外经验,对农业企业履行社会责任的认知和行为都存在一定的障碍。因此,农业企业特别要通过引进高层次的管理人才和专业化的技能人才来促进企业履行社会责任,自上而下建立积极的社会责任企业文化。同时,也要积极引进具有创新意识、开拓性的管理人才对农业企业进行科学、规范化管理,提升企业的文化氛围和创新能力。

3. **对上市企业而言,一是要提高企业社会责任意识,改善企业的外部形象,助力企业持续发展。** 企业应该认识到,伴随着社会经济的不断发展,各利益相关者已经不再把企业的盈利能力视为发展的唯一目标,而是会结合企业的盈利能力及其给社会带来的整体贡献对其进行综合评价。是否能够满足消费者的需求,是否能够保证企业发展的同时不破坏生态环境,这些都是评判企业是否值得信赖的依据。因此,在新的历史发展阶段,特别是生态文明已经成为国家战略的重要目标,高质量发展已经成为社会各界追求的新标准,企业应当拓宽自身的发展思路,提高履行企业社会责任意识,切实履行社会责任,并把企业社会责任理念贯穿企业的发展战略以及日常经营中。**二是要健全企业社会责任履行的保障机制。** 现代上市企业不仅需要关注自身运营和盈利能力,更要关注各利益相关者的权益。一个成熟的企业应当建立能够保障企业履行社会责任的管理制度。比如,可以借鉴行业内成功企业的管理经验,设置专门的企业社会责任管理委员会,在公司董事会的指导下负责企业社会责任履行制度的具体制定和实施。以现代科学的制度为依托,从公司战略上为企业社会责任制定长远的管理目标,同时营造积极的公司氛围,使得履行社会责任落实到企业运营的方方面面,避免企业社会责任仅停留在宣传口号上。

4. **对现代服务业企业而言,一方面,要通过激励促使员工主动进行服务创新。** 员工作为服务的主体,是企业创新行为的源头。企业应当注意激发员工的内、外部动机。根据马斯洛需求理论,不同的员工在不同时期有不同的需求,企业可以通过划分需求群体对员工进行激励,对于不同的需求对象采取不同的激励模式。**另一方面,要建立有效的双向沟通机制。** 双向沟通渠道是企业和员工之间信任的桥梁。在员工创新过程中,企业应当适时关注员工参与情况。现代服务行业的员工作为企业的一线人员,对客户需求有着充分了解,因此,企业员工参与在服务创新过程中发挥着极其重要的作用。兼容并蓄的沟通能够激励员工勇于献策,更能够使得企业不错过重要的发展机会。企业应当鼓励员工多提建议、多出点子,可以为员工设置提建议绿色通道、多召开员工座谈会,等等,给员工提供多样的沟通交流渠道。

参考文献

[1] Abbott, W. F. and Monsen, R. J. On the measurement of corporate social responsibility: Self-reported disclosures as a method of measuring corporate social involvement[J]. *Academy of Management Journal*, 1979, 122(3): 501 – 515.

[2] Aguilera, R. V., Rupp, D. E., Williams, C. A. Putting the S back in corporate social responsibility: A multilevel theory of social change in organizations[J]. *Academy of Management Review*, 2007, 32(3): 836 – 863.

[3] Agustin, C., Singh, J. Curvilinear effects of consumer loyalty determinants in relation exchanges[J]. *Journal of Marketing Research*, 2005, 42(1): 96 – 108.

[4] Ahluwalia, R., Unnava, H. R., Burnkrant, R. E. The moderating role of commitment on the spillover effect of marketing communications[J]. *Journal of Marketing Research*, 2001, 38(4): 458 – 470.

[5] Akaah, I. P. Differences in Research ethics judgments between male and female marketing professionals[J]. *Journal of Business Ethics*, 1989, (8): 375 – 381.

[6] Allayne, B., Pizzolatto, B. S. Business ethics: A classroom priority [J]. *Journal of Business Ethics*, 1996, 15(2): 153 – 158.

[7] Amabile, T. M. A model of creativity and innovation in organizations [J]. *Research in Organizational Behavior*, 1988, 10(1): 123 – 167.

[8] Amabile, T. M. Beyond talent: John Irving and the passionate craft of creativity[J]. *American Psychologist*, 2001, 56(4): 333 – 336.

[9] Amabile, T. M. Motivation and creativity: Effects of motivational orientation on creative writers. [J]. *Journal of Personality and Social Psychology*, 1985, 48(2): 393 – 399.

[10] Amabile, T. M. Motivational synergy: Toward new conceptualizations of

intrinsic and extrinsic motivation in the workplace[J]. *Human Resource Management Review*, 1993, 3(3): 185 – 201.

[11] Amabile, T. M., Gryskiewicz, N. D. The creative environment scales: Work environment inventory[J]. *Creativity Research Journal*, 1989, 2(4): 231 – 253.

[12] Amabile, T. M., Hill, K. G., Hennessey, B. A. The work preference inventory: Assessing intrinsic and extrinsic motivational orientations.[J]. *Journal of Personality and Social Psychology*, 1994, 66(5): 950 – 967.

[13] Angus-Leppan, T. Metcalf, L. A. & Benn, S. H. Leadership institutional drivers and CSR leadership[J]. *Journal Business Ethics*, 2010, 93(2): 189 – 213.

[14] Armstrong, M. *A Handbook of Human Resource Management Practice*[M]. Kogan Page Publishers, 2006.

[15] Aroosa, K. The impact of rewards & corporate social responsibility (CSR)on employee motivation[J]. *International Journal of Human Resource Studies*, 2014, 4(3): 71 – 73.

[16] Aupperle, K., Carroll, A. B., Hatfield J. An empirical examination of the relationship between corporate social responsibility and profitability[J]. *Academy of Management Journal*, 1985, 28(2): 446 – 463.

[17] Aupperle, K. E. An empirical measure of corporate social orientation [C]. Greenwich, CT: Research in Corporate Social Performance and Policy, 1984: 27 – 54.

[18] Barney, J. B., & Hansen, M. Trustworthiness as a source of competitive advantage[J]. *Strategic Management Journal*, 1994, 25: 175 – 190.

[19] Baron, R. M. and Kenny, D. A. The moderator variable distinction in social psychological research: Conceptual, strategic and statistical considerations[J]. *Journal of Personality and Social Psychology*, 1986, 51(6): 1173 – 1182.

[20] Baron, D. Private Politics, Corporate Social Responsibility, and Integrated Strategy[J]. *Journal of Economics & Management Strategy*, 2001,(10): 7 – 45.

[21] Baron, R., Kenny, D., A. The moderator variable distinction in

social psychological research: Conceptual, strategic and statistical considerations[J]. *Journal of Personality and Social Psychology*, 1986, 51(6): 1173 – 1182.

[22] Bass, B. M. *Leadership and Performance beyond Expectations*[M]. New York: Free Press, 1985.

[23] Bass, B. M. Theory of Transformational leadership redux[J]. *The Leadership Quarterly*, 1995, 6(4): 463 – 478.

[24] Bass, B. M., Avolio Brace J. & Goodheim, L. Biography and the assessment of transformational leadership at the World-Class level[J]. *Journal of Management*, 1987, 1(3): 7 – 19.

[25] Beck, N. and Katz, J. N. What to do(and not to do) with time-series cross-section data[J]. *The American Political Science Review*, 1995, 89(3): 634 – 647.

[26] Beltramini, R. F., Peterson, R. A., Kozmetsky, G. Concerns of college students regarding business ethics[J]. *Journal of Business Ethics*, 1984,(3): 195 – 200.

[27] Bendixen, M., Abratt, R. Corporate identity, ethics and reputation in supplier-buyer relationships[J]. *Journal of Business Ethics*, 2007, 76: 69 – 82.

[28] Berens, G., van Riel, C. B. M., & van Rekom, J. The CSR-quality trade-off: when can corporate social responsibility and corporate ability compensate each other? [J]. *Journal of Business Ethics*, 2007, 74: 233 – 252.

[29] Berman, S. L. Does stakeholder orientation matter? The relationship between stakeholder management models and firm financial performance[J]. *Academy of Management Journal*, 1999, 42(5): 488 – 506.

[30] Bernardi, R. A., Arnold, D. F. An examination of moral development within public accounting by Gender, staff level, and firm[J]. *Contemporary Accounting Research*, 1997,(14): 653 – 668.

[31] Bhattacharya, C. B., Sen, S. Consumer company identification: A framework for understanding consumers' relationships with companies [J]. *Journal of Marketing*, 2003, 67(2): 76 – 88.

[32] Biehal, G. J., Sheinin, D. A. The influence of corporate messages on the product portfolio[J]. *Journal of Marketing*, 2007, 71(4): 12 – 25.

[33] Bishop, T. R. Integrating business ethics into an undergraduate curriculum[J]. *Journal of Business Ethics*, 1992,(11): 291 – 299.

[34] Blanco, B., Guillamón-Saorín, E. and Guiral, A. Do non-socially responsible companies achieve legitimacy through socially responsible actions? The mediating effect of innovation[J]. *Journal of Business Ethics*, 2013, 117(1): 67 - 83.

[35] Booth, P., Moores, K. and Mcnamara, R. Researching the information content of social responsibility disclosure[J]. *British Accounting Review*, 1987, 19(2): 35 - 51.

[36] Borkowski, S. C., Ugras, K. J. Business students and ethics: A meta-analysis[J]. *Journal of Business Ethics*, 1998, 17(11): 1117 - 1127.

[37] Bostrom, M., Jonsson, A. M., Lockie, S., Mol, A. P. J., Oosterveer, P. Sustainable and responsible supply chain governance: Challenges and opportunities[J]. *Journal of Cleaner Production.* 2015, (107): 1 - 7.

[38] Bowen, R. H. *Social Responsibilities of the Business Man*[M]. New York: Harper, 1953.

[39] Bradford, J. L., Garrett, D. E. The effectiveness of corporate communicative responses to accusations of unethical behavior[J]. *Journal of Business Ethics*, 1995, 14: 875 - 892.

[40] Brammer, S., Brooks, C. and Pavelin, S. Corporate social performance and stock returns: UK evidence from disaggregate measures[J]. *Financial Management*, 2006, 35(3): 97 - 116.

[41] Brown, T. J., Dacin, P. A. The company and the product: Corporate associations and consumer product responses [J]. *Journal of Marketing*, 1997, 61(1): 68 - 84.

[42] Burns, J. M. *Leadership*[M]. New York: Harper and Row, 1978.

[43] Byrne, E. F. Business ethics: A helpful hybrid in search of integrity [J]. *Journal of Business Ethics*, 2002, 37(2): 121 - 133.

[44] Cannon, E. Promoting moral reasoning and multicultural competence during internship[J]. *Journal of Moral Education*, 2008, 37(4): 503 - 518.

[45] Carlson, P. J., Burke, F. Lessons learned from ethics in the classroom: Exploring student growth in flexibility, complexity and comprehension[J]. *Journal of Business Ethics*, 1998, 17(11): 1179 - 1187.

[46] Carroll, A. B. A three-dimensional conceptual model of corporate

social performance[J]. *The Academy of Management Review*, 1979, 4(4): 497 - 505.

[47] Carroll, A. B. Corporate social responsibility: Evolution of a definitional construct[J]. *Business & Society*, 1999, 38(3): 268 - 295.

[48] Carroll, A. B. The pyramid of corporate social responsibility: Toward the moral management of organizational stakeholders[J]. *Business Horizons*, 1991,(34): 39 - 48.

[49] Chen, F. Y., Chang, Y. H., Lin, Y. H. Customer perceptions of airline social responsibility and its effect on loyalty[J]. *Journal of Air Transport Management*, 2012, 20: 49 - 51.

[50] Chin, W. W. *The Partial Least Square Approach to Structural Equation Modelling*[M]. In Marcoulides, G. A. (Ed.). Modern Methods for Business Research. London: Lawrence Erlbaum Associates, Publisher, 1998.

[51] Chung, C. Y., Jung, S. and Young, J. Do CSR activities increase firm value? Evidence from the Korean market[J]. *Sustainability*, 2018,(10): 2 - 22.

[52] Cochius, T. Corporate Social Responsibility in Dutch SMEs: Motivations and CSR Stakeholders[D]. *Thesis of Maastricht University*, 2006.

[53] Corregan, B. H., Salazar, J. D. Taking Friedman Seriously: Maximizing Profits and Social Performance[J]. *Journal of Management Studies*, 2006, 43(1):75 - 91.

[54] Coombs, W. T. An analytic framework for crisis situations: Better responses from a better understanding of the situation[J]. *Journal of Public Relations Research*, 1998, 10: 177 - 191.

[55] Coombs, W. T. Attribution theory as a guide for post-crisis communication research[J]. *Journal of Public Relations Research*, 2007, 33(2): 135 - 139.

[56] Cornell, B. and Shapiro, A. C. Corporate stakeholders and corporate financial[J]. *Financial Management*, 1987, 16(1): 5 - 14.

[57] Creyer, E. H., Ross, W. T. The influence of firm behavior on purchase intention: Do consumers really care about business ethics? [J]. *Journal of Consumer Marketing*, 1997, 14(6): 421 - 432.

[58] Cron, W. L. Industrial salesperson development: A career stages perspective[J]. *Journal of Marketing*: 1984, 48(4): 41 – 52.

[59] Cropanzano, R., Mitchell, M. S. Social exchange theory: An interdisciplinary review[J]. *Journal of Management*, 2005,31(6): 874 – 900.

[60] David, C. and Sebastian, S. Employees, sustainability and motivation: increasing employee engagement by addressing sustainability and corporate social responsibility [J]. *Research in Hospitality Management*, 2016, 6(1): 69 – 76.

[61] Davis, J. R., Welton, R. E. Professional ethics: business students' perceptions[J]. *Journal of Business Ethics*, 1991, 10(6): 451 – 463.

[62] Dawar, N. Product-harm crises and the signaling ability of brands [J]. *International Studies of Management and Organization*, 1998, 28(3): 109 – 119.

[63] Dawar, N., Pillutla, M. M. Impact of product: Harm crises on brand equity: The moderating role of consumer expectations[J]. *Journal of Marketing Research*, 2000, 37(2): 215 – 226.

[64] Deci, E. L., Cascio, W. F., Krusell, J. Sex differences, positive feedback and intrinsic motivation[R]. Paper presented at Eastern Psychological Association Convention, Washington, D. C. 1973.

[65] Desplaces, D. E., Melchar, D. E., Beauvais, L. L. The impact of business education on moral judgment competence: An empirical study[J]. *Journal of Business Ethics*, 2007, 74(1): 73 – 87.

[66] Doney, M., Cannon, J. P. An examination of the nature of trust in buyer-seller relationships.[J]. *Journal of Marketing*, 1997, 61(2): 35 – 51.

[67] Dowling, G. Corporate reputations: should you compete on yours? [J]. *California Management Review*, 2004, 46(3): 19 – 36.

[68] Du, S. Swaen, V. & Lindgreen, A. The roles of leadership styles in corporate social responsibility[J]. *Journal of Business Ethic*, 2013, 114(1): 155 – 169.

[69] Duizend, J., McCann, G. K. Do collegiate business students show a propensity to engage in illegal business practices? [J] *Journal of Business Ethics*, 1998, 17(3): 229 – 238.

[70] Eberle, D. Berens, G. & Li, T. The impact of interactive corporate

social responsibility communication on corporate reputation[J]. *Journal of Business Ethic*, 2013, 118(4), 731 - 746.

[71] Effelsberg, D. Solga, M. & Gurt, J. Transformational leadership and follower's unethical behavior for the benefit of the company: A two-study investigation[J]. *Journal of Business Ethics*. 2013, 120(1): 81 - 93.

[72] Elkington, J. Partnerships from cannibals with forks: The triple bottom line of 21st-Century business[J]. *Environmental Quality Management*, 1998, 8(1): 37 - 51.

[73] Elliot, S., Papadopoulos, N., Kim, S. S. An integrative model of place image: Exploring relationships between destination, product, and countryimages[J]. *Journal of Travel Research*, 2011, 50(5): 520 - 534.

[74] Epstein, M., Flamholtz, E. and McDonough, J. J. Corporate social accounting in the United States of America: State of the art and future prospects[J]. *Accounting, Organizations and Society*, 1976, 11(1): 23 - 42.

[75] European Commission. Directorate-General for Enterprise and Industry. *European SMEs and Social and Environmental Responsibility*[M]. Publications Office of European Union, 2002.

[76] Eweje, G., Bentley, T. CSR and staff retention in New Zealand companies: A literature review [R]. Department of Management and International Business Research Working Paper Series 2006, no. 6. Auckland, NZ: Massey University. Department of Management and International Business, 2006.

[77] Feldman, H. D., Thompson, R. C. Teaching business ethics: A challenge for business educators in the 1990s [J]. *Journal of Marketing Education*, 1990, 12(2): 10 - 22.

[78] Frederick, W. C. The Growing Concern over Business Responsibility [J]. *California Management Review*, 1960, 2(4): 54 - 61.

[79] Freeman, J. M. Ethical theory and medical ethics: a personal perspective[J]. *Journal of Medical Ethics*, 2006, 32(10): 617 - 618.

[80] Freeman, E. Strategic Management: A Stakeholder Approach[M]. *Pitman Press*, Boston, 1984.

[81] Friedman, M. The social responsibility of business is to increase its profits[J]. *New York Times Magazine*, 13 September, 1970,(Sep): 33 - 35.

[82] Frisque, D. A., Kolb, J. A. The effects of an ethics training program on attitude, knowledge, and transfer of training of office professionals: A treatment and Control Group Design [J]. *Human Resource Development Quarterly*, 2008, 19(1): 35 – 53.

[83] Galbreath, J. How does corporate social responsibility benefit firms? Evidence from Australia[J]. *European Business Review*, 2010, 22(4): 411 – 431.

[84] Garbarino, E., Johnson, M. S. The different roles of satisfaction, trust and commitment in customer relationships[J]. *Journal of Marketing*, 1999, 63(2): 70 – 87.

[85] Gautschi, F. H., Jones, T. M. Enhancing the ability of business students to recognize ethical issues: An empirical assessment of the effectiveness of a course in business ethics[J]. *Journal of Business Ethics*, 1998, 17(2): 205 – 216.

[86] George, M. Bioethics and conflicting ethical criteria[J]. *Synthesis Philosophica*, 2002, 17(1): 111 – 120.

[87] Gillespie, N., Dietz, G. Trust repair after an organization level failure[J]. *Academy of Management Review*, 2009, 34(1): 127 – 145.

[88] Glenn, M. J., Hughes, R. B. The Netherlands America exchange of nursing students[J]. *TVZ: Het Vakblad Voor De Verpleging*, 1992,(3): 108 – 110.

[89] Graves, L. M. Sarkis, J. & Zhu, Q. How transformational leadership and employee motivation combine to predict employee pro-environmental behaviors in china[J]. *Journal of Environmental Psychology*, 2013, 35(8), 81 – 91.

[90] Grayson, K., Johnson, D., Chen, D. F. R. Is firm trust essential in a trusted environment? How trust in the business context influences customers [J]. *Journal of Marketing Research*, 2008, 45(2): 241 – 256.

[91] Green, T., Peloza, J. How does corporate social responsibility create value for consumers? [J]. *Journal of Consumer Marketing*, 2011, 28(1): 48 – 56.

[92] Greenberg, J., Baron, R. A., Grover, R. A. *Behavior in Organizations: Understanding and Managing the Human Side of Work* [M]. Prentice Hall, 1993.

[93] Griffin, J. J., Mahon, J. F. The corporate social performance and corporate financial performance debate: 25 years of incomparable research[J].

Business and Society, 1997, 36(1): 21 - 31.

[94] Groves, K. S. LaRocca, M. A. An empirical study of leader ethical values, transformational and transactional leadership, and follower attitudes toward corporate social responsibility[J]. *Journal of Business Ethics*, 2011, 103(4): 511 - 528.

[95] Grunwald, G. B. H. Impacts of reputation for quality on perceptions of company responsibility and product-related dangers in times of product-recall and public complaints crises: Results from an empirical investigation[J]. *Corporate Reputation Review*, 2010, 13(4): 264 - 283.

[96] Guthrie, J. E. and Parker, L. D. Corporate social reporting: A rebuttal of legitimacy theory[J]. *Accounting and Business Research*, 1989, 19(76): 343 - 352.

[97] Han, B. H. and Manry, D. The value-relevance of R&D and advertising expenditures: Evidence from Korea[J]. *International Journal of Accounting*, 2004, 39(2): 155 - 173.

[98] Harrison, J., Freeman, R. Stakeholders social responsibility and performance: Empirical evidence and theoretical perspectives[J]. *Academy of Management Journal*, 1999, 42(5): 479 - 485.

[99] Hategan, C. D., Sirghi, N., Curea-Pitorac, R. l., Hategan, V. P. Doing well or doing good: The relationship between corporate social responsibility and profit in Romanian companies[J]. *Sustainability*, 2018, 10(4): 1041 - 1064.

[100] Henderson, H. Corporate social responsibility: The case for unsecured creditors[J]. *Oxford University Commonwealth Law Journal*, 2007, 7(1): 93 - 124.

[101] Hoejmose, S., Brammer, S., Millington, A. An empirical examination of the relationship between business strategy and socially responsible supply chain management. [J]. *International Journal of Operations & Production Management*, 2013, 33(5): 589 - 621.

[102] Hosmer, L. T. Somebody out there doesn't like us: A study of the position and respect of business ethics at schools of business administration[J]. *Journal of Business Ethics*, 1999, 22(2): 91 - 106.

[103] Hsieh, P. H., Mishra, C. S. and Gobeli, D. H. The return on R&D

versus capital expenditures in pharmaceutical and chemical industries [J]. *IEEE Transactions on Engineering Management*, 2003, 50(2): 141 - 150.

[104] Hull, C. E., Rothenberg, S. Research notes and commentaries firm performance: the interactions of corporate social performance with innovation and industry differentiation[J]. *Strategic Management Journal*, 2008, 29(7): 781 - 789.

[105] Hussam A. H., Shehnaz T. Corporate social responsibility(CSR): A literature review[J]. *Malaysian Journal of Business and Economics*, 2017, 4(2): 30 - 31.

[106] Ingram, R. W. and Frazier, K. B. Environment performance and corporate disclosure[J]. *Journal of Accounting Research*, 1980, 18(2): 614 - 622.

[107] ISO. ISO 26000: Guidance on Social Responsibility[R]. Geneva: ISO, 2010.

[108] Jeff, F. Socially irresponsible and illegal behavior and shareholder wealth: A meta-analysis of event studies[J]. *Business Society*, 1997, 36(3): 221 - 249.

[109] Jenkins, H. A critique of conventional CSR theory: An SME perspective[J]. *Journal of General Management*, 2004, 29(4): 37 - 57.

[110] Johnson, D., Grayson, K. Cognitive and affective trust in service relationships[J]. *Journal of Business Research*, 2005, 58(4): 500 - 507.

[111] Jones, D. A. A novel approach to business ethics training: Improving moral reasoning in just a few weeks[J]. *Journal of Business Ethics*, 2009, 88(2): 367 - 379.

[112] Kabir, R. Thai, H. M. Does corporate governance shape the relationship between corporate social responsibility and financial performance? [J]. *Pacific Accounting Review*, 2016, 29(2): 227 - 258.

[113] Kadlubek, M. The essence of corporate social responsibility and the performance of selected company [J]. *Procedia-Social and Behavioral Sciences*, 20th International Scientific Conference Economics and Management (ICEM 2015), 2015, 213: 509 - 515.

[114] Kanawattanachai, P., Yoo, Y. J. Dynamic nature of trust in virtual teams[J]. *Journal of Strategic Information Systems*, 2002, 11(3 - 4): 187 - 213.

[115] Kanter, R. M. *When a Thousand Flowers Bloom: Stuctural,*

Collective and Social Conditions for Innovation in Organization [M]. In Myers, P. S. Knowledge Management and Organizational Design. Butterworth-Heinemann, 1996.

[116] Kantsperger, R., Kunz, W. H. Consumer trust in service companies: A multiple mediating analysis[J]. *Marketing Service Quality*, 2010, 20(1): 4 – 25.

[117] Keh, H. T., Xie, Y. Corporate reputation and customer behavioral intentions: The roles of trust, identification and commitment[J]. *Industrial Marketing Management*, 2009, 38(7): 732 – 742.

[118] Keller, R. T. Transformational leadership and the performance of research and development project groups[J]. *Journal of Management*, 1992, 18(3): 489 – 501.

[119] Kennedy, K. J. Civic education in the Asia-Pacific region: Case studies across six societies[J]. *Journal of curriculum studies*, 2003, 35(4): 524 – 526.

[120] Kim, K., Kim, M. and Qian, C. Effects of corporate social responsibility on corporate financial performance: A competitive action perspective[J]. *Journal of Management*, 2018, 44(3): 1097 – 1118.

[121] Kim, P. H., Dirks, K. T., Cooper, C. D. The repair of trust: A dynamic bilateral perspective and multilevel conceptualization[J]. *Academy of Management Review*, 2009, 34(3): 401 – 422.

[122] Kim, P. H., Ferrin, D. L., Cooper, C. D. Removing the shadow of suspicion: The effects of apology versus denial for repairing competence-versus integrity trust violation[J]. *Journal of Applied Psychology*, 2004, 89(1): 104 – 118.

[123] Klein, J., Dawar, N. Corporate social responsibility and consumers' attributions and brand evaluations in a product-harm crisis[J]. *International Journal of Research in Marketing*, 2004, 21(3): 203 – 217.

[124] Kohlberg, L. *The Philosophy of Moral Development* [M]. San Francisco, CA: Harper and Row, 1981.

[125] Kraft, K. L., Singhapakdi, A. The role of ethics and social responsibility in achieving organizational effectiveness: Students versus managers[J]. *Journal of Business Ethics*, 1999, 10(9): 679 – 686.

[126] Lai, C. S. Chiu, C. J. & Yang, C. F., Pai, D. C. The effects of corporate social responsibility on brand performance: the mediating effect of industrial brand equity and corporate reputation [J]. *Journal of Business Ethics*, 2010, 95(3): 457 – 469.

[127] Lane, M. S., Schaupp, D. Ethics in education: A comparative study[J]. *Journal of Business Ethics*, 1989, 8(12): 943 – 949.

[128] Lantos, G. P. The boundaries of strategic corporate social responsibility[J]. *Journal of Consumer Marketing*, 2001, 18(7): 595 – 630.

[129] Lau, C. L. L, Bergman, Z., Bergman, M. M. Environmental protection and corporate responsibility: The perspectives of senior managers and CxOs in China[J]. *Sustainability*, 2019, 11(13): 3610 – 3627.

[130] Lee, B. K. Consumers' evaluation in an airline crash: A path model analysis[J]. *Journal of Public Relations Research*, 2005, 17(4): 363 – 391.

[131] Levin, M. Ethics Courses: Useless[N]. The New York Times (November 20), 1989, A – 21.

[132] Lewicki, R. J., Bunker, B. B. *Trust in Relationships: A Model of Development and Decline.*[M]. Jossey-Bass, San Francisco, 1995.

[133] Lievens, A, Moenaert, R. K. New service teams as information-processing systems: Reducing innovative uncertainty[J]. *Journal of Service Research*, 2000, 3(1): 46 – 65.

[134] Lin, C. P., Chen, S. C., Chiu C. K., Lee, W. Y. Understanding purchase intention during product-harm crises: Moderating effects of perceived corporate ability and corporate social responsibility[J]. *Journal of Business Ethics*, 2011, 102(3): 455 – 471.

[135] Logsdon, J. M., Yuthas, K. Corporate social performance, stakeholder orientation and organizational moral development[J]. *Journal of Business Ethics*, 1997, 16(12 /13): 131 – 226.

[136] Luo, X., Bhattacharya, C. B. Corporate social responsibility, customer satisfaction, and market value[J]. *Journal of Marketing*. 2006, 70(4), 1 – 18.

[137] Luu, T. T. Corporate social responsibility, leadership and brand equity in healthcare service[J]. *Social Responsibility Journal*, 2012, 8(3): 347 – 362.

[138] Lv, W. Li, X., Lin, L. What Dimension of CSR Matters to Organizational Resilience? Evidence from China [J]. *Sustainability*, 2019, (11): 2 - 23.

[139] Maak, T. Pless, N. M. Responsible leadership in a stakeholder society-A relational perspective[J]. *Journal of Business Ethics*, 2006, 66(1): 99 - 115.

[140] MacGregor, P. S., Fontrodona, J. *Exploring the Fit between CSR and Innovation*[M]. Barcelona: Center for Business in Society, University of Navarra, 2008, doi: 10. 2139/ssrn. 1269334.

[141] Maignan, I., Ferrell, O. C., Tomas, G., Hult, M. Corporate citizenship: Cultural antecedents and business benefits [J]. *Academy of Marketing Science*, 1999, 27(4): 455 - 469.

[142] Makni, R., Francocur, C. and Bellavance, F. Causality between corporate social performance and financial performance: Evidence from Canada firms[J]. *Journal of Business Ethics*, 2009, 89(3): 409 - 422.

[143] Mayer, R. C., Davis, J. H., Schoorman, D. F. An integrative model of organizational trust[J]. *Academy of Management Review*, 1995, 20(3): 709 - 734.

[144] McKnight, D. H., Choudhury, V., Kacmar, C. Developing and validating trust measures for e-commerce: An integrative typology [J]. *Information Systems Research*, 2002, 13(3): 334 - 359.

[145] McWilliams, A., Siegel, D. Corporate social responsibility and financial performance: correlation or misspecification [J]. *Strategic Management Journal*, 2000, 21(5): 603 - 609.

[146] McWilliams, A., Siegel, D. Corporate social responsibility: A theory of the firm perspective[J]. *The Academy of Management Review*, 2001, 26(1): 117 - 127.

[147] Mele, C., Colurcio, M., Russo S., T. Research traditions of innovation[J]. *Managing Service Quality: An International Journal*, 2014, 24. 612 - 642.

[148] Melynyte, O., Ruzevicius, J. Framework of links between corporate social responsibility and human resource management[J]. *Forum Ware International*, 2008,(1): 23 - 34.

[149] Meskaran, F., Abdullah, R., Ghazali, M. A conceptual framework of Iranian consumer trust in B2C electronic commerce[J]. *Computer & Information Science*, 2010, 3(2): 126 - 139.

[150] Mittal, S. Dhar, R. L. Effect of green transformational leadership on green creativity: A study of tourist hotels[J]. *Tourism Management*, 2016, 57(Dec.),118 - 127.

[151] Morales, A. C. Giving firms an "E" for effort: Consumer responses to high effort firms[J]. *Journal of Consumer Research*, 2005, 31(4): 806 - 812.

[152] Mullins, L. J., Hall, F. P. *Essentials of Organisational Behaviour* [M]. Pearson Schwz Ag, 2011.

[153] Murphy, B., Maguiness, P., Pescott, C., Wislang, S., Ma, J., Wang, R. Stakeholder perceptions presage holistic stakeholder relationship marketing performance[J]. *European Journal of Marketing*, 2005, 39(9/10): 1049 - 1059.

[154] Nelling, E., Webb, E. Corporate social responsibility and financial performance: The "virtuous circle" revisited[J]. *Review of Quantitative Finance and Accounting*, 2009, 32(2): 197 - 209.

[155] Nooteboom, B. Trust, opportunism and governance: A process and control model[J]. *Organizational Studies*, 1996, 17(6): 985 - 1010.

[156] Oh, S., Hong, A., Hwang, J. An analysis of CSR on firm financial performance in stakeholder perspectives[J]. *Sustainability*, 2017, 9(6): 2 - 12.

[157] Olivier, F., Carolyn, P. E., David, A. R., Wade, D., Emmanuelle, R., Irina, N., Mario, M., Arunas, S., Fidel, L. D., Marina, D., Amandine, F. P. Attitude toward corporate social responsibilities in western Europe and in central and east Europe[J]. *Management International Review*, 2010, 50(3): 379 - 398.

[158] Onyebuchi, V. N. Perceptions of male and female accounting majors and non-accounting majors on ethics in accounting[J]. *International Journal of Business & Social science*. 2011, 2(17): 74 - 78.

[159] Padgett, R. C., Galan, J. I. The effect of R&D intensity on corporate social responsibility[J]. *Journal of Business Ethics*, 2010, 93(3):

407 - 418.

[160] Pamental, G. L. Ethics in introductory accounting 1989[J]. *The Journal of Education for Business*, 1989, 64(4): 179 - 182.

[161] Pauchant, T. M., Mitroff, I. I. *Transforming the Crisis-prone Organization: Preventing Individuals Organizations, and Environmental Tragedies*[M]. San Francisco: Jossey-Bases, 1992.

[162] Peppas, S. C., Diskin, B. A. College courses in ethics: do they really make a difference? [J]. *International Journal of Educational Management*, 2001, 15(7): 347 - 353.

[163] Peloza, J. The challenge of measuring financial impacts from investments in corporate social performance [J]. *Journal of Management Southern Management Association*, 2009, 35(6): 1518 - 1541.

[164] Pillai, R. Schriesheim, C. A. & Williams, E. S. Fairness perceptions and trust as mediators for transformational and transactional leadership: A two-sample study[J]. *Journal of Management*, 1999, 25(6): 897 - 933.

[165] Podsakoff, P. M. MacKenize, S. B., Bommer, W. H. Transformational leader behaviors and substitutes for leadership as determinants of employee satisfaction commitment, trust and organizational citizenship behaviors[J]. *Journal of Management*, 1996, 22(2): 259 - 298.

[166] Porter, M. E., Kramer, M. R. Strategy and Society: The link between competitive advantage and corporate social responsibility[J]. *Harvard Business Review*, 2006, 84(12): 78 - 92.

[167] Porter, M. E., Kramer, M. R. The competitive advantage of corporate philanthropy[J]. *Harvard Business Review*, 2002,(December): 57 -68.

[168] Radtke, R. R. The effects of gender and setting on accountants' ethically sensitive decisions[J]. *Journal of Business Ethics*, 2000, 24(4): 299 - 312.

[169] Ringle, C. M. Wende, S., Will, A. SmartPLS 2.0, 2005[EB/OL], http: //www. smartpls. de.

[170] Robertson, J. L. Barling, J. Greening organizations through leaders' influence on employees' pro-environmental behaviors[J]. *Journal of Organizational Behavior*, 2013, 34(2), 176 - 194.

[171] Roehm, M. L., Tybout, A. M. When will a brand scandal spill over, and how should competitors respond? [J]. *Journal of Marketing Research*, 2006, 43(3): 366 – 373.

[172] Rose, C., Thomsen, S. The impact of corporate reputation on performance: Some danish evidence[J]. *European Management Journal*, 2004, 22(2): 201 – 210.

[173] Rousseau, D., Sitkin, S., Burt, R., Camerer, C. Not so different after all: A cross-discipline view of trust[J]. *Academy of Management Review*, 1998, 23(3): 387 – 392.

[174] Ruf, B. M., Kaishnamurty, M., Robert, M. B., Janney, J., Paul, K. An empirical investigation of the relationship between change in corporate social performance and financial performance: A stakeholder theory perspective [J]. *Journal of Business Ethics*, 2001, 32(2): 142 – 157.

[175] Ruscio, J., Whitney, D., Amabile, T. M. How do motivation and task behaviors affect creativity? An investigation in three domains [R]. Harvard Business School Working Paper, No. 97 – 022, 1996.

[176] Sako, M. *Prices, Quality and Trust: Inter-firm Relations in Britain and Japan*[M]. Cambridge University Press, New York, 1992.

[177] Schnietz, K. E. Exploring the financial value of a reputation for corporate social responsibility during a crisis [J]. *Corporate Reputation Review*, 2005, 7(4): 327 – 345.

[178] Schoorman, F. D., Mayer, R. C., Davis, J. H. An integrative model of organizational trust: Past, present, and future[J]. *Academy of Management Review*, 2007, 32(2): 344 – 354.

[179] Schwartz, M. S., Carroll, A. Corporate social responsibility: A three domain approach[J]. *Business Ethics Quarterly*, 2003, 13(4): 503 – 530.

[180] Scott, S. G., Bruce, R. A. Determinants of innovative behavior: A path model of individual innovation in the workplace [J]. *Academy of management journal*, 1994, 37(3): 580 – 607.

[181] Seeger, M. W., Sellnow, T. L., Ulmer, R. *Communication, Organization, and Crisis*[M]. In Communication Yearbook, 21, Edited by: Roloff, M. E. 231 – 276. Thousand Oaks, CA: Sage Publications, Inc..

[182] Sen, S., Bhattacharya, C. B. Does doing good always lead to doing

better? Consumer reactions to corporate social responsibility[J]. *Journal of Marketing Research*, 2001, 38(2): 225 – 243.

[183] Shaub, M. K. An analysis of the association of traditional demographic variables with the moral reasoning of auditing students and auditors[J]. *Journal of Accounting Education*, 1994, 12(1): 1 – 26.

[184] Sheldon, O. *The Social Responsibility of Management* [M]. London: Sir Isaac Pitman and Sons Ltd. 1924.

[185] Sheppard, B. H., Sherman, D. The grammars of trust: A model and general implications[J]. *Academy of Management Review*, 1998, 23(3): 422 – 437.

[186] Simon, H. A. *Administrative behavior: A Study of Decision-Making Processes in Administrative Organization* [M]. Mechanical Industry Press, 1976.

[187] Simpson, W. G., Kohers, T. The link between corporate social and financial performance: Evidence from the banking industry[J]. *Journal of Business Ethics*, 2002, 35(2): 97 – 109.

[188] Siomkos, G. On achieving exoneration after a product safety industrial crisis[J]. *Journal of Business and Industrial Marketing*, 1999, 14(1): 17 – 29.

[189] Siomkos, G. Opportunities and threats for competitors in product-harm crises[J]. *Marketing Intelligence & Planning*, 2010, 28(6): 770 – 791.

[190] Siomkos, G., Kurzbard, G. Product harm crisis at the crossroads: monitoring recovery of replacement products[J]. *Industrial Crisis Quarterly*, 1994, 6: 279 – 294.

[191] Sirdeshmukh, D., Singh, J., Sabol, B. Consumer trust, value, and loyalty in relational exchanges[J]. *Journal of Marketing*, 2002, 66(1): 15 – 37.

[192] Smith, L. Media strategies in product liability crises [J]. *Of Counsel*, 2003, 22(9): 6 – 11.

[193] Smith, N. C., Quelch, J. A. *Ethics in Marketing*[M]. Homewood, IL: Irwin, 1993.

[194] Sontaite-Petkeviciene, M. CSR reasons, practices and impact to corporate reputation [J]. *Procedia-Social and Behavioral Sciences*, 20th International Scientific Conference Economics and Management(ICEM 2015),

2015，213：503－508.

[195] Stephen，P. R. *Management Englewood Cliffs*［M］. New Jersey：Prentice Hall，1991.

[196] Reiman，J. H. *Critical Moral Liberalism：Theory and Practice*［M］. Lanham：Rowman & Littlefield Publishers，1997.

[197] Subroto，P. H. A correlation study of corporate social responsibility and financial performance：An empirical survey toward ethical business practice in Indonesia［D］. Minneapolis：Capella University，2003.

[198] Sun，W.，Cui，K. Linking corporate social responsibility to firm default risk［J］. *European Management Journal*，2014，32(2)：275－287.

[199] Surroca，J.，Tribo，J. A.，Waddock，S. Corporate responsibility and financial performance：The role of intangible resources［J］. *Strategic Management Journal*，2010，31(5)：463－490.

[200] Tomlinson，E. C.，Mayer，R. C. The role of causal attribution dimensions in trust repair［J］. *Academy of Management Review*，2009，34(1)：85－104.

[201] Tsoutsoura，M. Corporate social responsibility and financial performance［R］. UC Berkeley Working Paper Series，University of California. http：//escholarship. org/uc/item/111799p2，2004.

[202] Valentine，S. Ethics training，ethical context，and sales and marketing professionals' satisfaction with supervisors and coworkers［J］. *Journal of Personal Selling & Sales Management*，2009，29(3)：227－242.

[203] Vassilikopoulou，A.，Siomkos，G. C. Product-harm crisis management：Time heals all wounds? ［J］. *Journal of Retailing & Consumer Services*，2009，16(3)：174－180.

[204] Vlachos，P. A.，Tsamakos，A.，Vrechopoulos，A. P. Corporate social responsibility：attributions，loyalty，and the mediating role of trust［J］. *Journal of the Academy of Marketing Science*，2009，37(2)：170－180.

[205] Walker，L. J.，Hennig，K. H. Differing conceptions of moral exemplarity：Just，brave，and caring［J］. *Journal of Personality and Social Psychology*，2004，86(4)：629－647.

[206] Waddock，S. Parallel universes：companies，academics，and the progress of corporate citizenship［J］. *Business and Society Review*，2004，109(1)：

5 - 42.

[207] Weber, J. R. Teaching moral reasoning to student nurses[J]. *Journal of Holistic Nursing*, 1992, 10(3): 263 - 274.

[208] Williams, R. J., Barrett, J. D. Corporate philanthropy, criminal activity, and firm reputation link[J]. *Journal of Business Ethics*, 2000, 26(4): 341 - 350.

[209] Wilmore, E. Thomas, C. The new century: Is it too late for transformational leadership? [J]. *Educational Horizons*, 2001, 79(3): 115 -123.

[210] Wood, D. J. Measuring Corporate Social Performance: A Review [J]. *International Journal of Management Reviews*, 2010, 12(1): 50 - 84.

[211] Wynd, W. R., Mager, J. The business and society course: Does it change student attitudes? [J] *Journal of Business Ethics*, 1989,8(6): 487 - 491.

[212] Zgheib, P. W. Managerial ethics: An empirical study of business students in the American university of Beirut[J]. *Journal of Business Ethics*, 2005,61(1): 69 - 78.

[213] Zhou J, George J M. When job dissatisfaction leads to creativity: Encouraging the expression of voice[J]. *Academy of Management Journal*, 2001, 44(4): 682 - 696.

[214] Zhu, Q., Liu, J., Jai, K. Corporate social responsibility practices and performance improvement among Chinese national state-owned enterprises [J]. *International Journal of Production Economics*, 2016, 171(3): 417 - 426.

[215] Zu, L, Song, L. Determinants of managerial values on corporate social responsibility: Evidence from China[J]. *Journal of Business Ethics*, 2009, 88(Suppliment 1): 105 - 117.

[216] Baucus, M. S., Baucus, D. A. Paying the piper: An empirical examination of longer-term financial consequences of illegal corporate behavior [J]. *The Academy of Management Journal*, 1997, 40(1): 129 - 151.

[217] Zucker, L. G. *Production of Trust: Institutional Sources of Economic Structure, 1840—1920* [M]. In Staw, B. M. and L. L. Cummings (Eds). Research in Organizational Behavior. Greenwich, CT: JAI, 1986, pp.53 - 111.

[218] Zyglidopoulos, S. C. The social and environmental responsibilities of multinationals: Evidence from the Brent Spar Case[J]. *Journal of Business*

Ethics，2002，36(1-2)：141-151.

[219] 曹家彦.企业家社会责任认知与企业社会责任行为关系的研究[D].杭州：浙江大学,2009.

[220] 曾培芳,陈伟.论公司的社会责任——基于法经济学的角度分析[J].上海政法学院学报,2004,(04):72-74.

[221] 曾旺明,李蔚.产品伤害事件对消费者品牌忠诚度的影响机制研究[J].中国流通经济,2008,(7):63-66.

[222] 常凯.公司的社会责任与劳动关系的法律调整[J].中国人力资源开发,2003,(02):64-66.

[223] 晁罡,姜胜林,王磊.发达国家与发展中国家企业社会责任实践比较研究[J].软科学,2014,28(06):6-10.

[224] 晁罡,袁品,段文,程宇宏.企业领导者的社会责任取向、企业社会表现和组织绩效的关系研究[J].管理学报,2008,(03):445-453.

[225] 陈迪英.道德可"教"与不可"教"：多学科的视野[J].湖北大学学报(哲学社会科学版),2006,33(5):557-560.

[226] 陈宏辉,贾生华.企业利益相关者的利益协调与公司治理的平衡原理[J].中国工业经济,2005,(8):114-121.

[227] 陈宏辉,贾生华.企业利益相关者三维分类的实证分析[J].经济研究,2004,(04):80-90.

[228] 陈宏辉,贾生华.企业社会责任观的演进与发展：基于综合性社会契约的理解[J].中国工业经济,2003,(12):85-92.

[229] 陈新达,徐雪高,张照新.农业产业化龙头企业社会责任评价的指标权重确定方法[J].现代管理科学,2014,(8):93-95.

[230] 陈业玮.情感依恋对企业社会责任和品牌忠诚度的影响机制研究[D].杭州：浙江工商大学,2010.

[231] 陈玉清,马丽丽.我国上市公司社会责任会计信息市场反应实证分析[J].会计研究,2005,(11):76-81.

[232] 崔泮为,杨洋,李蔚.CSR策略修复产品伤害危机后品牌信任的效果研究——调节变量和中介变量的作用[J].中央财经大学学报,2015,(2):69-74.

[233] 崔也光,李博.企业社会责任履行、R&D投入与财务绩效[J].贵州财经大学学报,2018,(2):61-63.

[234] 德鲁克.管理：任务、责任、实践(使命篇)[M].北京：机械工业出版社,1973.

[235] 董千里,王东方,于立新.企业规模、企业社会责任与企业财务绩效关系研究[J].技术经济与管理研究,2017,(2):23-24.

[236] 樊行健,颜剩勇.对企业相关利益者和社会责任的财务分析的思考[J].上海金融学院学报,2005,(3):44-49.

[237] 范素平.企业员工组织支持感、敬业度与工作绩效的关系研究[D].成都:西南财经大学,2012.

[238] 方正,李蔚,李珊.产品伤害危机中顾客年龄与其购买意愿的差异性研究[J].生产力研究,2007,(16):64-66.

[239] 方正.可辩解型产品伤害危机对顾客购买意愿的影响研究[D].成都:四川大学,2007.

[240] 方正.论不同消费群里对产品伤害危机的感知危险差异——基于中国消费者的实证研究[J].社会科学家,2006,(5):159-162.

[241] 冯文娜.高新技术企业研发投入与创新产出的关系研究——基于山东省高新技术企业的实证[J].经济问题,2010,(9):74-78.

[242] 冯臻,苏勇,涂颖清.企业社会责任行为的测量——基于高层管理者的视角[J].企业经济,2012,(12):28-31.

[243] 高尚全.企业社会责任和法人治理结构[J].新华文摘,2004,(24):46-47.

[244] 郭晓明.利益相关者视角下企业社会责任与绩效关系研究——基于宝钢股份的案例分析[J].财会通讯,2011,(5):47-49.

[245] 哈罗德·孔茨,海因茨·韦里克.管理学[M].郝国华等译.北京:经济科学出版社,1993.

[246] 何朝晖.中小企业社会责任与成长性关系研究[D].长沙:中南大学,2009.

[247] 和苏超,黄旭,陈青.创业导向、前瞻型环境战略与企业绩效关系研究[J].软科学,2017,(12):25-28.

[248] 洪杰.股权结构、董事会治理与上市公司社会责任关系的实证研究[D].济南:山东大学,2010.

[249] 黄惠盈.领导风格、企业社会责任行为与企业绩效——基于农业龙头企业的实证研究[D].南京:南京财经大学,2018.

[250] 黄群慧,钟宏武,张蒽,汪杰.中国企业社会责任报告(2017),迈向2030:构建更加可持续的责任共同体[M].北京:社会科学文献出版社,2017.

[251] 贾生华,郑海东.企业社会责任:从单一视角到协同视角[J].浙江大学

学报(人文社会科学版),2007,(02):79-87.

[252] 金立印.服务保证对顾客满意预期及行为倾向的影响——风险感知与价值感知的媒介效应[J].管理世界,2007,(8):104-115.

[253] 鞠芳辉,谢子远,宝贡敏.企业社会责任的实现——基于消费者选择的分析[J].中国工业经济,2005,(9):91-98.

[254] 康利芹,李剑.论跨国公司承担企业社会责任的动因[J].知识经济,2007,(11):9-10.

[255] 李超平,时勘.变革型领导的结构与测量[J].心理学报,2005,37(7):803-811.

[256] 李海芹,张子刚.CSR 对企业声誉及顾客忠诚影响的实证研究[J].南开管理评论,2010,13(1):90-98.

[257] 李海廷.企业社会责任、危机反应方式与消费者信任[J].商业研究,2013,55(12):102-108.

[258] 李立清,李燕凌.企业社会责任研究[M].北京:人民出版社,2005.

[259] 李伟阳,肖红军.企业社会责任的逻辑[J].中国工业经济,2011,(10):87-97.

[260] 李文茜,刘益.技术创新、企业社会责任与企业竞争力——基于上市公司数据的实证分析[J].科学学与科学技术管理,2017,(1):154-155.

[261] 李正.企业社会责任与企业价值的相关性研究[J].中国工业经济,2006,(2):77-83.

[262] 李智彩,范英杰,郭少华.社会责任、公司治理与财务绩效关系研究——以制造业上市公司为例[J].中国注册会计师,2015,(11):58-59.

[263] 李占祥.企业社会责任[J].中国工业经济,1993,(02):59-61+71.

[264] 林军.企业社会责任的社会契约理论解释[J].新华文摘,2004:24-50.

[265] 刘彩华,高晶,王春柳.中小企业社会责任信息披露对财务绩效的驱动性分析[J].财会通讯,2011,(3):47-49.

[266] 刘俊海.公司的社会责任[M].北京:法律出版社,1999.

[267] 刘俊海.强化公司的社会责任[C].//商事法论集:第 2 卷.北京:法律出版社,1997.

[268] 刘力纬.企业社会责任研究——不同所有制劳动密集型企业的调查[M].北京:中国言实出版社,2013.

[269] 刘丽慧.互联网企业社会责任对绩效的影响研究——基于研发投入的中介作用[D].石家庄:河北大学,2019.

[270] 刘连煜.公司治理与公司社会责任[M].北京:中国政法大学出版社,2001.

[271] 刘显法,张德.企业领导者价值观与企业节能绩效关系的实证研究[J].中国软科学,2007,(7):71-78.

[272] 刘彧彧,娄卓,刘军等.企业声誉的影响因素及其对消费者口碑传播行为的作用[J].管理学报.2009,(3):348-353.

[273] 龙晓枫.中小企业的社会责任及其与企业竞争力的关系——对武汉市中小企业的调查[J].中国集体经济,2008,(4):16-17,120.

[274] 卢代富.国外企业社会责任界说述评[J].现代法学,2001,23(3):137-144.

[275] 卢代富.企业社会责任的经济学与法学分析[M].北京:法律出版社,2002.

[276] 卢代富.国外企业社会责任界说述评[J].现代法学,2001,(03):137-144.

[277] 卢纹岱.SPSS统计分析(第4版)[M].北京:电子工业出版社,2010.

[278] 陆凤林,徐立青.中小企业社会责任投入成本与收益分析[J].商业时代,2007,(3):53-54.

[279] 陆孝春.中小企业社会责任认知、驱动因素与实践及其绩效研究[D].南京:南京财经大学,2013.

[280] 骆嘉琪,匡海波,沈思祎.企业社会责任对财务绩效的影响研究——以交通运输行业为例[J].科研管理,2019,40(2):200-201.

[281] 马学斌,徐岩.企业社会责任评价技术应用研究[J].系统工程理论与实践,1995,15(002):55-62.

[282] 马少华,欧晓明.基于企业社会责任视角的农产品质量安全机制研究[J].农村经济,2014,(5):19-22.

[283] 彭华岗,钟宏武,张蒽,孙孝文.企业社会责任基础教材(第一版)[M].北京:经济管理出版社,2013.

[284] 彭泗清,杨中芳.中国人人际信任的初步探讨[C].第一届华人心理学家学术研讨会论文集.台北,1995.

[285] 彭泗清.关系与信任:中国人人际信任的一项本土研究[M].北京:中国城市出版社,2003.

[286] 彭雪蓉,刘洋.战略性企业社会责任与竞争优势:过程机制与权变条件[J].管理评论,2015,35(7):156-267.

［287］沈洪涛,沈艺峰.公司社会责任思想起源与演变[M].上海:上海人民出版社,2007.

［288］沈洪涛,杨熠.公司社会责任信息披露的价值相关性研究——来自我国上市公司的经验数据[J].当代财经,2008,(3):103-107.

［289］舒谦,陈治亚.治理结构、研发投入与公司绩效——基于中国制造型上市公司数据的研究[J].预测,2014,33(3):46-49.

［290］宋献中,龚明晓.公司会计年报中社会责任信息的价值研究——基于内容的专家问卷分析[J].管理世界,2006,(12):104-110+167+172.

［291］苏琦.企业社会责任研究——以中国民营企业为例[M].北京:中国书籍出版社,2013.

［292］孙亚军.财经类高校商业伦理教育对企业社会责任取向的影响研究[D].南京:南京财经大学,2014.

［293］唐剑,李宝平.内生性动因视角下的企业社会责任实施体系构建[J].华东经济管理,2011,25(3):25-27.

［294］唐芹,郑少锋.商业银行社会责任对财务绩效影响研究[J].会计之友,2013,(23):25-28.

［295］陶蕊.产品伤害危机下消费者信任修复策略研究[D].武汉:华中农业大学,2011.

［296］田沐雨.企业社会责任对公司研发投入的影响研究[D].北京:北京交通大学,2017.

［297］汪兴东,涂铭,景奉杰.产品伤害危机中的负面情绪对消费者应对行为的影响研究[J].管理学报,2013,10(12):1823-1832.

［298］王斌会.多元统计分析及 R 语言建模[M].广州:暨南大学出版社,2010.

［299］王林萍.企业社会责任体系的构建及实践:基于农药企业的分析[M].北京:科学出版社,2009.

［300］王梦雅.产品伤害危机对消费者信任和企业声誉的影响机制研究——基于企业社会责任的视角[D].南京:南京财经大学,2016.

［301］王乾宇,彭坚.CEO 绿色变革型领导与企业绿色行为:环境责任文化和环保激情气氛的作用[J].中国人力资源开发,2018,(1):83-93.

［302］王晓玉,晁钢令,吴纪元.产品伤害危机及其处理过程对消费者考虑集的影响[J].管理世界,2006,(5):86-95.

［303］王晓玉,晁钢令.企业营销负面曝光时间研究述评[J].外国经济与管

理,2009,31(2):33-39.

[304] 王雄文.企业社会责任概念诸说及评析[J].理论月刊,2007,(11):155-158.

[305] 温素彬,方苑.企业社会责任与财务绩效关系的实证研究——利益相关者视角的面板数据分析[J].中国工业经济,2008,(10):150-160.

[306] 温忠麟,张雷,侯杰泰,刘红云.中介效应检验程序及其应用[J].心理学报,2004,36(5):614-620.

[307] 吴马英.现代服务业企业社会责任对员工服务创新行为的影响——基于员工动机的中介作用[D].南京:南京财经大学,2016.

[308] 吴明隆.结构方程模型——AMOS的操作与应用[M].重庆:重庆大学出版社,2009.

[309] 徐淳厚.试论商业企业的社会责任[J].经济纵横,1987,(09):44-47.

[310] 肖海洋,韩伯棠,陈艳春.中国区域环境绩效与绿色技术溢出、环境溢出关系研究[J].科技管理研究,2018,(1):233-238.

[311] 谢凤华.消费者信任实证研究[M].北京:知识产权出版社,2007.

[312] 谢守祥,强薇.基于利益相关者的公司社会责任与公司业绩的关系研究——来自长三角地区中小企业的数据[J].中国管理信息化,2009,12(14):47-50.

[313] 许必建.我国的财务报表应增加社会责任的披露[J].经济问题探索,2001,(9):125-126.

[314] 晏国祥.企业声誉测评指标体系[M].北京:经济科学出版社,2009.

[315] 杨莉,汪冬梅.农业企业社会责任研究[J].科技与管理,2011,13(1):100-107.

[316] 杨皖苏,杨善林.中国情境下企业社会责任与财务绩效关系的实证研究——基于大、中小型上市公司的对比分析[J].中国管理科学,2016,(1):143-144.

[317] 姚海鑫,陆智强,李红玉.企业社会责任对股东财富影响的实证研究[J].东北大学学报(社会科学版),2007,(04):36-41.

[318] 叶军,丁雪梅,杨剑秋.可持续发展与企业社会责任[J].企业经济,2008:4.

[319] 叶秋雨.中国上市公司企业社会责任对研发投入和绩效的影响研究[D].南京:南京财经大学,2020.

[320] 尹珏林,张玉利.中国企业的CSR认知、行动和管理——基于问卷的实证分析[J].经济理论与经济管理,2010,(9):63-70.

[321] 尹军.中小企业社会责任与企业绩效关系研究——以浙江省为例

[D].金华:浙江师范大学,2007.

[322] 于洪彦,黄晓治,曹蠡.企业社会责任与企业绩效关系中企业社会资本的调节作用[J].管理评论,2015,27(1):169-180.

[323] 袁家方.企业社会责任[M].北京:海洋出版社,1990.

[324] 翟学伟.社会流动与关系信任——论关系强度与农民工求职策略[J].社会学研究,2003,(1):1-11.

[325] 张建新,张妙清,梁觉.特殊化信任与泛化信任在人际信任行为路径模型中的作用[J].心理学报,2000,(3):311-316.

[326] 张上塘.中外合营企业的社会责任[J].财贸经济,1986,(06):35-38.

[327] 张胜荣,汪兴东.法律法规、政府干预、民间组织对企业社会责任行为的影响及对策建议——基于225个农业企业样本的实证研究[J].西部经济管理论坛,2014,25(1):1-7.

[328] 张胜荣.农业企业社会责任影响因素的实证研究[J].科技管理研究,2014,(21):180-186.

[329] 张四龙,周祖成.论企业声誉管理的必要性[J].技术经济,2002,(2):24-26.

[330] 张文贤,徐寰宇,潘煜双.企业社会责任研究:指标体系的设计[J].新资本,2006,(4):32-36.

[331] 张亚博.中小企业社会责任与企业价值关系的量化分析[D].长沙:中南大学,2008.

[332] 张玉爽.企业家社会责任认知、企业社会责任行为与企业绩效的关系研究[D].长春:吉林大学,2011.

[333] 张照新,陈洁,徐雪高.农业产业化龙头企业发展与社会责任[M].北京:经济管理出版社,2010.

[334] 章辉美,李绍元.中国企业社会责任的理论与实践[J].北京师范大学学报(社会科学版),2009,(5):94-102.

[335] 郑伯埙,刘怡君.义利之辨与企业间的交易历程:台湾组织间网络的个案分析[J].(台湾)本土心理学研究,1995,8,(4):2-41.

[336] 郑海东.企业社会责任行为表现:测量维度、影响因素及绩效关系[M].北京:高等教育出版社,2012.

[337] 中国企业家调查系统.企业家对CSR的认识与评价[J].管理世界,2007,(6):76-85.

[338] 中国企业家调查系统.企业家对企业社会责任的认识与评价——

2007年中国企业经营者成长与发展专题调查报告[J].管理世界,2007,(06):75-85.

[339] 钟宏武,汪杰,雷思远.中国企业社会责任报告指南基础框架(CASS-CSR4.0)[M].北京:经济管理出版社,2018.

[340] 朱焱,张孟昌.企业管理团队人力资本、研发投入与企业绩效的实证研究[J].中央财经大学学报,2013,(11):45-52.

[341] 邹相煜,王一川.上市公司社会责任信息披露与公司价值的相关性[J].财会月刊,2008,(2):9-11.

[342] 祖良荣.欧洲公司治理体制与企业社会责任重组[J].产业经济研究,2004,(05):13-19.

附　录

附录1

中小企业调查问卷量表

1. 企业社会责任认知量表

认知维度	题　项
CSR 态度	1. 企业的发展战略中应包含企业社会责任的内容 2. 参与社会责任活动可以获得良好的公众印象 3. 企业已经承受了有关社会事宜的太多压力,不应该再承担社会责任活动 4. 参与社会责任活动与建立公共关系没有区别 5. 当企业有足够的经济实力的时候,我们会更愿意参与社会责任活动 6. 成本是决定是否履行企业社会责任的最重要标准 7. 承担企业社会责任是企业日常工作的一部分 8. 企业社会责任是提高企业管理水平的加速器 9. 推行企业社会责任是出于"良心"的考虑 10. 我们企业会努力履行企业社会责任,哪怕多花些钱
CSR 意义	11. 降低成本,提高企业的经济效益 12. 改善产品研发理念(绿色产品、环保产品等) 13. 改善社区关系,获得社区支持 14. 改善与客户的关系,吸引更多的顾客 15. 改善企业与银行的关系,使贷款更易进行 16. 得到政府的支持,给企业好的宏观政策环境 17. 提高员工的忠诚度,改善企业与员工的关系 18. 提高合作伙伴的信任,吸引更多的合作伙伴 19. 提升企业的声誉

2. 企业社会责任驱动因素量表

驱动因素维度	题 项
政府	20. 政府对企业的要求
社会	21. 行业和部门对企业的要求 22. 消费者社会责任意识的提高 23. 商业合作伙伴的要求 24. 各类社会组织的推动 25. 食品安全事件丑闻的影响
企业	26. 企业文化要求 27. 企业高层的决策

3. 企业社会责任实践量表

社会责任实践维度	题 项
员工	28. 企业在招聘、任免、升迁和解雇过程中没有歧视 29. 企业为员工提供必要福利(如发放节庆礼品等) 30. 企业有完善的员工培训制度和职业发展计划 31. 企业为员工提供一个健康、安全的工作环境
消费者	32. 企业保证消费者对产品获得完整、准确、真实的信息 33. 企业建立完善的售后服务和投诉机制 34. 企业为顾客提供高质量的产品和服务 35. 企业引导客户进行责任消费(如购买环保产品)
供应商	36. 企业要求供应商通过 ISO14000 认证 37. 企业要求供应商通过 ISO9000、HACCP、GMP 等认证 38. 企业愿意适当分摊供应商因社会责任审核认证所增加的成本 39. 企业要求供应商将道德、环境要求纳入采购合同 40. 企业要求供应商采取有效措施,尊重和保护他人的知识产权和专有技术
环境	41. 企业建立环境保护方针并在企业内部得到有效贯彻和落实 42. 企业采用资源利用率高、污染物排放少的设备和工艺 43. 企业对废旧产品进行回收利用 44. 企业资助社会环境保护公益活动
所在社区	45. 企业依法对社区资源利用进行合理补偿 46. 企业推动当地基础设施建设,推动地方经济发展 47. 企业改善社区环境,尊重当地文化 48. 企业加强与社区的互动

4. 企业绩效量表

企业绩效维度	题　项
经济绩效	49. 企业具有很高的盈利能力 50. 企业产品具有很高的市场占有率 51. 企业在所在产品行业中具有领先的地位 52. 企业具有很强的竞争能力 53. 企业市场扩张速度较快
社会绩效	54. 顾客对我们企业很信任 55. 顾客对我们提供的产品和服务非常满意 56. 顾客经常把我们的产品和服务推荐给他人 57. 企业在社会中具有良好的企业形象 58. 企业员工满意度很高 59. 企业与利益相关者之间关系和谐
环境绩效	60. 企业环保产品销售比重较高

附录 2

现代服务业企业员工服务创新调查问卷

尊敬的先生/女士：

您好！这是一份学术性的研究问卷，目的是为探讨现代服务业企业社会责任与员工创新行为、工作动机之间的关系。答案没有对与错的分别，所得结果只用于学术研究，决不对外公开，不涉及任何商业机密，更不会影响您的工作，请不要有所顾虑，依据自身的看法与事实放心填写。由衷感谢您百忙之中给予的协助，敬祝健康顺利！

填写说明：请您仔细阅读以下每一个句子，并思考这句话与您的实际符合程度，然后在选项中选择最符合的一项。请不要遗漏以免问卷失效，谢谢！

第一部分个人资料（请如实填写您的个人资料，以便于分类分析）

Q1. 您的性别（　　）

    A. 男　　　　　　　　B. 女

Q2. 您的年龄（　　）

    A. 25 岁以下　　B. 26—30 岁　　C. 31—35 岁　　D. 36 岁以上

Q3. 您的最高学历（　　）

    A. 高中/中专及以下　　　　　B. 大专

    C. 本科　　　　　　　　　　D. 硕士及以上

Q4. 您在目前工作单位的工作年限（　　）

    A. 1 年（含）以下　　　　　　B. 2—3 年

    C. 4—5 年　　　　　　　　　D. 6 年（含）以上

Q5. 公司所属行业（　　）

    A. 物流业　　B. 信息传输、计算机服务和软件业

    C. 电子商务　　D. 金融保险业

    E. 房地产业　　F. 租赁和商务服务业

    G. 科学研究、技术服务与试验发展业

    H. 文化、旅游与教育培训业

    I. 其他

第二部分企业承担企业社会责任量表(请根据您平时对公司的观察和感受,在最符合贵公司实际情况的数字上打"√",其中1＝完全不符合,2＝基本不符合,3＝不确定,4＝基本符合,5＝完全符合。)

题　目	完全 不符合	基本 不符合	不确定	基本 符合	完全 符合
内部企业社会责任					
1. 提供公平的工资制度					
2. 在工作中注意改善员工心理环境					
3. 开放、诚实、灵活的与员工沟通					
4. 组织员工参与决策					
5. 注重员工的个人和职业发展					
外部企业社会责任					
6. 拥有处理消费者的投诉一套流程					
7. 为消费者提供真实和诚实的信息					
8. 避免虚假和误导性广告或促销活动,欺骗或操纵消费者					
9. 与供应商进行公平交易					
10. 公司具有一套供应商的投诉程序流程					
11. 避免业务合作伙伴不依法行事					
12. 捐款给当地的慈善机构					
13. 投资社区的发展					
14. 支持当地体育、文化或其他社区活动和项目					
15. 与社区组织合作					

第三部分员工动机量表(请根据您自己以下是关于工作动机的描述,这些描述没有好坏之分,请根据实际情况作答,选择最适合您的答案,其中1＝完全不同意,2＝不同意,3＝部分同意,4＝同意,5＝完全同意)

题　目	完全 不同意	较不 同意	部分 同意	同意	完全 同意
内部动机					
16. 越困难的问题,我越是喜欢尝试解决它					

题 目	完全不同意	较不同意	部分同意	同意	完全同意
17. 无论项目的结果怎样,我满意的是公司向社会提供真实的信息					
18. 在良好心理氛围下,我很享受工作的过程					
19. 我希望工作为我提供机会提升知识和技能					
20. 让我参与决策过程我会更加满意					
21. 我更喜欢在能够参与当地社区工作的公司工作					
22. 我更喜欢自己为自己设定目标					
23. 我想确认自己完成一份工作的出色程度					
外部动机					
24. 我十分清楚自己的升迁目标					
25. 别人的肯定能够鼓励我更好地工作					
26. 我非常清楚自己追求的收入目标					
27. 我觉得成功就是比别人做事完成度更出色					
28. 我很在乎别人对我的想法有何反应					
29. 我认为报酬的高低与努力程度对等					

第四部分员工创新行为量表(请根据您自己以下是关于工作动机的描述,这些描述没有好坏之分,请根据实际情况作答,选择最适合您的答案,其中 1=完全不同意,2=不同意,3=部分同意,4=同意,5=完全同意)

题 目	完全不同意	较不同意	部分同意	同意	完全同意
30. 在工作中,我会主动去寻找一些新的灵感					
31. 我会细心观察工作中出现的一些不寻常的问题					
32. 遇到问题时我会从多角度来思考原因以及解决办法					
33. 我会尝试使用新的构想和方法去解决问题					
34. 对于新的想法,我会从多角度来评判它的优缺点					

续　表

题　目	完全 不同意	较不 同意	部分 同意	同意	完全 同意
35. 当新方法在使用过程中产生问题时,我会设法修正产生的毛病					
36. 对于新的构想产生排斥时,我会尝试着去让别人了解其重要性					
37. 我会主动向别人推销自己的新想法,使其有机会被执行					
38. 为了实现新的想法和创意,我会尽力去争取所需要的资源					
39. 我会将新构想或新方法具体应用到日常工作中					
40. 我会积极地制定适当的计划或规划来落实我的创新性构想					

附录3

消费者视角问卷

一、卷首语

尊敬的先生/女士：

您好！感谢您在百忙之中参与回答这份问卷。首先是您的基本信息填写；然后需要您阅读一段有关危机事件及公司反应的描述，之后根据您对这段描述的感觉来回答问题。问题答案无所谓对错，只要反映您个人的真实想法即可。我们保证此次问卷信息仅作为学术研究使用，且问卷采用匿名形式，对涉及的个人信息将严格保密，不会泄露您的个人信息，请您放心填答。您的支持是本研究成功的关键，非常感谢您的支持与合作！

——南京财经大学工商管理学院

企业社会责任的概念：企业在追求销售额、市场占有率和利润等这些经济效益的同时，还必须在经营的整个过程中履行好"企业公民"的义务。这不仅要承担法律所规定的责任，同时也要自愿承担法律规定以外的有利于社会和谐可持续发展的责任。从利益相关者的角度来看，主要包括：对内要增加企业自身利益，对企业股东、员工负责；对外要积极履行外部职责，如遵守法律、保护环境、支持慈善事业、捐助社会公益、保护弱势群体等。

二、基本资料

1. 您的性别：A. 男　　　　　　　B. 女

2. 您的年龄：A. 25 岁以下　　　　B. 26—30 岁

3. 您的受教育程度：A. 大学本科　　B. 本科以上

4. 您使用的手机品牌：＿＿＿＿＿＿＿＿＿＿

5. 您对有关手机爆炸事件的报道了解程度（　　）

　　A. 有过类似经历　　　　　　　B. 熟悉但无类似经历

　　C. 听说过但不太了解　　　　　D. 从未听说过

6. 您平时是否关注企业的社会责任表现（　　）

　　A. 从来不　　　B. 偶尔关注　　　C. 有时关注　　　D. 经常关注

7. 原因何在?(可多选)

如果选项是"从来不"的原因(可多选)

(1) 没有看到过企业社会责任的相关信息

(2) 这是政府和相关管理部门的责任,和自己无关

(3) 社会责任与产品质量没有关联,更加关注产品质量

(4) 只注重个人效用,不关心此类问题

(5) 其他＿＿＿＿＿＿＿＿＿＿＿＿＿＿

如果选项是"偶尔关注"的原因(可多选)

(1) 只关注社会责任特别差的企业

(2) 在特殊时刻会特别关注,如严重自然灾害,民族情绪高涨或出现产品
危机时

(3) 其他＿＿＿＿＿＿＿＿＿＿＿＿＿＿

如果选项是"有时关注"的原因(可多选)

(1) 为了避免购买到社会责任不佳的产品,但也不积极购买社会责任好
的产品

(2) 根据购买产品的种类来选择是否关注

(3) 其他＿＿＿＿＿＿＿＿＿＿＿＿＿＿

如果选项是"经常关注"的原因(可多选)

(1) 消费者应该履行具有社会责任感的消费行为,对具有社会责任感的
企业给予支持,对不具有社会责任感的企业给予抵制

(2) 企业应该承担社会责任

(3) 社会责任与产品质量正相关

(4) 具有社会责任感的企业诚信度高,有长期发展的潜质,且亲和力强
其他＿＿＿＿＿＿＿＿＿＿＿＿＿＿＿＿＿＿

三、下面是一段关于手机爆炸事件及公司对此事件的反应材料,请认
真阅读后完成后面题目(请根据您的真实想法回答下述问题,只需在相应
的选项上划"√"即可)。

【危机事件】

X牌手机爆炸致使多名消费者受伤

X牌电子科技公司基本情况:X企业是国内知名的一家高科技电子公司。
公司主营业务为交换、传输、无线和数据通讯类电信产品。该企业的研发宗旨为
强调产品的原创性和设计感。该公司目前拥有员工1000人以上,注册资金为

5000万元。其中该公司旗下研发的 SQ 型号手机深受国内外广大消费者的喜爱,并逐渐形成了自己的 SQ 手机品牌。

然而,在每年的企业社会责任报告中,X 公司在同行业 20 家电子公司中的排名均处于靠后位置,被评为缺乏社会责任行为的公司。X 公司在手机研发及能源利用中,并没有履行可持续能源方案,也不积极探寻环保型材料和能源的使用。同时,在企业社会责任报告中显示,该公司很少为公益事业进行投资,且总是以经济效益为第一位。X 公司也没有发起任何社会责任的活动。

题　目	完全不同意	较不同意	一般	比较同意	完全同意
1. X 公司大力支持公益事业					
2. X 公司的行为对环境负责					
3. X 公司积极关注环境问题					
4. X 公司积极履行社会责任					
5. X 公司用行动积极回馈社会					
6. X 公司以一种对社会负责的方式经营					

事件报导:2014 年 5 月,该型号手机一个月内在不同地区被报导了 3 起手机爆炸事件。幸运的是,这三名受害者均未收到任何严重伤害,只是轻度烧伤,并无大碍。

企业反应:此次事件被曝光后,省工商局重磅出击,严厉要求 X 公司召回 3000 部 SQ 型号手机。

假设:X 公司真实存在,您对此次爆炸事件及 X 公司在此事件中的反应有什么样的想法?(请根据您的真实想法回答下述问题,只需在相应的选项上划"√"。

题　目	完全不同意	较不同意	一般	比较同意	完全同意
事件发生的严重度					
7. 如果问题发生在我身上,我会觉得这很严重					
8. 如果问题发生在我身上,我会很愤怒					
企业对危机的反应方式					
9. X 公司的言行表述了对这次事件的歉意					
10. X 公司主动承担了责任					
11. X 公司有强烈的意愿承担责任					

续　表

题　目	完全 不同意	较不 同意	一般	比较 同意	完全 同意
消费者对企业能力感知					
12. 我认为 X 公司能够提供高质量的产品					
13. 我认为 X 公司是一个强大、可信赖的公司					
14. 我认为 X 公司是具有专业能力的					
15. 我认为 X 公司是该行业的市场领导者					
16. 我认为 X 公司在产品研发上有很好的创新性					
消费者信任					
17. 事件发生后,我相信 X 公司是有能力保证其 　　产品和服务质量					
18. 事件发生后,我认为 X 公司是值得信任的					
19. 事件发生后,我相信 X 公司具有正确的原则 　　指导其经营行为					
20. 事件发生后,我相信 X 公司是对消费者负责 　　任的					
21. 事件发生后,我相信 X 公司的回应是诚实的					
企业产品和服务					
22. 该公司关心消费者的需求					
23. 该公司为使公众满意而不怕麻烦					
24. 该公司具有高质量的企业产品/服务					
25. 该公司重视消费者的投诉和抱怨					
企业信誉					
26. 该公司是可靠的					
27. 该公司依旧值得信赖					
28. 该公司的产品和服务依旧值得信赖					
29. 该公司的产品和服务是可靠的					
企业前景和吸引					
30. 该公司的管理水平很高					
31. 该公司具有很强的经营和获利能力					
32. 该公司有长远持续发展的能力					
33. 该公司能够吸引优秀人才					
34. 该公司成长潜力很大					

附录 4

情境模拟设计

操控变量	操控变量描述
企业基本信息	X 企业是国内的一家高科技电子公司。公司主营业务为交换、传输、无线和数据通讯类电信产品。该企业的研发宗旨为强调产品的原创性和设计感。该公司目前拥有员工 1000 人以上,注册资金为 5000 万元。其中该公司旗下研发的 SQ 型号手机深受国内外广大消费者的喜爱,并逐渐形成了自己的 SQ 手机品牌。
危机严重度 a	
严重度 a_1	2014 年 5 月,SQ 型号手机一个月内在不同地区被报导了 3 起手机爆炸事件。幸运的是,这三名受害者均未受到任何伤害,只是有些惊吓,并无大碍。专业人士认为,手机爆炸或自燃的根本原因在电池,例如短路、使用不当或者假冒伪劣产品都容易发生此类事件。
严重度 a_2	2014 年 5 月,SQ 型号手机半个月内在不同地区被报导了 3 起手机爆炸事件。在这三名受害者当中,有 1 名患者因烧伤严重,抢救无效死亡。其他两名受害者皆因烧伤严重,需要进行植皮手术。专业人士认为,手机爆炸或自燃的根本原因在电池,例如短路、使用不当或者假冒伪劣产品都容易发生此类事件。
企业反应 b	
坚决否认 b_1	本次事件被曝光后,X 公司就此召开新闻发布会,并做了如下声明:本公司在手机生产的过程中,就已经对所有可能发生的危险做了适当的控制,且本公司的手机电池都是经过检验合格的,并无任何缺陷,更不会造成任何危害。因此,本公司就此次爆炸事件将不做任何召回措施。最后,如果消费者在使用过程中存在不当行为,任何产品皆会发生类似事件。
强制召回 b_2	本次事件被曝光后,省工商局重磅出击,严厉要求 X 公司召回 3000 部 SQ 型号手机。
主动召回 b_3	本次事件被曝光后,X 公司立即主动召回 3000 部手机,并在公司网站上公布了与本次危机的相关信息。
积极承担责任 b_4	本次事件被曝光后,X 公司立即有针对性地找回了 3000 部手机,并在公司网站上发布,在此危机期间,本型号手机电池将全部免费;同时集中精力在网站上向消费者公布了残次手机信息以及获取赔偿的方式。X 公司对每位受害者进行了资金赔偿,并设立了 24 小时信息服务电话以方便消费者。

操控变量	操控变量描述
企业社会责任 c	
企业社会责任 c_1	在每年的企业社会责任报告中，X公司的排名均处于同行业中的领先地位。X公司在手机研发及能源利用中，积极推动可持续能源方案的应用，协助运营商实现节能减排。在面对自然灾害时，X公司第一时间帮助当地运营商恢复通讯，并给予资金财务方面的援助。同时，X公司还对不同地区的教育网络建设进行捐助，资助当地大学教育，促进当地通信技术水平的提升和经济发展。
企业社会责任 c_2	在每年的企业社会责任报告中，X公司在同行业20家电子公司中的排名均处于靠后位置，被评为缺乏社会责任行为的公司。X公司在手机研发及能源利用中，并没有履行可持续能源方案，也不积极探寻环保型材料和能源的使用。根据企业社会责任报告中显示，该公司很少为公益事业进行投资，且总是以经济效益为第一位。同时，X公司也没有发起任何有关社会责任的活动。

附录 5

财经类高校商业伦理教育调查问卷

第一部分个人资料（请如实填写您的个人资料，以便于分类分析）

Q1. 您的性别（　　）

　　A. 男　　　　　　　　B. 女

Q2. 您的年龄（　　）

　　A. 25 岁以下　　　　　B. 25 岁以上

Q3. 您是否有工作经验（　　）

　　A. 是　　　　　　　　B. 否

Q4. 您的教育水平（　　）

　　A. 本科及以下　　　　B. 硕士及以上

Q5. 您是否学过伦理学或相关课程（课程名称要涉及伦理、社会责任、道德
　　或管理哲学、法律环境等关键词）（　　）

　　A. 是　　　　　　　　B. 否

（如果您选择"是"，请从第二部分开始作答，如果您选择"否"，请直接跳至第
三部分作答）

第二部分商业伦理教育（请根据您在学习商业伦理相关课程过程中的感受
与下列陈述的一致程度进行比较，选择比较符合实际情况的一项，并在相应方格
中打"√"）

题　　目	完全不同意	较不同意	一般	比较同意	完全同意
1. 学习商业伦理课程是为了更深刻地理解公司与社会的关系					
2. 学习商业伦理课程是为了塑造了正直、诚实的品格					
3. 学习商业伦理课程是为了了解商业伦理规范					
4. 学习商业伦理课程是为了增强处理伦理抉择问题的能力					

续　表

题　目	完全 不同意	较不 同意	一般	比较 同意	完全 同意
5. 学习商业伦理课程是为了塑造商业伦理价值观					
6. 主要以课堂讲授方式进行理论学习					
7. 主要以案例讨论方式进行案例学习					
8. 主要以角色扮演方式进行情境处理					
9. 主要以三种方式相结合的方式进行教学					
10. 通过商业伦理课程的学习,让我认识到商业伦理教育的重要性					
11. 通过商业伦理课程的学习,让我对本专业职业道德规范更加了解					

第三部分企业社会责任取向(如果您作为企业领导人,将感知到的领导者行为、决策或态度与下列陈述的一致程度进行比较,选择比较符合实际情况的一项,并在相应方格中打"√")

题　目	完全 不同意	较不 同意	一般	比较 同意	完全 同意
12. 企业满足公司股东的期望					
13. 企业满足政府与法律的期望					
14. 企业满足社会的博爱和慈善的期望					
15. 企业满足社会风俗与道德规范的期望					
16. 企业自觉协助提高社区生活质量的活动					
17. 企业提供至少达到法律最低要求的产品和服务					
18. 企业避免为达到自身目标而损害社会伦理规范					
19. 企业尽可能有效地配置企业的资源					
20. 企业追求增加每股收益的机会					
21. 企业遵守"禁止歧视妇女和弱势族群"方面的法律、法规					
22. 企业支持、援助和参与弱势族群拥有的企业					

题 目	完全 不同意	较不 同意	一般	比较 同意	完全 同意
23. 企业防止为达到企业目的而损害社会规范					
24. 慈善行为是衡量企业绩效的有用指标					
25. 稳定的收益率是衡量企业绩效的有用指标					
26. 遵守法律是衡量企业绩效的有用指标					
27. 遵守规范、习俗以及社会不成文法是衡量企 业绩效的有用指标					
28. 企业依据能否提高长期利润来配置资源					
29. 企业立即遵守新出台的法律、法规,立即执行 法院裁决					
30. 企业经常探索能够提高城市和社区生活的新 机会、新计划					
31. 企业认可并尊重社会普遍接受的新伦理标准					

后　记

　　一场突如其来的新型冠状病毒全球大流行使全球经济受到严重冲击,消费端和生产端两个方面都给经济运行带来巨大的压力。前总理温家宝倡导:"企业要承担社会责任,企业家身上要流淌着道德的血液。"习近平总书记强调:"只有富有爱心的财富才是真正有意义的财富,只有积极承担社会责任的企业才是最有生命力的企业。"

　　在经济全球化和全球产业链日趋融合的今天,社会责任和伦理道德不仅成为一个热门话题,也越来越成为世界经济良性发展的稳定剂和润滑剂。建设责任型企业是商业发展的必然趋势。企业只有积极承担社会责任、保障利益相关者的权益、树立良好的社会声誉、提高市场竞争力,才能持续、健康、发展。开展商业伦理教育既是培养具有企业社会责任意识领导者的必然举措,更是顺应新时代生态文明和和谐社会建设的必然要求。每个人、每个企业家都要自觉弘扬中华优秀传统美德,培育个人品德,强化社会公德。践行企业社会责任是实现国家治理能力现代化的必然途径。通过道德滋养法制精神,实现道德与法治、德治相得益彰。我们坚信,企业社会责任和商业伦理必将在中国经济建设、政治建设、文化建设、社会建设和生态文明建设中展现强大的生命力。

　　本书是江苏省社会科学基金后期资助项目"企业履行社会责任绩效评价研究"(16HQ014)、江苏省高校哲学社会科学基金重点项目"农业龙头企业履行社会责任研究:动机、行为和绩效"(2017ZDIXM061)和国家自然科学基金项目"农业经营权流转、农业服务外包与农业经营规模绩效研究"(71773046)的阶段性研究成果,也是本人历年来有关企业社会责任研究成果的集成。本书从构思到最终完成,历经四年多的努力,也是大家智慧的共同结晶。全书由陆华良设计全书的篇章结构,撰写第一章和第八章,并负责其余章节的框架设计和修改润色,并最后总纂定稿。其他章节主要由我近几年指导的硕士研究生参与完成,具体分工为:第二章(陆孝春);第三章(黄惠盈);第四章(叶秋雨);第五章(吴马英);第六章(王梦雅);第七章(孙亚军)。

　　南京大学出版社为本书的策划、编辑和出版倾注了大量的心血,特致以诚挚的谢意！我的硕士研究生（单文庆、王亚娜、凌丽敏、李璐、赵丹丹、曾昭铭、张玥、刘永淳、谢臻瑛、梁康）参与了部分章节的编辑和文献梳理工作，付出了辛勤的汗水，感谢你们！本书写作过程中，我们参阅了国内外众多专家、学者的研究成果，尽可能通过文献引用的方式表达谢意，但也可能挂一漏万，在此一并致谢。

真诚希望本书的出版，能为您从事企业社会责任领域的教学、研究和实践提供参考。由于作者学识有限，本书错漏一定在所难免，恳请得到学界同仁、实务界朋友和广大读者的批评纠正。

陆华良

2021 年秋于龙城常州